RÜDIGER BOERGEN

Die vertragliche Haftung des Rechtsanwalts

Schriftenreihe zur Rechtssoziologie und Rechtstatsachenforschung

Herausgegeben von Prof. Dr. Ernst E. Hirsch

Band 13

Die vertragliche Haftung des Rechtsanwalts

Von

Dr. Rüdiger Boergen

DUNCKER & HUMBLOT / BERLIN

Gedruckt 1968 bei Buchdruckerei Bruno Luck, Berlin 65
Printed in Germany

Inhaltsverzeichnis

Kapitel II

Kapitel III

Kapitel IV

Kapitel I

Der Vertrag mit dem Rechtsanwalt und die Haftung des Rechtsanwalts

Gegenstand der Untersuchung ist die vertragliche Haftung des Rechtsanwalts gegenüber seinem Klienten für Versehen, die ihm bei Ausübung anwaltlicher Tätigkeit unterlaufen, ohne daß dies vorsätzlich geschieht. Soweit Schäden auf unerlaubter Handlung beruhen oder auf vorsätzlicher Vertragsverletzung, sind sie nach den Grundsätzen des Delikts- und Vertragsrechts verhältnismäßig klar zu beurteilen. Dabei ist zu betonen, daß derartige Fälle (z. B. Unterschlagung von Mandantengeldern, Prävarikation etc.) Ausnahmeerscheinungen darstellen, deren Problematik auch mehr auf dem Gebiet des Straf-, Disziplinar- und Standesrechts liegt. Wenn ein Rechtsanwalt seinen Mandanten vorsätzlich schädigt, so haftet er, ohne daß diese Haftung vorher ausgeschlossen werden kann, § 276 Abs. II BGB, insbesondere auch ohne daß seine Berufshaftpflichtversicherung ihm Versicherungsschutz gewährt: § 4 der Allgemeinen Versicherungsbedingungen zur Haftpflichtversicherung für Vermögensschäden lautet: „Der Versicherungsschutz bezieht sich nicht auf Haftpflichtansprüche ... 5. wegen Schadenstiftung durch wissentliches Abweichen von Gesetz, Vorschrift, Anweisung oder Bedingung des Machtgebers (Berechtigten) oder durch sonstige wissentliche Pflichtverletzung ...“ Die Probleme rechtlicher und rechtspolitischer Art, die mit dem Schlagwort Haftpflichtgefahr[1] nur ungenügend umrissen sind, liegen bei den Regreßfällen, die auf Grund fahrlässiger Versäumnisse des Anwalts bei der Mandatsführung entstehen.

Die gesetzliche Haftung des Anwalts bei der Ausübung amtsähnlicher Funktionen[2], z. B. als Zwangs-, Konkurs-, Vergleichs-, Nachlaßverwalter, Vormund, Pfleger oder Testamentsvollstrecker (§§ 154 ZVG, 42 VerglO, 82, 89 KO, 1833, 1915, 2219 BGB) wird daher nur am Rande berührt werden. Wenn auch diese Ämter häufig von Rechtsanwälten übernommen werden, sind sie weder notwendig noch typisch Anwaltstätigkeit. Die Haftung des nichtanwaltlichen Verwalters etc. bestimmt

---

1 *Scheffler*, Haftpflichtgefahr, 1958.

2 *v. Eucken*, Anwalts- und Notarshaftpflicht, Rdnr. 416 gibt eine umfangreiche Übersicht.

sich nach denselben Grundsätzen und gesetzlichen Vorschriften, so daß die Grenzen dieser Untersuchung durch derartige Erörterungen verwischt würden.

Erster Abschnitt

Der Vertrag zwischen Rechtsanwalt und Klient

Die Leistungsverpflichtung, die dem Rechtsanwalt gegenüber seinem Klienten obliegt, wird durch Vertrag begründet. Welcher Art der Vertrag ist, bestimmt sich in erster Linie nach dieser Leistungsverpflichtung. Es ist wenig sinnvoll, von dem „Anwaltsvertrag"[1] zu sprechen. Das Gesetz hat ihn nicht als besonderen Vertragstyp fixiert. Dieser Ausdruck ist nur die Abkürzung für das zwischen dem Anwalt und seinem Klienten bestehende Verhältnis und in dieser Eigenschaft rechtstechnisch verwendbar. Im übrigen bedarf das Verhältnis stets einer näheren Bestimmung nach den folgenden Grundsätzen.

§ 1 Berufsmäßige und berufsfremde Tätigkeit des Rechtsanwalts

Die vertraglich bestimmte Leistung des Rechtsanwalts kann so vielfältiger Art sein, daß eine annähernd erschöpfende Aufzählung und Gruppierung unmöglich ist. Sie kann in einer gutachtlichen Äußerung oder einem Rat bestehen, kann als Beratung an Umfang gewinnen oder sich auf Abfassung von Willenserklärungen, Vertretung bei Rechtsgeschäften oder Prozeßhandlungen erstrecken und sogar streitentscheidend (Schiedsrichter) wirken. Die Anwaltstätigkeit wird zutreffend nur an Hand des Einzelfalles abzugrenzen, aber stets dann anzunehmen sein, wenn der Anwalt Handlungen vornimmt, die er nach Abwägung rechtlicher Gegebenheiten an deren Ergebnissen orientiert. Schwierigkeiten bestehen in zwei Richtungen, erstens dort, wo der Anwalt im wirtschaftlichen Bereich tätig wird, zweitens, wo er als Anwalt zugleich mit dem Amt des Notars betraut ist.

1. Die rein wirtschaftliche Tätigkeit

Berufsmäßige Leistung des Rechtsanwalts ist Vertretung oder Beratung wegen rechtlicher Interessen oder Wahrnehmung von Interessen mit Rücksicht auf rechtliche Maßstäbe. Deshalb handelt es sich auch dann um gegenständlich anwaltliche Tätigkeit[2], wenn Gegenstand des

---

1 In der Rspr. s. BGH VersR 67, 979; LG Dortmund NJW 65, 809.
2 „Typisch anwaltliche Berufstätigkeit" LAG Stuttg. NJW 60, 918.

Vertrages Beratung oder Vertretung in wirtschaftlichen Angelegenheiten ist, soweit auch rechtliche Erwägungen einbezogen und rechtliche Voraussetzungen geklärt werden[3], ohne daß es darauf ankommt, dem Klienten diese Erwägungen zu offenbaren. Z. B. kann werbewirtschaftliche Beratung, soweit rechtliche Möglichkeiten und Folgen eine Rolle spielen — das ist die Regel — anwaltliche Tätigkeit sein, werbetechnische nicht mehr[4].

Die Rechtsprechung betont, „daß dem Rechtsanwalt nach Vorbildung und Beruf in erster Linie die Aufgabe zufällt, rechtlichen Beistand zu gewähren"[5]. Regelmäßig werde er auch zu diesem Zweck bemüht. In einer Entscheidung rechnete der BGH die Vermittlung einer Schiffsfinanzierung noch zur anwaltlichen Tätigkeit und verneinte einen Mäklervertrag[6]. Zur Begründung führt er aus, daß der Rechtsanwalt auch die rechtlichen Voraussetzungen der Transaktionen zu klären hatte. Die gegenständliche Zurechnung zum Anwaltsberuf blieb, obwohl danach einige Vertragsabreden unwirksam waren (Erfolgshonorar). Die Brauchbarkeit des objektiven Kriteriums wird auch nicht dadurch eingeschränkt, daß die Tätigkeit nach dem Charakter ihres wesentlichen Teils zu beurteilen oder gar in verschiedene Teile zu gliedern wäre. Außer wenn „die rechtliche Betreuung ganz unwesentlich ist und überhaupt keine in Betracht kommende Rolle mehr spielt"[7], kann die ganze Tätigkeit als anwaltliche qualifiziert werden.

2. Anwalts- und Notarstätigkeit

Nach § 3 Abs. II, III BNotO ist es möglich, den Anwalts- und den Notarsberuf nebeneinander auszuüben. Das Verhältnis beider Berufe zueinander zeigt einige Variationen und außerdem regionale Differenzierungen[8]. Der Notar ist Träger eines öffentlichen Amtes, § 1 BNotO — entsprechend haftet er für Amtspflichtverletzungen nach § 19 BNotO.

Seine Aufgaben liegen u. a. „auf dem Gebiete der vorsorgenden Rechtspflege". Daher ist eine Abgrenzung zur Anwaltstätigkeit geboten.

Der Klient, der „seinen Anwalt" hat, wird für den Fall, daß er Beurkundungen vornehmen lassen muß, zu dem Notar gehen, den er

[3] Vgl. *Eucken*, Rdnr. 5 f., BGHZ 18, 340; JZ 63, 97 f.; auch RGZ 121, 200.
[4] Ein Fall bloß wirtschaftlicher s. RG 88/342.
[5] BGH JZ 63, 98, vgl. *Staudinger - Mohnen*, 199 vor § 611.
[6] s. BGHZ 18, 340.
[7] s. Anm. 4.
[8] Zu den Notariatstypen s. *Seybold-Hornig*, § 3.

als Anwalt kennt. Oft mag dann zweifelhaft erscheinen, wann Rechtsanwalts- oder Notarstätigkeit vorliegt. Grenzfälle sind die, in denen der Anwaltsnotar innerhalb einer umfangreichen Beratung, z. B. Ausarbeitung eines Vertragswerkes für seinen Klienten, eine Beurkundung vornimmt oder innerhalb umfangreicher Beurkundungen einem Beteiligten besonders Rat erteilt.

Nach §§ 20 ff. BNotO, insbesondere § 24 Abs. I, II BNotO ist alle Tätigkeit Notarsgeschäft, die der Notar kraft seines Amtes durch und im Zusammenhang mit Beurkundungen vornimmt (auch wenn es zu solchen nicht mehr kommt). Zu der Betreuung im Rahmen vorsorgender Rechtspflege gehört es, auf nicht bedachte, aber mögliche Rechtsfolgen hinzuweisen und dahin zu wirken, daß die Beteiligten ihren wirklichen Willen in angemessener Rechtsform äußern[9]. Notarielle Tätigkeit ist daher diejenige, die allen Beteiligten gleichermaßen im öffentlichen Interesse auf Grund amtlicher Aufgabe dient[10]. Dazu gehört nicht die Beratung über wirtschaftliche Folgen einer Beurkundung[11]. Wenn der Notar sie einem oder mehreren Beteiligten erteilt, um deren besondere Interessen zu fördern, so liegt sie außerhalb seiner Aufgaben als Notar. Nach der widerlegbaren Vermutung des § 24 Abs. II S. 2 BNotO gilt sie als anwaltliche, z. B. wenn der Anwaltsnotar im Interesse eines Beteiligten für die geplante Beurkundung einen Entwurf anfertigt, den er in Verhandlungen mit einem anderen Beteiligten diesem gegenüber durchsetzen soll[12], oder wenn er nach der notariellen Tätigkeit deren Folgen im Interesse eines Beteiligten beseitigen soll[13]. Das kann dazu führen, daß die Bearbeitung einer Sache sich in ein notarielles und anwaltliches Geschäft (denn Beurkundung bleibt natürlich notarielles Geschäft) teilt[14]. Es ist unmöglich, sie nach dem überwiegenden Charakter einzuordnen, weil Rechtsnatur und Rechtsfolgen unterschiedlich sind. Vielmehr entscheidet, ob der Anwaltsnotar im rechtlichen Interesse aller Beteiligten (oder des einzigen) und zusätzlich im öffentlichen *oder* im Interesse seines Auftraggebers (speziell bei wirtschaftlichen Fragen) tätig wird.

§ 2 Die Rechtsnatur des Vertrages zwischen Anwalt und Klient

Das Verhältnis zwischen Rechtsanwalt und Klienten ist privatrechtlicher Natur und gründet sich in der Regel auf einen Vertrag (Ausnahme z. B. Geschäftsbesorgung ohne Auftrag). Es war bereits klargestellt,

---

9 s. BGH DNotZ 61, 331, VersR 62, 953, NJW 65, 1805.

10 s. OLG Hamm DNotZ 56, 154; vgl. auch *Rohs*, JVBl 65, 49.

11 s. Anm. 8, *Seybold-Hornig*, § 24/11 ff., RG JW 36, 803.

12 s. BGH VersR 62, 353.

13 s. LG Bielefeld MDR 51, 304.

14 s. BGH VersR 66, 1160; 64, 1040, KG Urteil vom 14. 11. 57 — 7 U 98/57 —.

daß es den Anwaltsvertrag als gesetzlichen Typ nicht gibt. Will man ihn nicht als atypischen Vertrag behandeln[15], der im BGB nicht geregelt ist, ist die Einordnung nach den Vertragstypen des BGB zu versuchen. Entgegen den allgemein gebräuchlichen Bezeichnungen von Mandat und Mandant, entsprechend unentgeltlicher Auftrag und Auftraggeber[16], sind die Vertragsbeziehungen nicht Auftrag i. S. §§ 662 ff. BGB, da die Anwaltstätigkeit regelmäßig nicht unentgeltlich erbracht wird.

1. Geschäftsbesorgungsvertrag

Soviel ist richtig, daß es sich bei ihr um eine entgeltliche Geschäftsbesorgung i. S. des § 675 BGB handelt[17], gleichgültig, ob sich die Vertragspartner mit einer Beratung durch den Rechtsanwalt begnügen oder ob die Durchsetzung von Ansprüchen des Klienten oder Abwehr fremder durch den Anwalt unterstützt oder — auch prozessual — vertreten wird; denn der Rechtsanwalt nimmt Rechtsgeschäfte oder rechtsgeschäftsähnliche Handlungen für seinen Mandanten in dessen Interesse vor[18].

a) Dienstvertrag

Meistens ist die Geschäftsbesorgung Dienstvertrag[19]. Nur selten wird ein Arbeitserfolg versprochen, wenn es dem Klienten auch stets darauf ankommt, daß sein Geschäft mit Erfolg geführt wird. Mehr als eine Prognose kann der Anwalt nicht stellen, da der Ausgang eines Prozesses, die Handlungsweise des Interessengegners nicht mit Sicherheit bestimmbar sind und außerdem im Zeitpunkt des Vertragsschlusses kaum einmal feststehen wird, ob die Information durch den Mandanten überhaupt vollständig ist.

b) Werkvertrag

In Ausnahmefällen kann die Geschäftsbesorgung nach den Grundsätzen des Werkvertrages zu behandeln sein, nämlich dann, wenn

---

15 Dagegen schon *Bayerwaltes,* S. 11 ff.

16 s. §§ 3 Abs. I, 6 Abs. I BRAGebO.

17 s. RGZ 88, 226; BGHZ 18, 340; 34, 71; NJW 60, 1101; LM 22, 24, 26, 28 zu § 675 BGB, VersR 65, 41; KG JW 33, 1667; LG Dortm NJW 65, 1810; *Enneccerus - Lehmann,* § 164 I; *Eucken,* Rdnr. 20; RGRK-Denecke, Rdnr. 61 vor § 611; *Soergel - Siebert - Wlotzke/Volze,* Rdnr. 82 vor § 611; *Staudinger - Mohnen,* Rdnr. 199 vor § 611.

18 Vgl. *Enneccerus - Lehmann,* § 164 I.

19 H. M. s. Anm. 3 und *Rosenberg,* § 28 VIII, *Riedel - Corves - Sußbauer,* § 1/3, a.A. *Bayerwaltes,* S. 16 ff.

sich die Tätigkeit des Anwalts darauf beschränkt, ein Gutachten oder einen Vertragsentwurf zu erstellen oder Auskunft über eine konkrete Rechtsfrage zu erteilen[20].

Die Differenzierung hat vor allem Bedeutung für die Frage der Verjährung von vertraglichen Schadensersatzansprüchen; die Verjährung bestimmt sich generell nach § 51 BRAO, durch den allerdings nur die längeren Verjährungsfristen abgeändert sind (erstmalig durch Gesetz vom 22. Mai 1910 auf fünf Jahre gekürzt durch Einfügung des § 32 a RAO). Die kürzeren Fristen, gerade auch diejenigen des § 638 BGB, bleiben wirksam, wie auch § 51 BRAO selbst dispositiver Natur ist; denn die Neuregelung sollte Erleichterungen in der Haftpflichtfrage bringen, ohne die bestehenden Vorteile einzuengen[21].

2. Rat, Beratung, Auskunft inner- und außerhalb des Rahmens des § 676 BGB

Der Beratungsvertrag mit dem Rechtsanwalt ist ebenfalls Geschäftsbesorgungsvertrag[22], denn er ist — von Ausnahmen abgesehen — nicht auf ein bestimmtes Ergebnis, wenn auch auf ein Ziel, sondern unter Abwägung nach allen Seiten auf umfassende Aufklärung gerichtet.

Ein Werkvertrag gehört auch hier zu den Ausnahmefällen, z. B. bei Beantwortung einer ganz konkreten Frage[23]. Regelmäßig ist ein Geschäftsbesorgungsdienstvertrag anzunehmen[24].

Oft geschieht die Beratung zunächst zu dem Zweck, ihren Gegenstand zu klären und abzugrenzen, so wenn der Anwalt aus einem komplexen Geschehen die Grundlage seiner Beratung erfassen und seinen Klienten zu sachgerechten Informationen anhalten muß. Der Vertrag kann dann nicht erfolgsbestimmt sein. Andererseits ist die Auffassung zu weitgehend, die einen Werkvertrag — gerade bei Auskunft — überhaupt ausschließen will, weil nicht für einen Erfolg einzustehen sei, sondern nur die Mitteilung objektiver Tatsachen erfordert werde. Die Erreichung des mit der Auskunft bezweckten Erfolges hänge vom subjektiven Ermessen des Anfragenden ab, nämlich davon, welchen Gebrauch er davon mache[25]. Was dabei als

---

20 Vgl. RGZ 88, 226; 144, 40; JW 14, 642; BGH VersR 65, 41; *Enneccerus - Lehmann,* a.a.O., Anm. 5, *Thier,* S. 9 für Steuerberater.

21 s. RGZ 88, 226.

22 Vgl. aber BGH VersR 62, 978.

23 s. BGH VersR 65, 41; *Friedlaender,* Exkurs zu § 30/5, a.A. wohl *Enneccerus - Lehmann,* § 164 II 2 a.

24 s. RG JW 33, 510; LZ 15, 435.

25 s. *Potthast,* S. 35.

Erfolg bezeichnet wird, ist nur der weitere Erfolg. Ein direkter liegt darin, daß der vorher „Ahnungslose" die gewisse Kenntnis bestimmter Gegebenheiten erhält, d. h. seine Handlungsmittel vervollständigt.

Schwierigkeiten macht die Einordnung, wenn Rat, Beratung, Auskunft unentgeltlich erteilt werden — eine nicht bloß gedachte Möglichkeit. Ein Mandant, der einen Anwalt mit einer Sache betraut, fragt bei dieser Gelegenheit nach anderen Dingen. Der Rechtsanwalt antwortet, ohne daran zu denken, deswegen eine gesonderte Gebühr zu berechnen. Oder er wird derart geringfügig in Anspruch genommen, daß er mit Rücksicht darauf und u. U. auch auf die wirtschaftlichen Verhältnisse des Klienten die Berechnung des Entgelts unterläßt.

Potthast[26] lehnt es ab, in der unentgeltlichen Auskunft überhaupt eine Geschäftsbesorgung zu sehen; denn diese müsse „für" einen anderen erfolgen. Da nur der Auskunftserteilende leisten könne, handele es sich um eine Leistung „an" einen anderen und folglich um einen im BGB nicht geregelten Vertrag. Potthast ist insofern inkonsequent, als er diese Auffassung nur für die unentgeltliche Auskunft vertritt. Die Entgeltlichkeit hat aber keinen Einfluß darauf, ob die Leistung „für" oder „an" einen anderen erbracht wird. Weiter tritt kaum einmal der Fall ein, in dem die Möglichkeit anderweitiger Information ausgeschlossen ist, oder die, daß der Interessent sich die notwendige Kenntnis selbst verschafft. Jedenfalls wird der Anwalt auch dann „für" ihn tätig. Es besteht kein Bedürfnis und keine Notwendigkeit, nach einem außergesetzlichen Typ zu suchen (wonach schließlich dieselben gesetzlichen Regeln anzuwenden wären); soweit sich nur vertragliche Bezielungen nachweisen lassen, sind sie nach Geschäftsbesorgungs- und Auftragsrecht zu behandeln[27]. § 676 BGB läßt offen, wann ein Vertrag besteht. Sicher ist, daß die berufsmäßige Tätigkeit gegen Entgelt auf einen dahingehenden Verpflichtungswillen schließen läßt. Das gilt besonders für das Verhältnis zwischen Rechtsanwalt und Klient. Ist ein Entgelt nicht vereinbart, berechtigt es noch nicht zu dem Schluß auf eine nichtvertragliche Gefälligkeit[28], wie man sie für den gegenseitigen Rat unter Kollegen im Anwaltszimmer annimmt[29]. Im übrigen sind weder der Ort (Rat bei einem gesellschaftlichen Ereignis) noch gesellschaftliche Beziehungen (Stammtischkollegen) verläßliche Kriterien; denn im ersten Fall kann der Ratsuchende mit einer eiligen Sache den Anwalt im Büro verfehlt haben, im zweiten

---

[26] s. S. 37.

[27] s. *Eucken*, Rdnr. 20, RG JW 26, 2102 für Typen und atypische Gestaltungen vgl. *Hirsch*, S. 163.

[28] s. LG Bielef. MDR 51, 304, *Friedlaender*, Anm. zu RG JW 28, 1139 nennt es Symptom der Vertragslosigkeit.

[29] s. *Schweitzer*, S. 56.

verzichtet der Anwalt u. U. deswegen auf Entgelt, weil er seinerseits unentgeltliche Leistungen in Anspruch nehmen darf. Trotz der Unentgeltlichkeit kann es sich um geschäftsmäßige Tätigkeit im Rahmen eines Vertragsverhältnisses handeln. Das Indiz für derartige Beziehungen im allgemeinen Geschäftsverkehr: das wirtschaftliche Eigeninteresse[30] des Rat oder Auskunft Erteilenden hat — bezogen auf die Tätigkeit des Rechtsanwalts — keine Beweiskraft. Anders als bei dem Geschäftsverkehr der Banken, die ihre eigenen Wirtschafts- und Vermögensinteressen durch Finanzierungen und Kredite mit denen des Kunden verbinden, indem ihre Geschäftsverbindung die des Kunden mit Dritten fördert — ebenso umgekehrt — verbindet der Anwalt eigene Transaktionen nicht mit denen seines Mandanten und nimmt auch sonst nicht an dessen Geschäften teil.

Der verpflichtende Charakter der Vereinbarung ist aus anderen Merkmalen abzuleiten. Da der Ratsuchende den Vertragsantrag macht, ist von seinen Vorstellungen auszugehen und dann nur noch zu fragen, ob die Annahme ihnen entspricht. Ist das Interesse des Auftraggebers auf die berufsmäßige Tätigkeit des Anwalts gerichtet und vertraut er ihm deshalb seine Sache an — zu dem erkennbaren Zweck, sich auf die zu erbringende Leistung verlassen zu können, sie als rechtsverbindlich zu nehmen, um sich in seinen Dispositionen darauf stützen zu können, so ist sein Antrag nicht auf eine bloße Gefälligkeit gerichtet[31]. Anders wäre es, wenn er auf Grund gesellschaftlicher Bindungen (Verwandtschaft, Freundschaft) den Anwalt um seine Meinung angeht —u. U. nachdem er bereits gehandelt hat — und ihm überläßt, vollständig und richtig mitzuteilen, oder gar in dessen Belieben stellt, ob er die Gefälligkeit überhaupt erweisen will. Wenn der Klient auf die Aussagen des Anwalts Bedacht nehmen, d. h. nicht nur die Gefälligkeit ausnutzen will, so handelt er mit Verpflichtungswillen. Es wird ihm darauf ankommen, auch den Anwalt zu verpflichten, um die Leistung fordern und wegen der Mängel notfalls liquidieren zu können. Zur Absicherung kann man fragen, ob er auf der Leistung auch bestehen würde, wenn er sie nur gegen Entgelt erhalten könnte. Der Anwalt, der auf dieses Angebot eingeht, kann seine Verpflichtung nicht mit dem Hinweis auf die Unentgeltlichkeit seiner Leistung zurückweisen. Sonst hätte er die Vertragsannahme verweigern und sein Handeln als Gefälligkeit erkennbar machen müssen. In welcher Weise die Unentgeltlichkeit die vertraglichen Pflichten, insbesondere haftungsrechtlich beeinflußt, ist unabhängig von der Frage, ob die vertragliche

---

30 s. BGH BB 62, 1135.

31 Zu weitgehend RG LZ 15, 49; 435 und BGHZ 7, 371 vgl. RGZ 52, 365; 88, 342; 164, 154; JW 33, 510 (ausführl.); BGHZ 12, 108; BB 57, 1120; OLG Celle MDR 54, 676.

Bindung gewollt und bewirkt ist. Unerheblich ist weiter, ob es sich um eine vertragliche Dauerbindung handelt. Die bei anderen Auskunftsverhältnissen postulierte dauernde Geschäftsverbindung[32] (z. B. Bank-Kunde) dient nur als Hilfskonstruktion für das Bestehen eines Vertrauensverhältnisses zwischen den Beteiligten. Es besteht aber bereits dann ein Vertrauensverhältnis zwischen dem Klienten und seinem Anwalt, wenn dieser nur in einem Einzelfall für jenen tätig werden soll.

§ 3 Vertragsschluß

Der Vertrag zwischen dem Rechtsanwalt und seinem Klienten wird nach den allgemeinen Grundsätzen des bürgerlichen Rechts durch übereinstimmende Erklärungen der Parteien geschlossen, wobei auch der Anwalt keiner Bindung zum Kontrahieren unterliegt. Das folgt mit aller Deutlichkeit aus § 2 BRAO; denn der Grundsatz der freien Advokatur bedeutet im Gegensatz zur Stellung früherer Justizkommissare nicht nur Unabhängigkeit der beruflichen Stellung, sondern auch die Möglichkeit, entgegen den Verpflichtungen der Amtsträger, Anträge abzulehnen sowie die Vertragsdauer frei zu bestimmen, also nach § 627 BGB jederzeit kündigen zu können.

Der Vertragsschluß bedarf keiner ausdrücklichen Erklärungen. Er kann durch schlüssiges Verhalten geschehen. Das ist wohl auch die häufigere Art, etwa wenn der Klient dem Anwalt seine Sache vorträgt oder die Unterlagen für die Prozeßvertretung übergibt, insbesondere Vollmacht erteilt oder der Anwalt einer Weisung folgt, z. B. eine Mahnung abzusenden[33].

1. Der Vertrag zugunsten Dritter

Möglich ist auch, den Vertrag zugunsten eines Dritten zu schließen, sowohl in der Form, daß der Dritte unmittelbar berechtigt sein soll, wie auch in der schwächeren Form der Begünstigung, z. B. Übernahme

---

[32] s. RGZ 132, 29, BGH BB 63, 1076, *Soergel - Siebert - Wlotzke/Volze*, § 676/7.

[33] s. *Enneccerus - Lehmann*, § 164 II 2 a, RGRK-Denecke, Rdnr. 61 vor § 611, BGH BB 61, 696. Das KG nahm in seinem Urteil vom 21. 6. 60 — 7 U 2185/59 einen Treuhandvertrag zwischen einem Rechtsanwalt, der von seinen Klienten Gegenstände eines Nachlasses in Empfang genommen hatte, und dem Erben an, dem er mitgeteilt hatte, daß die Gegenstände zu seiner Verfügung ständen. Auf diese Erklärung verzichtete der Erbe auf eine Nachlaßsicherung. Als das Mandat mit den nicht berechtigten Prätendenten endigte, händigte der Anwalt ihnen die Nachlaßgegenstände entgegen seiner Erklärung gegenüber dem Erben aus.

der Prozeßführung für einen Minderjährigen. Hierher gehören auch die Fälle, in denen Rechtsschutzversicherungen den Anwalt mit der Vertretung ihres Versicherungsnehmers betrauen[34]. (Dies kommt wohl nur noch selten vor.) Dann ist der Vollmachtgeber (Versicherungsnehmer) nicht Vertragspartner.

Besonderer Betrachtung bedürfen wiederum Beratungs- und Auskunftsverhältnisse, in denen der Anwalt auf Ersuchen seines Mandanten einem Dritten gegenüber tätig wird, der Vertragsbeziehungen zu dem Mandanten unterhält oder anbahnt. In einem Fall, in dem sich ein Grundstückseigentümer an den Notar wandte und ihn, der zugleich Rechtsanwalt war, aufforderte, seinem Vertragspartner Auskunft über die Grundstücksbelastungen zu geben, entschied das RG: „Wenn jemand, zu dessen Berufsgeschäften es gehört, anderen ... beratend zur Seite zu stehen, und der erfahren hat, daß ein anderer in einer solchen Angelegenheit einer zuverlässigen Auskunft bedarf, dieser dann in einem an denselben gerichteten Schreiben eine Auskunft über den erheblichen Punkt gibt, so schließt er eben dadurch den betreffenden Vertrag mit dem Auskunft Begehrenden ab[35].“ Unerheblich sei, daß der Beklagte nicht als Notar, „sondern nur als Rechtsanwalt [tätig geworden sei], da zur Berufstätigkeit der Rechtsanwälte gerade die Beratung anderer in der gleichen Angelegenheit gehört“. Diese Entscheidung hat nicht nur Zustimmung gefunden; denn später ließ das RG[36] selbst dahingestellt, ob man ihr folgen könne. Der BGH hat sie zwar noch einmal aufgenommen, sich kurz darauf selbst wieder korrigiert[37]. Die frühe Entscheidung des RG darf nicht in die Reihe anderer[38] gestellt werden, die durchaus andere Sachverhalte betrafen. Sie sind jeweils genau darauf zu prüfen, auf welchem Wege vertragliche Beziehungen zustandegekommen sein sollen. In dem Fall RG 52/365 bestand alles, was sich an Tatsächlichem zwischen den angeblichen Vertragsparteien abgespielt hatte, in der brieflichen Mitteilung über die Grundstücks-

---

[34] § 4 Nr. 5 der Allgemeinen Bedingungen für Rechtsschutzversicherungen lautet: „Der gemäß § 4 Ziffer 2 b bestimmte Rechtsanwalt erhält den Auftrag zur Wahrnehmung des Versicherungsnehmers ausschließlich durch die Gesellschaft.“ Hieran schlossen sich heftige Kontroversen über die Frage, ob die Rechtsschutzversicherung Vertragspartner des Anwalts wird oder den Vertrag nur im Namen des Versicherten schließt. Siehe einerseits OLG Frankf VersR 57, 672, *Mayer*, JZ 62, 339, 341, andererseits *Möhring*, MDR 62, 256 LG Koblenz AnwBl 65, 62 (schon von veränderter Lage ausgehend, nach der DAS und ARAG Auftrag im Namen des Versicherten erteilen), weiter Anm. *Brangsch* zu dieser Entscheidung, *Martin*, AnwBl 65, 38.

[35] RG 52, 365 dagegen schon *Friedlaender*, Exkurs zu § 30/23 und *Schliebner*, S. 7 (die Offerte fehlt).

[36] s. LZ 15, 49.

[37] BGHZ 7, 371 und 12, 108.

[38] s. RG LZ 15, 49; 435; 162, 154; BGH WM 65, 287 — das gerade tut *Schliebner*, S. 7.

belastungen. Ihr waren die Worte „Auf Veranlassung des Herrn X teile ich Ihnen ergebenst mit ..." vorangestellt (X war der Grundstückseigentümer und Mandant).

Wenn man der Konstruktion des RG folgt, müßte diese Mitteilung das Vertragsangebot enthalten, zugleich den Verzicht i. S. § 151 S. 1 BGB. Bei dieser etwas gewaltsamen Konstruktion hätte es der Empfänger in der Hand, die mit der Kenntnisnahme erhaltene Leistung zu behalten, ohne die zugleich enthaltene Offerte anzunehmen, um im Falle entgeltlicher Auskunft die Zahlungsverpflichtung zu umgehen. Dieses Bedenken läßt sich nicht ausräumen, indem man in dem Verlangen des Dritten gegenüber seinem Kontrahenten, den Anwalt zur Auskunft zu bewegen, einen Vertragsantrag sieht, den der Mandant seinem Anwalt übermittelt, welcher ihn schlüssig durch Bewirken der Leistung annimmt. Der Dritte kann ja nicht damit rechnen, daß er unentgeltlich erhält, was zu den Verpflichtungen seines Partners gehört: ihm zuverlässige Kenntnis der relevanten Tatsachen zu vermitteln. Insbesondere bliebe er u. U. (nämlich bei Entgeltlichkeit) mit den nutzlos aufgewandten Anwaltskosten belastet, wenn die Vertragsverhandlungen z. B. über den Grundstückskauf nicht zu einem Abschluß führen. Ein dahingehender Wille wäre bloße Fiktion. Andererseits hat der Dritte ein solches Interesse an der Auskunft, daß es gerade nicht in das Belieben des Anwalts gestellt sein soll, ob dieser den Vertragsantrag annimmt. Derjenige, der ohnehin vertragliche Beziehungen mit ihm unterhält, soll ihm diese Verpflichtung auferlegen. Falls keine derartigen Bindungen bestehen, soll derjenige das Risiko des Vertragsabschlusses tragen, an dessen Stelle der Anwalt die Aufklärung geben soll.

Fehlen auch vertragliche Beziehungen zwischen dem Anwalt und dem Dritten, kann er doch die Forderung auf Auskunftserteilung auf Grund eines Vertrages zugunsten Dritter, § 328 BGB, erworben haben[39]. Mit dieser Rechtsstellung sind seine Interessen voll berücksichtigt: Er kann die Forderung geltend machen, ebenso die Mängel der Leistung liquidieren[40]. Im übrigen wird dann der Umfang der Forderung durch den Vertrag zwischen Anwalt und Mandant bestimmt, nicht nach dem für den Anwalt schwer erkennbaren Interesse des Dritten.

Besonders scharf zu trennen ist dort, wo zunächst der Notar angesprochen ist, also kein Vertragsverhältnis besteht, dann aber auch die Anwaltstätigkeit begehrt wird, und zwar für einen Dritten von dem, der an den Notar herangetreten ist.

---

[39] Entspr. *Potthast,* S. 27, a.A., *Schliebner,* a.a.O., ohne Begründung.

[40] s. *Enneccerus - Lehmann,* § 35 IV 1.

Eine andere Gestaltungsmöglichkeit des Sachverhalts ist die, daß der Dritte sich selbständig an den Anwalt seines Vertragspartners wegen einer Auskunft wendet und selbständig mit diesem Verhandlungen führt. Ein solcher Sachverhalt lag einem Urteil des BGH[41] zugrunde, der allein die Leitsätze der Entscheidung verständlich macht: Allerdings kann man nicht zustimmen, soweit als Unterscheidungskriterium bezeichnet wird, ob die Auskunft „auch für diesen (gemeint ist der Dritte) bestimmt war". Das ist sie ebenso beim Vertrag zugunsten Dritter. Maßgebend ist allein, ob es den Beteiligten darauf ankam, sich untereinander vertraglich zu binden.

Überhaupt erscheint es als Umweg, auch dann noch einen Vertrag mit dem Dritten anzunehmen, wenn der Mandant Schuldner der Vergütung sein soll. Diese Schuld wäre nicht die aus seinem Vertrag mit dem Anwalt. Er könnte sie von jenem nur im Wege der befreienden Schuldübernahme (zu der er dem Dritten verpflichtet sein mag) übernehmen. Ein einziges Vertragsverhältnis mit dem Anwalt als Schuldner, dem Mandanten und dem Dritten als Gläubiger ist ausgeschlossen; denn die eine Schuld kann nicht zwei verschiedene Inhalte haben (wozu soll der Mandant außerdem fordern, was er längst weiß). Ebensowenig kann der Anwalt die Leistung als Vertragspartner und zugleich als Erfüllungshilfe erbringen.

Wenn man nicht mit Fiktionen arbeiten will, so werden je nach Sachverhalt entweder der Vertrag zugunsten Dritter oder ein selbständiger Vertrag mit dem Dritten den Bedürfnissen gerecht. Vorzuziehen ist stets der erstere; denn der vertraglich seinem Mandanten verbundene Anwalt muß bei einem Vertrage mit dem Dritten zusätzlich prüfen, wieweit die Vertretung seines Mandanten eine solche Bindung überhaupt erlaubt. Jedenfalls ist zu berücksichtigen, daß der Mandant Schuldner des Dritten ist (Vertrag oder Vertragsanbahnung) und man den Anwalt, als dessen Erfüllungsgehilfen, nicht nur deswegen in die Rolle des Vertragspartners drängen darf, um einen zusätzlichen oder einen solventen Schuldner zu gewinnen.

2. Das Verhältnis zwischen Beiordnung und Vertragsschluß

Das Prozeßrecht kennt verschiedene Fälle, in denen einer Partei oder einem Beschuldigten ein Rechtsanwalt beigeordnet oder bestellt wird, §§ 78 a, 116 ff., 668, 679, 686 ZPO, 141 StPO. Die Bestellung eines Pflichtverteidigers ist unabhängig davon, ob der Beschuldigte sich vertraglich an ihn bindet. Auch in diesem Fall wird der Rechtsanwalt

41 WM 65, 287.

nicht sein Vertreter[42]. Praktische Bedeutung hat das Verhältnis der armen Partei zum Armenanwalt. Die zivilprozessualen Vorschriften werden durch die Regelung des § 48 BRAO ergänzt (früher §§ 39 ff. BRAO).

Nach überwiegender Auffassung begründet die Beiordnung durch das Gericht nicht das privatrechtliche Verhältnis zwischen Armenanwalt und armer Partei[43]. Aber nicht anders als beim frei gewählten Rechtsanwalt ist es Voraussetzung für eine wirksame Prozeßvertretung. Ziel der Beiordnung ist nämlich, der armen Partei die gleichen Chancen einzuräumen, die die finanziell leistungsfähige dadurch hat, daß sie sich eines rechtskundigen Vertreters ihrer Wahl und ihres Vertrauens bedienen kann. Eine wesentliche Schlechterstellung läge darin, wenn sich die arme Partei durch einen Rechtsanwalt vertreten lassen müßte, dem sie ihr Vertrauen nicht auszusprechen vermag und sich deshalb nicht vertraglich binden will. Weiter muß es ihr überlassen bleiben — gleich wie der nicht armen Partei — die Pflichten des Anwalts entsprechend ihren Wünschen zu konkretisieren. Das ist nur innerhalb eines Vertragsverhältnisses möglich.

Soweit feststeht, daß der Armenanwalt gleichfalls auf Grund Vertrages tätig wird, bleibt noch offen — gerade mit Rücksicht auf die Beiordnung — worin der Vertragsabschluß zu sehen ist. Diese Frage läßt sich nur unter Berücksichtigung der unterschiedlichen Fallgestaltungen beantworten: a) P beauftragt Rechtsanwalt X, das Armenrecht einschließlich seiner Beiordnung zu beantragen b) P beantragt das Armenrecht und bittet um Beiordnung des X c) P beantragt das Armenrecht unter Beifügung einer Vollmacht für einen beizuordnenden Rechtsanwalt d) P beantragt lediglich das Armenrecht. In allen Fällen wird das Armenrecht bewilligt und X beigeordnet.

Wenn die Beiordnung auch nicht die Wirkung hat, daß sie das Vertragsverhältnis zwischen Anwalt und Partei begründet, ist sie darauf doch nicht ohne Wirkung. Sie bedeutet weder die Übermittlung einer Vertragsofferte der armen Partei (sonst könnte P im Fall d nicht mehr prüfen, ob er dem beigeordneten Anwalt sein Vertrauen entgegenbringen kann) noch die Annahme einer Offerte für den Anwalt (das zeigt derselbe Fall d, wo keine Offerte vorliegt), sondern begründet

---

[42] Der Rechtsanwalt übt als curator ad hoc öffentliche Funktionen aus, u. U. gegen den Willen des Beschuldigten, vgl. *Bayerwaltes*, S. 38 ff., BGH MDR 65, 26; ebenso die Fälle §§ 668, 679, 686 ZPO.

[43] s. *Bayerwaltes*, S. 35, *Blomeyer*, Zivilprozeßrecht, § 26 IV, *Eucken*, Rdnr. 22, *Soergel - Siebert - Wlotzke/Volze*, Rdnr. 87 vor § 611, *Stein - Jonas - Pohle*, § 115 V 2, RG JW 32, 2144; BGHZ 30, 226; JZ 67, 448; a.A. *Kalsbach*, § 48 (obwohl er Vertrauensverh. vorauss.), *Rosenberg*, S. 224, *Wieczorek*, § 115 B III b 4.

nach § 48 BRAO den Kontrahierungszwang für den Beigeordneten[44]. Das bedeutet zunächst zweierlei: dem Rechtsanwalt wird die Pflicht auferlegt, sich zum Vertragsschluß bereitzuhalten und den Antrag der armen Partei anzunehmen, ferner aber auch drittens die Beschränkung der Kündigungsmöglichkeit (§ 627 BGB). Könnte der Beigeordnete jederzeit von der Möglichkeit des § 627 BGB Gebrauch machen, wäre die Beiordnung illusorisch. Andernfalls zwingt ihr Fortbestehen ihn sofort zum neuen Vertragsschluß. Der Kontrahierungszwang setzt sich deshalb in den Ausschluß des Kündigungsrechts um, soweit nicht ein wichtiger Grund i. S. § 627 Abs. II BGB auftritt. Erforderlich ist dann, daß zuerst die Beiordnung aufgehoben wird, die damit ein besonderes Verfahren für die Kündigung bestimmt.

Im Fall a besteht das Vertragsverhältnis zwischen X und P bereits und ist lediglich in seiner Ausgestaltung an die Bedingung der Armenrechtsbewilligung geknüpft. Wenn sie versagt wird, kann das Mandat beendet oder als gewöhnliches weitergeführt werden. Bei b liegt in dem Antrag zugleich der Vertragsantrag, der mit der Mitteilung der Beiordnung weitergegeben werden kann[45]. Das setzt voraus, daß dem Beigeordneten erkennbar ist, einen Vertragsantrag zu erhalten, z. B. wenn P ihm Mitteilung gemacht hat. Ganz ähnlich ist es nach c — mit dem Unterschied, daß der Vertrag mit dem, den es angeht, geschlossen werden soll. Falsch wäre es aber, in der Vollmacht den Auftrag zu sehen[46]. Sie kann allenfalls schlüssig eine Offerte enthalten; denn die Frage, ob X Prozeßbevollmächtigter des P wird, ist unabhängig von der, wie der Vertrag zustandekommt[47]. Dieser wird begründet durch die Annahme, zu der X kraft Beiordnung verpflichtet ist, außer wenn kein Kontrahierungszwang besteht, weil X Ablehnungsgründe zur Seite stehen. Allein nach d äußert die Beiordnung zunächst keine Wirkungen, sondern erst wenn P dadurch tätig wird, daß er eine Offerte abgibt. Er kann nämlich ebensogut um die Beiordnung eines anderen Rechtsanwalts bitten und die bisherige ohne Folgen lassen. Zeigt sich P nicht vertragsbereit, bildet die Beiordnung keinen Ersatz[48]. Auch insoweit muß P Handlungsfreiheit verbleiben. Er kann ein Interesse daran haben, sich auch nach Beiordnung des X einer Inanspruchnahme zu enthalten, z. B. kann er die Klage zurücknehmen oder nicht

---

[44] s. RGZ 115, 60, *Bayerwaltes,* S. 35 ff., *Brangsch,* NJW 61, 110 f., *Stein - Jonas - Pohle,* a.a.O.

[45] s. RG JW 32, 2144; nur mit dieser Einschränkung hat *Schliebner,* S. 12 ff. recht.

[46] s. aber *Bayerwaltes,* a.a.O. und BGHZ 30, 226; Offerte u. Vollmacht können auch von verschiedenen Personen erteilt werden (vgl. oben S. 18).

[47] s. RG JW 33, 2799; nach den Gründen ist fraglich, ob nicht doch der Vertragsschluß gemeint ist.

[48] s. RGZ 89, 42; 346; 115, 60.

einreichen, eine Entscheidung rechtskräftig werden lassen, etwa wenn sich inzwischen herausgestellt hat, daß eine Vollstreckung bei dem Gegner fruchtlos verlaufen würde und er, P, letzten Endes mit den Kosten belastet bliebe (§§ 95, 103 GKG, 115 ZPO).

Die Beiordnung nach §§ 78 a, 664 Abs. II ZPO ist analog zu behandeln, der Unterschied besteht in der überragenden praktischen Bedeutung des Armenrechts.

3. Der Vertragsschluß mit der Anwaltssozietät oder dem Sozietätsanwalt

Wenn sich mehrere Rechtsanwälte zur gemeinschaftlichen Berufsausübung zusammengeschlossen haben[49], hängen ihre vertraglichen Beziehungen zu den Mandanten nicht zuletzt von der Rechtsnatur dieses Zusammenschlusses ab. In tatsächlicher Hinsicht sind zuerst die bloßen Bürogemeinschaften auszuklammern; denn ihnen mangelt der personale Konnex der die gemeinschaftlichen Sachmittel benutzenden Anwälte. Jeder von ihnen hat seine eigene Praxis, arbeitet selbständig (macht das auch nach außen erkennbar) und steht in den Beziehungen zu seinen Klienten einem Einzelanwalt völlig gleich. Das gemeinschaftliche Büro ist nicht mehr als eine Rationalisierungsmaßnahme, um Miet- und andere Kosten zu senken, d. h. die Kostenstruktur zu verbessern. Dieselben Ziele verfolgt auch die Sozietät, darüber hinaus die Möglichkeit jederzeitiger gegenseitiger Vertretung und als Wichtigstes die Arbeitsteilung. Das setzt die gemeinsame Berufsausübung voraus und jene wiederum den personellen Zusammenschluß. So ist die Anwaltssozietät in der Tat eine bürgerlich-rechtliche Gesellschaft, nämlich die „vertragsmäßige Vereinigung mehrerer zur Förderung eines gemeinsamen Zwecks“[50].

Die handelsrechtlichen Gesellschaftsformen sind unverwendbar; denn nach § 2 Abs. II BRAO darf der Einzelanwalt kein Gewerbe aus seinem Beruf machen, so daß er es auch nicht in fraudem legis durch Vereinigung mit Kollegen darf. Unerheblich ist, ob Gesamthandseigentum oder überhaupt gemeinsames Vermögen vorhanden ist (ein Sozius ist Eigentümer der Büroeinrichtung und Mieter der Räume), ebenso ob gemeinsames Vermögen erworben werden soll[51]. Die Regelungen des Gesellschaftsrechts sind überwiegend dispositiver Natur und hindern deshalb die Bildung atypischer Gesellschaften nicht. Es erscheint über-

---

[49] s. *Riedel - Corves - Sußbauer,* § 5/2.

[50] s. *Enneccerus - Lehmann,* § 175 I 3.

[51] s. Anm. 50 und *Soergel - Siebert - Schultze/v. Lasaulx,* Rdnr. 41 vor § 705, RGZ 142, 20; BGHVersR 63, 755 = NJW 63, 1301.

flüssig, die Sozietäten als gesellschaftsähnliche Gebilde zu behandeln[52]; denn der gemeinsame Zweck besteht auch dann, wenn der einzelne Sozius die einzelnen beruflichen Tätigkeiten selbständig vornimmt. Für die Gesellschaft ist nicht begriffsnotwendig, daß alle Geschäfte, die der Erreichung des gemeinsamen Zwecks dienen, auch im Namen aller abgeschlossen werden[53].

Die Rechtsnatur der Sozietäten sagt in bezug auf das Verhältnis zu den Klienten nicht mehr, als daß die in der Sozietät zusammengeschlossenen Gesellschafter Vertragspartner sein können. Ebensowenig wie den Anwaltsvertrag gibt es den Sozietätsvertrag als gesetzlich umschriebenen Vertragstyp, so daß man mit diesem Begriff eine eindeutige Gestaltungsform verbinden müßte. Vielmehr dürften alle Formen von der Innengesellschaft (sie selbst ausgenommen, vgl. § 21 Richtlinien[54]) bis zu dem im BGB geregelten Vertragstyp existieren. Entsprechend vielgestaltig können die Bindungen im rechtsgeschäftlichen Verkehr geknüpft werden. Letzten Endes ist nur an Hand des Einzelfalles zuverlässig zu beurteilen, welcher Art sie dort sind. Hier können nur die Gesichtspunkte aufgezählt werden, unter denen die Einordnung vorzunehmen ist.

Ausgangspunkt ist das Vertrauensverhältnis, dessen Herstellung der Vertrag mit dem Anwalt bezweckt[55]. Wenn daher ein Sozietätsanwalt das besondere Vertrauen des Mandanten genießt (u. U. auch deswegen, weil er vor der Bildung der Sozietät schon für jenen tätig war) und er aus diesem Grunde die Sache allein bearbeiten soll, so mag das nicht ausschließen, daß die anderen als Erfüllungsgehilfen herangezogen werden. Aber die Leistung will der Mandant von „seinem" Anwalt fordern.

§ 21 Abs. I Richtlinien lautet zwar: „Die Sozietät zwischen Rechtsanwälten erfordert eine gemeinsame Kanzlei und grundsätzlich die gemeinschaftliche Entgegennahme der Aufträge und Entgelte." Grundsätzlich besteht also keine Pflicht hierzu; denn der oben beschriebene Sachverhalt erfordert gerade das Gegenteil.

Dieser Sachverhalt darf weder als allein möglicher noch nur als häufigster bezeichnet werden. Abgesehen von dem seltenen Fall, daß mehrere Sozien kumulativ tätig werden sollen, wodurch die Gebühren auch mehrfach entstehen, führt Friedlaender[56] zusätzlich folgende Mög-

---

[52] s. *Friedlaender*, Exkurs 1 zu § 40, *Oertmann*, LZ 16, 199, a.A. *Josef*, JW
[53] s. *Friedlaender*, a.a.O.
[54] Grundsätze des anwaltlichen Standesrechts, Mai 1963.
[55] s. LG Stuttg NJW 60, 918, zu weitgehend *Goertz*, JW 12, 629.
[56] Exkurs 1 zu § 40/6 und Anm. zu OLG Hmbg JW 16, 519, s. auch *Dettmer*, S. 14, *Kaufmann*, JW 16, 883.

lichkeiten an: es werden nur ein Sozius — gleichgültig wer, gleichsam der, den es angeht (nach der Arbeitsteilung) — oder alle, das bedeutet: in ihrer Zusammenfassung als Gesellschaft vertraglich gebunden, während stets nur einer erfüllt. Im Zweifel sei davon auszugehen, daß letztere Form gewählt sei. Diese Auffassung scheint auch § 21 der Richtlinien zugrundezuliegen, aber die Formulierung des Paragraphen überläßt es den Anwälten, ob sie den Sozietätsvertrag entsprechend fassen. Dann hätte jeder einzelne Mandant immer noch die Möglichkeit, Abweichendes zu vereinbaren; denn er kann nicht gezwungen werden, mit allen in der Sozietät verbundenen Gesellschaftern zu kontrahieren. Wenn nämlich einer armen Partei ein Sozietätsanwalt beigeordnet wird, so kann sie den Vertrag nur mit diesem schließen, zumal nur ihn der Kontrahierungszwang trifft und weiter bei den anderen Sozietätsanwälten Absicht und Wille zur Mandatsübernahme wegen der damit verbundenen Lasten fehlen werden[57].

Wenn die arme Partei den einen Sozietätsanwalt vertraglich binden kann, ist nicht einzusehen, weshalb er nicht auch frei gewählt werden sollte. Mit der Vermutung Friedlaenders zu operieren, wäre ziemlich unpraktikabel; denn sie wird nicht nur an dieser Stelle durchbrochen. Man käme in keinem Fall umhin, ihren Wahrheitsgehalt nachzuprüfen. Der Sozietätsvertrag kann bestimmen, daß die Mandate stets für die Sozietät angenommen werden — in diesem Falle sind die ihr angehörenden Anwälte auch dazu ermächtigt[58]. Wenn der Mandant in Kenntnis dessen darauf eingeht oder es ihm gleichgültig ist, d. h. er mit dem kontrahieren will, den es angeht, so sind alle Sozien Vertragspartner. Wenn er aber zu erkennen gibt, daß er sich nur einem Anwalt anvertrauen will, so wird man den einzelnen Anwalt dazu ermächtigt ansehen, in diesem Sinne abzuschließen. Falls die Ermächtigung fehlt und er pflichtwidrig das Mandat nicht abgelehnt hat, so kann das allerdings nur das Innenverhältnis betreffen.

Früher wurde bereits betont, daß nicht wenige Verträge stillschweigend zustande kommen. Das ist nicht anders, wenn Sozietäten daran beteiligt sind, nur müssen hier die schlüssigen Handlungen nicht allein das Zustandekommen des Vertrages, sondern auch die Beteiligten bezeichnen. Als Indiz können nicht Schwierigkeit oder Umfang der Sache gelten[59]. Rechtliche und tatsächliche Bedeutung ist ein relativer Begriff. Danach ist kaum zuverlässig zu urteilen, gerade weil die

---

57 s. *Dettmer*, S. 21, OLG Hmbg. JW 16, 519, LG Stuttg NJW 60, 918.

58 s. OLG Hmbg JW 16, 519, *Kalsbach*, Richtl. 21/3.

59 a.A. *Kaufmann*, JW 16, 883; genausowenig, ob § 675 oder § 676 BGB anzuwenden ist; dazu RGZ 88, 342, wo aber Handeln außerhalb der Berufstätigkeit festgestellt wurde.

Bedeutung sich häufig erst bei der Mandatsführung konkretisiert. Im übrigen ist nicht ersichtlich, weshalb der Umfang der Sache (nach dem Streitwert zu berechnen?) dafür maßgebend sein soll, wer Vertragspartner des Klienten ist, weil doch ohnehin nur ein Anwalt tätig werden soll. Zuverlässiger urteilt man danach, ob und wem der Mandant Vollmacht erteilt hat. Wenn diese auf einen Anwalt der Sozietät lautet, so spricht dies dafür, daß dieser die Vertretung nach außen übernehmen soll, die anderen allenfalls in Untervollmacht, und gerade er die Sache zu bearbeiten hat. Wenn darin noch der Ausdruck eines besonderen Vertrauens liegt, kann man daraus schließen, er sei allein Schuldner der Dienstleistung. Umgekehrt: wenn die Vollmachtsurkunde alle Anwälte der Sozietät nennt, büßt sie an Beweiskraft ein; denn sie regelt nicht mehr als die Außenvertretung und kann gerade zu deren Vereinfachung weitergehen als der Vertrag[60]. Falls über einen solchen Vertrag zu urteilen ist, so hat er in aller Regel schon zu beiderseitigen Erfüllungshandlungen geführt, so daß auch an der Art, wie das Mandat geführt wurde, abzulesen ist, ob der bis dahin allein tätige Anwalt oder alle Sozien Schuldner bzw. Gläubiger waren.

4. Der Vertragsschluß durch Hilfskräfte

Die zum Vertragsschluß notwendigen Handlungen braucht der Anwalt nicht selbst vorzunehmen. Es reicht aus, wenn der Bürovorsteher die Offerte entgegennimmt und die Annahme als Verhandlungs- und Abschlußgehilfe erklärt[61]. Schliebner[62] lehnt dies ab. Bei dem Abschluß des Vertrages handele es sich um Anwaltstätigkeit, die nur der Rechtsanwalt selbst vornehmen könne und deshalb nicht den Hilfspersonen überlassen dürfe. Er allein könne prüfen, ob Ablehnungsgründe gegen die Annahme sprächen. Schliebner muß aber zugeben, daß es keine Folgen für die Wirksamkeit des Vertrages hat, wenn sich der Anwalt pflichtwidrig seiner Hilfskräfte beim Abschluß bedient. Seine Auffassung überwindet die Schwierigkeiten der abweichenden tatsächlichen Handhabung dadurch, daß sie den Bürovorsteher als bevollmächtigt ansieht, die Offerte des Klienten entgegenzunehmen. Dadurch entstehe zwischen dem Anwalt und seinem potentiellen Mandanten ein Vertragsverhältnis (!) auf ordnungsgemäße Behandlung und Weiterleitung der Offerte.

---

[60] Vgl. *Kaufmann*, a.a.O., *Dettmer*, S. 7, *Staudinger - Werner*, § 427/6, OLG Dresden JW 17, 304; OLG Hmbg OLGRspr 18, 95; 22, 293; BGH VersR 62, 371.

[61] s. *Staudinger - Werner*, § 278/6.

[62] S. 10 ff.; die Entscheidung RG JW 32, 1130 betraf die gleichzeitige Erfüllung durch den Bürovorsteher.

Wenn sich die Gründe, die den Anwalt bei dem Vertragsschluß zur Ablehnung berechtigt hätten, erst während der Vertragsdauer herausstellen, ist der Anwalt zur Kündigung berechtigt. Dasselbe muß gelten, wenn der Vertrag durch Hilfskräfte geschlossen wurde. Die Seltenheit der Ablehnungsgründe (die übrigen Prämissen Schliebners einmal unterstellt) rechtfertigen seine umständliche Konstruktion nicht gegenüber den Fällen, in denen ein Klient z. B. die Unterlagen zu einer Mahnsache bei dem Bürovorsteher abgibt, zumal dieser der Feststellung mancher Ablehnungsgründe näher ist (bei Prävarikation Einsicht in die Mandantenkartei). Außerdem trägt auch der Klient einen Teil der Verantwortung für den Vertragsschluß und kann darauf dringen, den Rechtsanwalt selbst zu sprechen.

Für die Haftung bedarf es jedenfalls der Konstruktion Schliebners nicht. Die Haftung wegen Verschuldens bei Vertragsabschluß oder die aus dem Quasi-Vorvertrag ist die gleiche, nur hat die erstere den Vorzug größerer Klarheit. Eine Pflichtverletzung bei der Vertragsanbahnung braucht in der Heranziehung von Hilfskräften nicht zu liegen, denn die Annahme stellt noch nicht die vertraglich geschuldete Tätigkeit dar. Da der Rechtsanwalt u. U. sogar das Mandat von seinem Bürovorsteher behandeln lassen kann[63], darf dieser auch beim Abschluß tätig werden. Die Wirkungen treffen in jedem Fall den Anwalt.

§ 4 Pflichten aus dem Vertrag für den Rechtsanwalt

Entsprechend der Vielfalt anwaltlicher Tätigkeit lassen sich die Pflichten nicht abstrakt und allgemein beschreiben. Abgesehen davon, daß es unmöglich ist, deren vollständigen Katalog aufzustellen, ist es auch von geringem praktischen Nutzen; denn hier interessiert der Katalog nur als Grundlage für ein Haftungssystem, das eine derartig verästelte Gliederung nicht voraussetzt. Einzelne Vertragspflichten werden gesetzlich normiert oder sanktioniert, andere von der Rechtsprechung formuliert. Die wesentlichsten sollen im folgenden angedeutet werden.

1. Pflichten bei Vertragsschluß

Vor Vertragsschluß, im Stadium der Vertragsverhandlungen bestehen für beide Parteien gewisse Erhaltungspflichten auf Grund des gesetzlichen Schuldverhältnisses der Vertragsanbahnung. Sie sind darauf gerichtet, von den Parteien Schaden abzuwenden — abgesehen von der möglichen Vertragsablehnung. Pflichtverletzungen führen

---

[63] s. KG Urteil vom 30. 1. 58 — 7 U 1561/57.

zur Haftung[64]. Diese Pflichten und später die aus ihrer Verletzung entstehende Haftung werden miterörtert, da sie den vertraglichen eng verwandt sind. Das gesetzliche Schuldverhältnis beruht zudem auf dem vertragsähnlichen Vertrauensverhältnis, das die Begründung für die Figur der culpa in contrahendo gibt und den Regelungen der Vertragsverhältnisse analog behandelt wird — wenigstens in einigen Punkten.

Ein weiterer Grund, die vorvertraglichen Pflichten hier darzustellen, liegt darin, daß einige, die man gewöhnlich dazu rechnet, möglicherweise schon in den Bereich der Vertragspflichten gehören. Das ergibt sich nach dem Zweck, den der potentielle Mandant verfolgt, wenn er einen Rechtsanwalt aufsucht. In den selteneren Fällen weiß er genau, was er von jenem fordern will, und kann dann seinen Vertragsantrag entsprechend genau formulieren, z. B. Einreichung einer Klage, Absendung einer Mahnung, aber auch die Beratung wegen Grundstückskauf oder die Formulierung eines Vertragsentwurfs. Häufiger wünscht er einfach Rechtsberatung, nach der sich dann richten soll, was der Anwalt weiter in dieser Sache veranlassen soll.

Möchte der Mandant gegen seinen Ehepartner vorgehen, wobei Klage auf Ehescheidung (aus den verschiedenen Gründen), auf Feststellung der Berechtigung zum Getrenntleben oder auf Wiederherstellung der ehelichen Gemeinschaft möglich ist, deren Voraussetzungen aber der Klient nicht kennt, so sucht er die Hilfe des Anwalts als Entscheidungshilfe, gleichzeitig auch denjenigen Anwalt, der ihn gegebenenfalls später vertritt. Der Mandant will also nicht bloß die Prozeßvertretung, so daß alle Beratung Vertragsanbahnung für diesen Leistungsinhalt darstellt, sondern zunächst einmal die Beratung. Wenn sich der enttäuschte Ehepartner nach Darstellung der ihm möglichen Schritte entschließt, von solchen Abstand zu nehmen und seinem Partner lediglich mit den erworbenen Kenntnissen zu drohen, so wird der Anwalt doch auf einem Entgelt für die Beratung bestehen, das jener nicht mit dem Hinweis auf bloße Vertragsanbahnung verweigern könnte. Das Entgelt ist auf Grund eines Beratungsvertrages geschuldet, der schon dadurch zustandekam, daß der Mandant seine Sache vortrug in Erwartung der Äußerung des Rechtsanwalts. Das Vertragsverhältnis sollte sich dann vielleicht fortsetzen oder — wenn man so will — zum Abschluß eines weiteren mit anderem Inhalt führen. Dieses Beispiel zeigt, daß bei der Abgrenzung vertraglicher und vorvertraglicher Pflichten die Blickrichtung nicht nur auf den augenfälligsten Vertragsinhalt gehen darf. Erfüllung und dahingehende Pflichten des Anwalts beginnen schon mit der Beratung. Es bedeutet gleichzeitig, daß der

---

64 s. *Enneccerus - Lehmann,* § 43 III.

Raum der Vertragsanbahnung gebührend eng zu halten ist. Dadurch ist auch der Sektor der vorvertraglichen Pflichten stark begrenzt.

Neben den Verkehrssicherungspflichten, wie sie auch bei Gewerben bestehen, die ihre Räume dem Publikum zugänglich machen, spielt die Pflicht zur Mandatsablehnung die einzig wesentliche Rolle. Sie hat im übrigen auch gesetzlichen Ausdruck in §§ 44 f. BRAO gefunden. Allerdings ist die Fassung der §§ 44 f. BRAO insofern mißglückt, als eine allgemeine Pflicht zur Mandatsablehnung nur für den Fall ausgesprochen ist, daß der Anwalt den Auftrag nicht annehmen will, §§ 44 f. S. 1 BRAO. Im übrigen sind nur enumerativ weitere Fälle aufgezählt. Diese Regelung ist nicht abschließend und nach den allgemeinen Grundsätzen der culpa in contrahendo zu ergänzen. Auch in anderen Situationen muß der Anwalt ein Mandat ablehnen: wenn er nicht tätig werden kann, weil ihm die Sachkunde fehlt, z. B. für ausländisches Recht, wenn er die Sache nicht mit der gewünschten Eile zu behandeln in der Lage ist usw., und zwar auch, wenn er sich nicht mit der gebotenen Eile für die Annahme des Mandats entscheiden kann. Falls man aus dem vertragsähnlichen Vertrauensverhältnis schon eine allgemeine Pflicht zur Mandatsablehnung ableiten will, muß man auch anerkennen, daß dem Anwalt die nicht ganz so umfassende Pflicht obliegt, bei der Vertragsanbahnung auf die Umstände hinzuweisen, die den Klienten veranlassen könnten, vom Vertragsschluß Abstand zu nehmen, z. B. auf die Kostenvorschußpflicht, § 17 BRAGebO, oder überhaupt auf eine hohe Kostenlast gegenüber einem geringeren Erfolg etc. Allerdings ist hier zu prüfen, wie weit diese Pflicht nicht Inhalt eines Beratungsvertrages ist, gerichtet auf Abschluß eines Vertretungsvertrages, und damit schon Vertragspflicht. Das ist wiederum nur im Einzelfall definitiv zu entscheiden.

2. Vertragspflichten

Anwaltliche Tätigkeit, so wurde bereits früher betont, ist Wahrnehmung fremder Interessen[65]. In der amtlichen Begründung[66] zu § 1 BRAO heißt es: „Der Rechtsanwalt, der einem Auftraggeber Rat oder Beistand gewährt, muß die Rechte seines Mandanten sorgfältig wahren." Das Interesse des Klienten umschreibt die Pflichten des Anwalts nur ungenügend. Diese lassen sich bei einem Dienstvertrag nicht so leicht bestimmen, wie etwa beim Kauf, für den § 433 BGB deutliche Aussagen macht, bei dem Geschäftsbesorgungsdienstvertrag — gerichtet auf

[65] s. *Soergel - Siebert - Wlotzke/Volze,* Rdnr. 84 vor § 611, BGHZ 38, 376, 379.

[66] Abgedruckt in der Textausgabe C. H. Beck 1959.

Dienste höherer Art — wiederum schwieriger als bei dem Arbeitsvertrag. Hier konkretisiert der Arbeitsplatz, in welcher Weise der Verpflichtete seine Arbeitskraft zur Verfügung zu stellen hat, und die Leistung der versprochenen Dienste bedeutet eine im wesentlichen gleichartige Tätigkeit. Schon bei der Umschreibung der Tätigkeit des Rechtsanwalts hatte sich ein breites Spektrum ergeben, das in gleichem Umfang bei den vertraglich ausbedungenen Erfüllungsleistungen auftaucht. Zu den Vertragspflichten gehören dabei nicht nur die Dienstleistungen (z. B. Beratung, Mahnung säumiger Schuldner des Klienten), sondern eine Vielzahl von Nebenpflichten, selbständige und unselbständige, die mit zum Vertragsinhalt gehören, im übrigen aber auch eine Abgrenzung zwischen Haupt- und Nebenpflichten erschweren können.

a) Hauptpflichten

Dienstleistung ist die Hauptpflicht des Anwalts (zuweilen die Herstellung eines Werkes, wofür Entsprechendes gilt, weshalb auf eine künftige Erwähnung dieser Besonderheit verzichtet werden kann), die auf eine den Interessen des Mandanten entsprechende Tätigkeit gerichtet ist[67]. Sie läßt sich in zwei Hauptgruppen trennen: die Pflichten bei der Willensbildung des Mandanten und die bei seiner Vertretung. Der Vertrag kann jede einzeln begründen, wird aber meistens auf beide gerichtet sein.

Die erste Pflicht (bei dem Beratungsvertrag einzige Erfüllungspflicht) ist die zur umfassenden Beratung und Belehrung des Mandanten, die ihm allein die Möglichkeit gibt, eine verantwortliche Entscheidung über die Durchsetzung seiner Interessen zu fällen. Das setzt voraus, daß die entscheidungserheblichen Tatsachen zusammengetragen werden. Der Anwalt darf es nicht allein dem Mandanten überlassen, der oft nicht einmal wissen wird, worauf es ankommt, und Einzelheiten als belanglos übergeht, die bei der rechtlichen Beurteilung als wichtige Teile im Mosaik des Sachverhalts fehlen. Der Anwalt muß nicht nur die notwendigen Informationen entgegennehmen, sondern auch auf umfassende Aufklärung der Tatsachen durch den Klienten hinwirken[68]. Danach stellt sich die Aufgabe, sich über die Rechtslage zu informieren und sie dem Auftraggeber mitzuteilen, vielleicht zusätzlich eine Entscheidung zu fällen und sie jenem anzuraten.

---

[67] s. *Scheffler,* NJW 61, 577 f., KG JW 33, 1667 „alle zweckentsprechenden Rechtshandlungen"; BGH VersR 64, 161.

[68] s. RG JW 33, 1829 mit zust. Anm. *Jonas,* wonach der Anwalt die Informationen seines Mandanten nicht auf ihren Wahrheitsgehalt prüfen muß; das ergibt sich natürlicherweise aus dem Vertrauensverhältnis, das gegenseitig ist.

Auch wo der Anwalt die Sache seines Mandanten prozessual oder außergerichtlich vertritt, besteht die Dienstleistungspflicht nicht allein in der Vertretung (von Ausnahmen abgesehen), sondern gleichermaßen in der Beratung; denn nur dann kann der Mandant verantwortlich bestimmen, in welcher Weise sein Vertreter die Sache führen soll. Dabei besteht die Pflicht zur Vertretung nicht darin, daß der Rechtsanwalt nach den objektiven Interessen des Klienten handelt, vielleicht sogar gegen dessen ausdrückliche Weisung; denn in diesem Falle würde er die Vertragspflichten allein bestimmen. Sie entspringen aber gerade dem übereinstimmenden Willen beider Vertragsparteien, in erster Linie jedoch den Weisungen des Mandanten, da Dienst die durch den Dienstherrn weisungsbestimmte Tätigkeit bedeutet. Wenn sich der Anwalt nicht in der Lage sieht, diesen Weisungen zu folgen, bildet das einen Kündigungsgrund, nicht aber die Berechtigung oder gar Verpflichtung, den objektiven Interessen des Vertragspartners zu folgen. Das würde das Dienstverhältnis aushöhlen und dessen Ziel geradezu umkehren. Wenn die Beratung zu einem Auftrag hinsichtlich der Vertretung führt, so ist Hauptpflicht des darauf gerichteten Vertrages Vornahme von Handlungen, die der Mandant vornehmen sollte oder könnte in dessen Vertretung durch den Anwalt.

b) *Nebenpflichten*

Außer den Hauptpflichten obliegen dem Anwalt eine Fülle von Nebenpflichten, die beispielhaft erwähnt werden. Es sind teils unselbständige, teils selbständige. Zu der ersten Gruppe gehört die auch durch § 356 StGB anerkannte Pflicht zur Unterlassung anwaltlicher Tätigkeit für den Interessengegner des Mandanten; denn es ist denkbar, daß der Klient den Anwalt gerichtlich auf Unterlassung in Anspruch nimmt, wenn dieser für den Prozeßgegner, den Schuldner oder Gläubiger seines Vertragspartners tätig wird. Weitere selbständige Nebenpflichten sind: die Aufbewahrung überreichter Unterlagen, soweit man nicht einen selbständigen Verwahrungsvertrag im Einzelfall annehmen kann, die Auszahlung entgegengenommener Mandantengelder und — besonders wichtig — die Pflichten bei Abwicklung des Vertragsverhältnisses, z. B. Abrechnung und Belehrung[69]. Zu den unselbständigen Nebenpflichten gehören das Beschaffen und Bereithalten geeigneter Arbeitsmittel, z. B. die Organisation eines funktionsfähigen Büros, weiterhin, daß der Anwalt seine eigene Verhinderung bei der Leistung

---

[69] s. *Wieczorek*, § 232 B II b 2; KG 16 U 379/61, wo der Anwalt sich in sittenwidriger Weise eine Honorarnote von seiner Mandantin unterschreiben ließ, aus der er gegen sie vollstreckte, obwohl die Kosten weisungsgemäß dem Gegner im Vergleich abverlangt waren.

der Dienste durch einen Vertreter ausgleicht, oder die weitere Vertretung ablehnt, wenn sie erkennbar und erkanntermaßen gegen die Interessen des Klienten verstößt und dieser seine Weisungen nicht entsprechend ändert. Dazu gehört auch die Pflicht zur ständigen Information über den Stand der Angelegenheiten.

3. Fortwirkungspflichten nach Beendigung des Vertragsverhältnisses

Ebenso wie eine Pflicht zur Mandatsablehnung im Stadium der Vertragsanbahnung muß man eine Pflicht des Rechtsanwalts zur Beendigung des Vertrages (durch Kündigung) anerkennen, wenn er nicht mehr in der Lage ist, die Interessen seines Mandanten ausreichend zu vertreten, z. B. wenn er während der Vertragsdauer erfährt, daß er den Gegner in gleicher Sache beraten hatte. Auch dies wäre noch eine vertragliche Nebenpflicht. Durch Auflösung des Vertrages tritt nicht der Zustand ein, wie er vor Eingehen dieses Verhältnisses bestanden hatte; denn nur die Dienstleistungspflicht mit den darauf bezogenen Nebenpflichten entfällt. Als wichtigste Pflicht, die über die Dauer des Vertrages hinausgeht und gerade nach dessen Beendigung besondere Bedeutung gewinnt, gilt die Verschwiegenheitspflicht, die ebenfalls mit strafrechtlichen Sanktionen gesichert ist, § 300 Abs. I StGB (§ 31 Richtlinien).

Fast gleichrangig ist die Pflicht zur Herausgabe der Handakten oder gegebenenfalls deren Aufbewahrung (§ 50 BRAO) sowie zur Abwicklung, wenn der Vertrag schon vorher beendet ist[70], z. B. zur Herausgabe von Gegenständen, Abgabe von Erklärungen. Alle diese Pflichten sind vertraglich begründete, die sich erst nach Beendigung des Vertragsverhältnisses aktualisieren[71].

4. Sorgfaltspflichten

Von den Leistungspflichten unterscheiden sich die dem Anwalt obliegenden Sorgfaltspflichten bei Erbringung seiner Leistung[72]. Beide werden nicht selten verwechselt, um so leichter, als Sorgfaltspflichten

---

70 a.A. BGH VersR 63, 435 „Da das Mandat erst enden kann, wenn keine weiteren Handlungen von dem Anwalt mehr zu erwarten sind ...“ Statt Handlungen müßte es Dienstleistungen heißen, vgl. auch LG München AnwBl 57, 18, *Friedlaender*, Exkurs zu § 30/103.

71 Vgl. *Thier*, S. 17 f. für Steuerberater.

72 Die Notwendigkeit betont auch *Scheffler*, NJW 61, 580; deutlich die Trennung in BGH LM 2 zu § 945 ZPO, BGH NJW 61, 601; KG 16 U 403/64; LG Dortmund NJW 65, 1809.

auch einmal im Gewande vertraglicher Leistungspflichten auftauchen. Für die Vertretung seines Mandanten können sich dem Anwalt zwei oder mehr Möglichkeiten bieten, von denen die eine vielleicht ein größeres Risiko birgt. Er erfüllt seine Leistungspflichten, wenn er den Geschäftsbesorgungszweck erreicht — gleich auf welchem Wege —, jedoch die Pflicht, sorgfältig vorzugehen, nur dann, wenn er den weniger risikobeladenen Weg beschreitet. Falls bei Vertragsschluß zwei Möglichkeiten erkennbar sind, mit denen das Interesse des Mandanten gewahrt werden kann, und falls dieser es seinem Vertreter zur Auflage macht, die sicherere zu wählen, so konkretisiert sich das Vertragsverhältnis darauf, daß die weisungsgemäße Durchführung Vertragspflicht ist.

Sorgfaltspflichten dienen weder Nebenzwecken des Dienstvertrages noch dem Schutz oder der Sicherung der Leistungspflicht im gesamten sozialen Bereich, den der Vertrag berührt. Sie sind als Hilfskonstruktionen konzipiert, um festzustellen, ob der Rechtsanwalt die Verletzung der Leistungspflichten zu vertreten hat. Sie sollen die notwendige Verbindung zwischen Erfüllungsmangel und Haftung schaffen. Die Leistungspflichten sind durch Vertragsauslegung nach §§ 133, 157 BGB zu bestimmen, immer bezogen auf den Zeitpunkt ihrer Begründung, was nicht besagt, daß es auf den Zeitpunkt des Vertragsschlusses ankäme; denn auch infolge der Gestaltung der tatsächlichen Lage und der Entwicklung des Vertrages kann eine weitere Verpflichtung begründet werden (zunächst wird nur eine Forderung eingeklagt, später soll der Anwalt die Vollstreckung einleiten, weil der Verurteilte nicht zahlt). Zuweilen wird der Anwalt gezwungen sein festzustellen, wie sich die Leistungspflichten bestimmen, wenn der Mandant ihn lediglich aufforderte, das Erforderliche in seiner Sache zu veranlassen. Die Sorgfaltspflichten haben mit der Vertragsauslegung wenig zu tun und sind begrifflich im System der Leistungsstörungen anzusiedeln. Dahin gelangt man erst, nachdem die Leistungspflichten erkannt sind. Differenzen über letztere betreffen den Bestand des Vertrages. Wenn der Anwalt verkennt, mit welcher Sorgfalt er die Interessen seines Mandanten zu vertreten hat, so ist das allenfalls ein Problem der Haftung, ohne auf den Bestand des Vertrages einzuwirken.

Der Erfüllungsanspruch besteht allein hinsichtlich der Vertragspflichten; nur er ist einklagbar und nur insoweit läßt sich die Einrede des nichterfüllten Vertrages geltend machen. Wenn der Anwalt einen Anspruch seines Klienten klageweise verfolgen soll, so hat dieser Anspruch darauf, daß rechtzeitig geklagt wird. Er hat keinen Einfluß auf das Verfahren, mit dessen Hilfe sich sein Vertreter Gewißheit über den richtigen Rechtsweg verschafft, ob auf Grund veröffentlichter Entscheidungen oder durch die Literatur. Es genügt auch, wenn er den Gesetzestext richtig zu interpretieren vermag.

Sorgfaltspflichten — das „Wie" der Leistungspflichten betreffend[73] sind als solche zu definieren, deren Verletzung ohne weiteres den Schluß auf die Zurechenbarkeit von Fehlern zuläßt. Das heißt: Sie unterscheiden sich von den Vertragspflichten dadurch, daß weder ein Anspruch auf ihre Erfüllung besteht noch ihre Nichterfüllung eine selbständige Leistungsstörung oder solche hinsichtlich der Hauptpflicht bewirken kann.

Zweiter Abschnitt

Die Haftung des Rechtsanwalts

§ 1 Haftung außerhalb der beruflichen Tätigkeit

Wo der Rechtsanwalt im berufsfremden Rahmen tätig wird, richten sich Art und Umfang seiner Haftung nach dem entsprechenden Vertragstypus (als Vermieter nach § 538 BGB, als unentgeltlicher Verwahrer nach § 690 BGB, als Heiratsvermittler nach § 656 BGB [wohl keine Haftung bei Naturalobligationen]) oder den Vorschriften über die Geschäftsführung ohne Auftrag oder unerlaubte Handlung. Wenn sich derartige Geschäfte nicht von anwaltlichen trennen lassen, betreffen sie als Ganzes in Wahrheit anwaltliche Tätigkeit, so daß keine Besonderheiten für ihre Behandlung bestehen.

§ 2 Haftung für berufliche Tätigkeit

Auf die Abgrenzung anwaltlicher Tätigkeit im ersten Abschnitt kann verwiesen werden, ebenso auf die Gründe, die veranlassen, die Untersuchung allein oder wesentlich für die Haftung auf Grund fahrlässiger Pflichtverletzungen fortzuführen (s. S. 9).

1. Haftung für Verletzung vorvertraglicher Pflichten

Wie das vertragsähnliche Vertrauensverhältnis vor Vertragsschluß Pflichten begründet, läßt auch deren Verletzung die Haftung des Zurechnungssubjektes entsprechend der vertraglichen Haftung entstehen, wenn auch der Umfang abweichenden Regeln unterliegt. Ein Fall findet sich in § 44 BRAO, obwohl er durch die allgemeinen Regeln zu ergänzen ist (s. S. 29). Immerhin wird damit deutlich, daß es sich um

---

[73] Deshalb können sie nicht weitergehen als die Leistungspflichten oder sie gar ersetzen, s. BGH VersR 59, 104 = BB 59, 1225.

die Haftung aus einem gesetzlichen Schuldverhältnis des Verschuldens bei Vertragsschluß handelt. Hier darf nicht übersehen werden, daß sich die Pflicht zur Mandatsablehnung aus einem bereits bestehenden Beratungsvertrag als vertragliche ergeben kann. Dann ist die Haftung auch vertraglicher Natur. Wesentliche Unterschiede können daraus nicht entstehen; denn im gesetzlichen Schuldverhältnis gelten ebenfalls die §§ 249 ff. BGB. Außerdem ist in diesem speziellen Fall das negative gleich dem positiven Interesse. Bei pflichtgemäßer Erfüllung des Beratungsvertrages hätte der Vertrag sein Ende gefunden, und der Rechtsanwalt muß seinen Mandanten so stellen, als wäre eine Fortsetzung nicht erfolgt, ebenso als hätte die Vertragsanbahnung nicht zum Abschluß geführt.

2. Haftung des Armenanwalts nach Beiordnung

Der Armenanwalt wird nicht anders als der frei gewählte innerhalb des mit der Partei vertraglich begründeten Pflichtenkreises tätig. Soweit Verletzungen die Haftung auslösen, ist bei der Darstellung der vertraglichen Haftung zu prüfen, ob sich Differenzen ergeben können. Wie oben (S. 20 ff.) erörtert, können bereits nach der Beiordnung bestimmte Rechtsbeziehungen bestehen, die mit einem möglichen Fehlverhalten des Anwalts die Frage nach der Sanktion aufwerfen. Die Folgerung aus der Auffassung, daß die Beiordnung kein vertragliches Band zwisen Anwalt und Klient knüpfen kann, ist Versagung jeder vertraglichen Haftung.

Der BGH[1] hatte folgenden Fall zu entscheiden: In der Unterhaltssache eines unehelichen Kindes bewilligte das LG nach Ablauf der Berufungsfrist am 27. 3. 51 das Armenrecht, wovon der beigeordnete Rechtsanwalt am 29. 3. in Kenntnis gesetzt wurde. Nachdem er sich am 4. und 13. 4. an das Jugendamt gewandt hatte, das den Armenrechtsbeschluß erhalten hatte, gingen ihm am 16. 4. die Handakten mit der Vollmacht zu. Tags darauf legte er Berufung unter Antrag auf Wiedereinsetzung ein. Das LG verwarf sie, weil es die Frist des § 234 ZPO für versäumt hielt. Der BGH hob auf und verwies zurück. In dem Zuwarten bis zum 16. 4. liege schon deshalb keine Pflichtverletzung, da er mit seiner Erinnerung am 13. 4. im Hinblick auf die Rechtskenntnisse der Beamten im Jugendamt das Erforderliche getan habe. Zu

[1] 30, 226 zust. *Soergel - Siebert - Wlotzke/Volze*, Rdnr. 87 vor § 611, *Stein - Jonas - Pohle*, § 115, *Wieczorek*, § 115 B III b 3, der von seinem Standpunkt allerdings zur vertraglichen Haftung kommen müßte (s. S. 21 Anm. 43), gefolgt von KG Urteil vom 18. 12. 62 — 7 U 1363/62 (obiter dictum); wie BGH schon RGZ 115, 60, aber Schadensersatzpflicht verneint wegen der gegensätzlichen Entscheidungen RGZ 89, 42; 94, 347; später in RG JW 32, 2144 dahingestellt.

prüfen bleibe nur, ob eine schuldhafte Säumnis nicht darin lag, daß er die Berufung erst am 17. statt am 16. 4. einlegte.

Im Leitsatz der Entscheidung heißt es: „Die Beiordnung eines Armenanwalts begründet noch kein privates Rechtsverhältnis zwischen Anwalt und Partei. Jedoch entstehen für den Anwalt schon mit der Beiordnung Fürsorge-, Belehrungs- und Betreuungspflichten vor allem dahin, die arme Partei, soweit mangels deren eigener Rechtskenntnis erforderlich, über die nun zu ergreifenden Maßnahmen und vor allem über die zu wahrenden Fristen zu belehren und so nach Kräften zu verhindern, daß die arme Partei aus Rechtsunkenntnis Schaden leide."

Der BGH hat die Differenz zwischen Beiordnung und Vertrag deutlich gesehen. Das geht aus den Gründen noch klarer hervor. Es soll dahingestellt bleiben, ob nicht schon der Leitsatz Widersprüche aufweist: denn der BGH konstruiert die Haftung für Verletzung der von ihm statuierten Fürsorgepflichten analog den Vertragsgrundsätzen aus einem gesetzlichen Schuldverhältnis. Er sieht aber ganz richtig, daß die Beiordnung kein öffentliches Amt auferlegt, aus dem nach Amtshaftungsgrundsätzen zu haften wäre. Dann können die Beziehungen zwischen beigeordnetem Anwalt und armer Partei doch nur privatrechtliche sein[2].

Wichtiger ist, mit welchen Pflichten der BGH das gesetzliche Schuldverhältnis ausstattet: Es sind gerade die, die der Rechtsanwalt auf Grund des Vertrages zu erfüllen hätte (vgl. 1. Abschnitt §4). Beratung und Belehrung, wozu auch die Aufklärung über Fristenlauf und -ende gehört, sind Vertragsinhalt, auch wenn die Beiordnung für die Führung eines Rechtsstreits erfolgt. Das wird klar, wenn man — eingedenk des Grundsatzes, daß die arme Partei der vermögenden nur gleichgestellt werden soll — die gleiche Situation für die vermögende betrachtet: Es besteht für den Anwalt ohne Vertragsverhältnis gar kein Anlaß, sich fürsorglich der Sache seines nur potentiellen Klienten anzunehmen. Er wird jenen beraten und eingehend belehren, wenn er auf Grund des Mandats dazu verpflichtet ist, und entsprechend seinen Aufwand liquidieren, auch wenn es z. B. wegen Fristablaufs nicht mehr zur Vertretung im Prozeß kommen sollte. Umgekehrt will er selbst dann nicht ohne Auftrag tätig werden, wenn er weiß, daß der Partei der Fristablauf in ihrer Sache droht. Sonst handelt er als Geschäftsführer ohne Auftrag und nimmt das Risiko auf sich, seine Geschäftsführung nicht genehmigt zu sehen[3]. Er leistet nicht nur seine Dienste umsonst, sondern bleibt eventuell noch mit den Kosten belastet.

---

[2] s. *Schliebner*, S. 12 ff.

[3] s. RG JW 32, 2144; *Eucken*, Rdnr. 22.

Nichts anderes gilt für die arme Partei. Die Tätigkeiten, die der Anwalt einer vermögenden Partei nur innerhalb eines Vertragsverhältnisses erbringen kann, darf die arme Partei von ihm ebenfalls nur dann erwarten, wenn sie sich vertraglich an ihn bindet. Der Abschluß eines Vertrages wäre überflüssig, wenn der Anwalt schon auf Grund der Beiordnung zu Leistungen verpflichtet wäre, die üblicherweise vertragliche sind[4]. Belehrung ist nur das Beispiel des BGH. Er statuiert aber allgemein Fürsorgepflichten, die auch die fristwahrende Prozeßhandlung betreffen können.

Im übrigen besteht kein Bedürfnis, vorvertragliche Fürsorgepflichten zu konstruieren. Prozessuales Verschulden des Armenanwalts wird nämlich vor Bevollmächtigung nicht zugerechnet, und die arme Partei ist nicht gezwungen, die fehlerhafte Prozeßführung zu genehmigen[5]. Sie hat es in der Hand (vgl. oben S. 20 ff.), durch die Verbindung einer Vertragsofferte mit dem Armenrechtsgesuch den Vertragsschluß unmittelbar an die Beiordnung heranzuziehen[6]; denn diese begründet einen Kontrahierungszwang für den Anwalt, gestaltet das gesetzliche Schuldverhältnis der Vertragsanbahnung, das aber andere und längst nicht so weitgehende Pflichten birgt, wie sie der BGH annimmt.

Der Anwalt muß sich für den Vertragsschluß bereithalten, hat alles zu unterlassen, was diesen vereiteln könnte, und die ihm obliegende Erklärung abzugeben, wenn die arme Partei alles ihrerseits Nötige getan hat. Man wird ihm nicht einmal die Verpflichtung auferlegen können, die Partei zur Abgabe einer Offerte zu veranlassen (allenfalls ein nobile officium); denn die in Rechtsdingen völlig unerfahrene Partei muß wissen, daß sie ihren Anwalt mindestens zu informieren hat, wenn sie schon nicht weiß, daß sie ihm Vollmacht erteilen muß.

Das Armenrecht ist nicht institutionalisiert, um der armen Partei einen „Vormund" beizuordnen. Sie ist ebenso mündig wie die vermögende. Es soll lediglich ihr finanzielles Unvermögen ausgeglichen werden, im übrigen dürfen ihr weder Vor- noch Nachteile erwachsen. Fürsorgepflichten können nicht bestehen, wenn die arme Partei gar nicht mehr beabsichtigt, den Anwalt in Anspruch zu nehmen. Der BGH müßte anders entscheiden; denn aus der Sicht des Anwalts stellen sich beide Situationen gleich dar. Er weiß nicht, wozu sich der potentielle Mandant entschlossen hat. Diesem müßte man aufgeben, sich alsbald zu entschließen, oder müßte ihn an dem Armenrechtsgesuch festhalten, so

---

4 Entspr. *Bayerwaltes*, S. 35 ff.

5 s. *Stein - Jonas - Pohle*, § 232 II 1, BGH NJW 59, 1587.

6 s. RG JW 32, 2144 (Mitteilung ersetzt Vertragserklärung des Anwalts nicht, insoweit daher unrichtig); *Brangsch*, NJW 61, 110, 112.

daß es unabänderlich für ihn wäre, unbeachtlich vielleicht eingetretener Veränderungen. Damit ist ihm nicht geholfen, sondern über eine vermeintliche Besserstellung durch Verpflichtung des Anwalts nicht nur die Ungleichbehandlung gegenüber der normalen Partei, sondern geradezu eine Benachteiligung geschaffen. Der armen Partei muß die Bewertung ihrer Interessen überlassen bleiben. Sie kann vom Prozeß Abstand nehmen wollen, wenn sie erst jetzt erfährt, daß das Armenrecht nur die Stundung der Gebühren gewährt, für die sie auch im Falle ihres Obsiegens haften kann, umso eher, wenn sie im Gegensatz zum Anwalt weiß, daß die Vollstreckung aussichtslos wäre.

Es bleibt die Frage, welche haftungsrechtlichen Folgen den Anwalt für ein Handeln gegen den Kontrahierungszwang treffen. Es hat keine Folgen, wenn er sich ihm entzieht, aber die arme Partei gar nicht die Absicht hat, ihn zu beauftragen. Wenn er einen Vertragsantrag nicht annimmt, ohne daß einer der in § 45 BRAO aufgezählten Gründe vorliegt, so haftet er im übrigen wegen Verschuldens bei Vertragsschluß. Das bedeutet gleichzeitig, daß sich die arme Partei nach einem anderen Vertreter umsehen, d. h. die Beiordnung eines anderen beantragen muß. Der ursprünglich Beigeordnete braucht jedoch nicht für alle Folgen einzustehen, die sich aus seiner Weigerung ergeben können. Sie sind kaum größeren Umfangs. Entweder hatte die Vertragsannahme keine Eile. Dann ist es schuldhaftes Verhalten der Partei, wenn sie versäumt, sich rechtzeitig um die Beiordnung eines anderen Anwalts zu bemühen. Tut Eile not, und das ist stets bei drohendem Fristablauf der Fall, so liegt die Weigerung außerhalb ihres Verantwortungsbereichs, da sie keinen Einfluß auf die Willensentscheidung des Beigeordneten zu nehmen vermag. Es ist dann in der Regel ein Wiedereinsetzungsgrund bei prozessualen Fristen oder ein Grund für die Ablaufshemmung materieller Fristen gegeben[5]. Die Haftung des Armenanwalts betrifft nur das, was die Partei zusätzlich aufwenden muß, um das ungerechtfertigte Verhalten des Beigeordneten auszugleichen. Falls die arme Partei sich mit ihrer Offerte zuviel Zeit gelassen hat, so ist es ein Verhalten, für das sie selbst einzustehen hat. So ist die Haftung des Armenanwalts vor Vertragsschluß diejenige aus culpa in contrahendo und nicht anders zu behandeln als die des freigewählten Anwalts bei Vertragsanbahnung. Keinesfalls schafft die Beiordnung ein gesetzliches Schuldverhältnis mit den Pflichten, die das Vertragsverhältnis begründen soll. Der Ausdruck der Fürsorgepflichten ist schon deshalb mißverständlich, weil es vertragliche wie auch vorvertragliche gibt, und er dem BGH dazu gedient hat, vertragliche zu vorvertraglichen zu erklären.

3. Vertragliche Haftung

Hier ist die Verpflichtung zu einer Ersatzleistung für die in erster Linie geschuldete oder erwartete Leistung gemeint, nicht die Zugriffsmöglichkeit auf das Vermögen des Schädigers oder was ebenfalls mit „Haftung" bezeichnet wird, die Erzwingbarkeit der Forderung. Innerhalb vertraglicher Beziehungen knüpft die Haftung an die Leistungsstörungen im Rahmen vertraglicher Verpflichtungen an. Sie ist die Zurechnung der Leistungsstörung gegenüber dem Schuldner[7].

Eucken[8] und Scheffler[9] haben versucht, die Fehlerquellen für Leistungsstörungen zu systematisieren, und zwar an Hand der reichen Kasuistik der oberen und obersten Gerichte. Ein solcher Versuch soll nicht wiederholt werden, sondern auf der Grundlage des geltenden Haftungsrechts sollen die Probleme der Inanspruchnahme des Anwalts in den Vordergrund gerückt werden.

Der Vertrag mit dem Mandanten verpflichtet den Rechtsanwalt zu den früher beschriebenen Leistungen. Erst ihr Ausbleiben, Ungenügen oder Verzögerung begründen die Haftung. Sie wird oft allzuschnell als Haftung auf Schadensersatz charakterisiert, obwohl dem Gläubiger auch andere Rechte zur Verfügung stehen. Allerdings liegen in der Haftung auf Schadensersatz die Bedeutung der Haftung und auch ihre Probleme, die hier mit Vorrang behandelt werden.

Der Mandant verbindet mit seinem Auftrag bestimmte Interessen, deren Durchsetzung gestört werden kann. Es entstehen Nachteile, Vorteile bleiben vorenthalten, Chancen und Aussichten lassen sich nicht verwirklichen, Forderungen und Rechte werden wertlos. Diese Einbuße im Interesse ist ein Schaden, der unter gewissen Voraussetzungen liquidiert werden kann. Er ist nur selten klar erkennbar, weil sich das Interesse des Mandanten an der Tätigkeit des Anwalts schwer umreißen läßt. Fallgestaltungen, wie sie das Kaufrecht fast ausnahmlos aufweist, wo die untergegangene Sache ihren Preis hat, die beschädigte kalkulierbare Aufwendungen zur Wiederherstellung erfordert, sind nur selten, z. B. wenn verwahrtes Geld an einen Nichtberechtigten ausgezahlt wird. Oft aktualisiert sich ein Schaden erst dadurch, daß nach irgendwelchen Versehen die weitere Tätigkeit zum Rechtserwerb oder zur Rechtsdurchsetzung erfolglos bleibt oder ein kostspieligerer Weg eingeschlagen werden muß und die bisherigen Aufwendungen unnütz waren.

---

7 s. *Enneccerus - Lehmann*, § 2 III.

8 Anwalts- und Notarhaftpflicht, 1927.

9 Haftpflichtgefahr, 1957.

a) Interesse und Haftung

Die Schadensersatzpflicht des Rechtsanwalts setzt voraus, daß dem Mandanten durch die mangelhafte Geschäftsbesorgung überhaupt ein Schaden entstanden ist, daß das Ergebnis hinter dem mit dem Mandat verfolgten Zweck zurückbleibt. Anders ausgedrückt: das Interesse des Geschäftsherrn bleibt ganz oder teilweise unbefriedigt. Dabei geht es hier um das Interesse des Mandanten an der Erfüllung des zwischen ihm und dem Anwalt bestehenden Vertragsverhältnisses. Es begründet primär Leistungspflichten, die nicht allein nach den subjektiven Vorstellungen des Mandanten bestimmt werden, sondern eben durch Auslegung des Vertrages nach §§ 133, 157 BGB zu ermitteln sind. Wenn das primäre Ziel unerreichbar ist, versucht man, das Interesse auf dem sekundären Weg der Kompensation zu verwirklichen. Dabei behält es den Umfang wie vorher, mißt sich daher an der Erfüllung. Wo diese gar nicht wirksam vereinbart werden konnte, z. B. beim sittenwidrigen Geschäft, darf der Mandant auch nicht mit dem Schadensersatz dieses Interesse geltend machen. Bedeutsam ist weiter, daß der Rechtsanwalt nur in den selteneren Fällen einen Arbeitserfolg schuldet. Meistens schuldet er allein seine Tätigkeit, ohne die Garantie für den Erfolg zu übernehmen. Gerade in Prozessen, in denen beide Seiten anwaltlich vertreten sind, ist abzusehen, daß mindestens eine Partei nicht alles erreichen kann, was sie erhofft. Die Tätigkeit des Anwalts selbst ist nicht das Ziel des Klienten, sondern der damit verfolgte weitere Erfolg. An ihm mißt sich der Schaden. Häufig ist er nicht feststellbar, weil der mit dem Vertragsschluß verfolgte Zweck auch nicht bei Erfüllung durch den Rechtsanwalt erreichbar wäre. In diesem Fall sind die Dienste für den Mandanten ohne Interesse, es sei denn, er hat im Hinblick auf diese Tätigkeit besondere Maßnahmen getroffen (Reise, um den Anwalt aufzusuchen) .Wenn sie den Erfolg gezeitigt hätte, den sich der Klient versprach, kann es dennoch an einem Schaden fehlen, wie folgender Fall[10] zeigt: Der Mandant beauftragt seinen Rechtsanwalt, eine aussichtslose Berufung gegen ein Urteil einzulegen, um die Vollstreckbarkeit hinauszuzögern. Er weiß, daß sein Gegner nicht in der Lage ist, die erforderliche Sicherheit zu leisten. Der Anwalt versäumt es, und der Prozeßgegner vollstreckt zu einem früheren Zeitpunkt. Der Schuldner muß den Offenbarungseid leisten. Wäre später vollstreckt worden, hätte er den Gläubiger aus einer inzwischen angenommenen Erbschaft befriedigen können. Der Nachteil für den Schuldner ist offensichtlich, nur ist es kein Schaden, dessen Ersatz er von seinem Anwalt fordern kann. Ein Rechtsmittel soll dem Unterlegenen die Möglichkeit geben, das Urteil in rechtlicher und tatsächlicher Hin-

---

[10] s. RGZ 162, 68.

sicht überprüfen zu lassen, es dient aber nicht zum Vollstreckungsaufschub (zwar sind Urteile i. d. R. vorläufig vollstreckbar, was dem Gläubiger nichts nützt, wenn er die bestimmte Sicherheit nicht aufbringen kann). Dazu sind allein die Institute im 8. Buch der ZPO geschaffen. Das zweckwidrig eingelegte Rechtsmittel wäre unbegründet. (Im übrigen wäre das Handeln des Anwalts unter diesen Voraussetzungen standeswidrig.) Dagegen spricht das Urteil eine Verpflichtung aus, die schon vorher für den Schuldner bestand und von ihm erfüllt werden mußte. Ihm fehlt ein berechtigtes Interesse an der Vollstreckungsverzögerung, das der Anwalt durch seinen Fehler also nicht verletzen kann.

Komplizierter sind die Fälle, in denen ungewiß bleibt, ob der Zweck anwaltlicher Tätigkeit auch ohne das Versehen des Anwalts unerreichbar war. Sie treten auf, wenn der Mandant vorzeitig mit Prozeßhandlungen ausgeschlossen und dadurch belastet wird. Nur wenn ihm zugesprochen wäre — weiteres Prozessieren vor ausgesetzt — was er erstreiten wollte, hätte er einen Schaden[11], andernfalls noch den Vorteil ersparter Kosten; denn oft genug soll der Anwalt nur angeblich entstandene oder weiterbestehende Forderungen einklagen. Selbst die wirkliche Forderung kann unrealisierbar sein, wenn sie nicht beweisbar ist. Obwohl das Interesse nicht die Forderung aus einem anderen Schuldverhältnis ist, wird es in seinem Umfang wesentlich dadurch bestimmt[12].

Nicht ohne Einfluß auf den Schaden ist es, wenn der Mandant den Zweck auf einem anderen, gleich sicheren Weg erreichen kann (nach einer wegen Anwaltsfehlers fehlgeschlagenen Sachpfändung durch Forderungspfändung). Ein Schaden geringeren Umfangs kann aber schon in der Aufwendung zusätzlicher Kosten bestehen. Im Einzelfall ist zu ermitteln, ob es bereits am Schaden fehlt oder, falls er entstanden ist, der zweite Weg bei der Schadensabwendungspflicht berücksichtigt werden muß[13].

b) Haftung und Kausalität

War die Haftung des Rechtsanwalts mangels Schaden auf seiten des Klienten zu verneinen, wenn ihm durch Versehen des ersteren die

---

[11] s. RGRK-Denecke, Rdnr. 63 vor § 611, RGZ 162, 65.

[12] Hier ist auf die prozessuale Frage hinzuweisen, wer die Entscheidung über den Vorprozeß trifft, da die ausgebliebene Entscheidung nicht rekonstruierbar ist. Die RSpr. — unter Zustimmung der Literatur — hilft sich mit einer doppelten Unterstellung: daß das Gericht, das zur Entscheidung berufen wäre, richtig entschieden hätte, und daß diese Entscheidung die ist, die das Gericht im Zeitpunkt der Entscheidung des Regreßprozesses zu fällen hat. s. *Eucken*, Rdnr. 58, *Schliebner*, S. 34, BGH VersR 58, 860; 65, 763.

[13] Weitere Einzelheiten s. *Eucken*, Rdnr. 39 ff., auch KG Urteil vom 14. 11. 57 — 7 U 98/57.

Rechtsverfolgung abgeschnitten war, ohne daß ihr das Substrat des Rechtsanspruchs zugrunde lag, so kann es auch dann nicht zur Haftung kommen, wenn zwar ein Anspruch des Mandanten vorhanden ist und seine Durchsetzung von dem Anwalt vereitelt wird, aber ohne den anwaltlichen Fehler ebensowenig Erfolg gehabt hätte. Das ist der Fall, wenn eine Forderung zwar besteht, aber im Prozeß nicht beweisbar ist und der Mandant die Folgen der Beweislosigkeit zu tragen hat. Nicht nur bei der Prozeßvertretung spielt es eine Rolle, sondern auch dann, wenn der Anwalt seinen Klienten beim Rechtserwerb vertreten soll, es vertragswidrig versäumt, aber der Gegenstand ohnehin nicht erworben werden konnte, weil er untergegangen oder anderweitig veräußert war.

Es sind dies Fälle, in denen der Mandant den Vertragszweck nicht erfüllt sieht und sein Schaden mindestens darin besteht, daß er mit dem Entgelt belastet wird[14], in denen aber auch bei Erfüllung der Zweck unerreichbar war. Gleichgültig, ob der Anwalt handelte oder nicht handelte: das Ergebnis bleibt dasselbe[15]. Das führt auf die Probleme der Kausalität, hier der mangelnden Kausalität des anwaltlichen Handelns, das positives Tun wie auch das Unterlassen umfaßt.

In dieser Untersuchung muß darauf verzichtet werden, Entwicklung und Umfang der Kausalitätstheorien und -probleme nachzuzeichnen. Was sich an Formen und rechtstechnischem Gerüst im Zivilrecht als brauchbar erwiesen hat, kann hier — wo es gleichfalls um die privatrechtlichen Beziehungen von Vertragspartnern geht — Verwendung finden[16].

Die Kausalität verbindet die Handlung mit dem mißbilligten Erfolg. Handlung ist auch das Unterlassen des vertraglich gebotenen Tuns. Mißbilligter Erfolg ist eine der möglichen Leistungsstörungen: Unmöglichkeit, Verzug und positive Forderungsverletzung. Die Handlung des Rechtsanwalts ist kausal, wenn ohne sie der Erfolg nicht eingetreten wäre, d. h. wenn sie conditio sine qua non ist. In dem genannten Beispiel ist der Verlust des Rechts zwar Folge des Nicht-weiter-prozessieren-könnens, die auf das Unterlassen des Anwalts zurückgeht. Sie ist aber nicht kausal, weil auch für den Fall, daß der Prozeß fortgesetzt wäre, kein anderer Erfolg eingetreten wäre. Es reicht nicht aus, etwas in den tatsächlichen Geschehensablauf einzureihen, sondern die tatsächlich unmögliche, gedanklich notwendige Operation des Weglassens gibt

---

14 Vgl. LG Dortm NJW 65, 1809; LG Hildesh NJW 55, 1518.

15 s. OLG München VersR 60, 185.

16 Wichtiger ist die Frage, wie weit die Kausalitätsbegrenzung eine Quelle für Haftungsgrenzen und damit ein elastisches Haftungsrecht sein kann. Das wird unten S. 103 ff. noch erörtert.

Aufschluß über die Kausalität im Rechtssinne. Insoweit folgt man gesicherter Rechtsüberzeugung. Wenn man sich damit begnügte, wäre der Kreis zurechenbarer Folgen ungerechtfertigt groß.

Daher sind Versuche gemacht worden, mit der Lehre von der adäquaten Kausalität eine praktikable Eingrenzung vorzunehmen. So bleiben die Bedingungen außer Betracht, „die ihrer allgemeinen Natur nach für die Entstehung eines derartigen Schadens ganz gleichgültig (indifferent)“[17] sind und nur „infolge anderer außergewöhnlicher Umstände zu einer Bedingung des Schadens“ werden[17], die den Eintritt der Folge „nicht außerhalb aller Wahrscheinlichkeit“ lassen[18], generell oder erfahrungsgemäß zu einem derartigen Erfolg führen und demgemäß im Zeitpunkt der Handlung „überhaupt (dem einsichtigen Menschen) erkennbar“ waren[17]. In diesem Punkt ist die Haftung des Rechtsanwalts unproblematisch[19], während bei der conditio sine qua non ein Muster dargestellt werden konnte, das für viele parallele Sachverhalte gilt.

Schwierigkeiten im Zusammenhang mit der Kausalitätslehre sind allgemeiner Art und treten in allen Bereichen vertraglicher Haftung auf. Bedeutung hat das Problem der hypothetischen Kausalität, dem in Rechtsprechung und Lehre viel Aufmerksamkeit gewidmet wird[20]. Wie sie in Einzelfällen Berücksichtigung gefunden hat, lassen sich auch bei den hier interessierenden Haftungsfällen Beispiele finden, so wenn der Rechtsanwalt in einem Rentenfall den Anspruch seines Klienten verjähren läßt. Nicht anders als gegenüber dem Schuldner ist im Verhältnis zum Rechtsanwalt der hypothetische Kausalverlauf zu berücksichtigen.

Eine Gestaltung, die auch unter anderen Gesichtspunkten problematisch ist, spricht die Kausalitätslehre an. Prozessuale Fehler des Anwalts können in derselben Weise zugleich Fehler der mit dem Prozeß befaßten Organe sein, z. B. wenn Vorschriften übersehen, falsch ausgelegt, Entscheidungen oberster Gerichte nicht beachtet werden. Wenn es dabei um Unterlassungen geht — was die Regel ist — so hätte das Aufmerken des Rechtsanwalts wie auch des Richters einen anderen Kausalablauf bestimmt, es sei denn, es geht um eine untergeordnete Sache, die in dem Rechtsstreit ohne Bedeutung bleibt. Eines jeden Unterlassen ist Ursache für diesen Tatsachenverlauf, daher (kumulativ) kausal im Rechtssinne. Da ein Erfolg nicht immer durch eine einzige Bedingung — tatsächlich wohl nie — hervorgerufen ist, spielt es keine Rolle,

---

[17] s. *Enneccerus - Lehmann*, § 15 III 2.

[18] s. RGZ 152, 401.

[19] s. RGZ 140, 1, 9; 142, 394.

[20] s. *Enneccerus - Lehmann*, § 15 III 5, 6.

wenn er auf das Handeln verschiedener Subjekte zurückgeht[21]; denn die Kausalität bestimmt nicht allein die Zurechenbarkeit und die Haftungsfolgen, und im übrigen geht das Gesetz selbst von der Möglichkeit einer Mehrheit von Zurechnungssubjekten in §§ 420 ff. BGB aus[22].

c) *Rechtswidrigkeit und Verschulden*

aa) Die Definition des § 276 Abs. I S. 2 BGB

Die seit langem bestehende Unzufriedenheit mit der Strenge des zivilrechtlichen Haftungssystems hat heftige Diskussionen ausgelöst, und zwar nirgends so stark wie bei der Definition des Fahrlässigkeitsbegriffs. § 276 Abs. I S. 2 BGB enthält eine gesetzliche Definition, deren Umfang zuweilen als ungenügend empfunden wird und Ausgangspunkt unterschiedlicher Auffassungen geworden ist[23]. Einige Autoren sehen in ihr eine Umschreibung objektiver Fahrlässigkeit, d. h. der Rechtswidrigkeit: „... wird man umso klarer erkennen und dogmatisch berücksichtigen müssen, daß der Verstoß gegen die in § 276 BGB umschriebene im Verkehr erforderliche Sorgfalt nicht die Schuld, sondern die Rechtswidrigkeit einer fahrlässigen Handlung begründet[24]." Die Vertreter dieser Ansicht haben sich in gewissem Sinne durch die Entscheidung des Großen Senats des BGH[25] bestätigt gesehen.

Die Wandlung der Strafrechtsdogmatik, die die finale Handlungslehre Welzels bewirkte, löste die Entwicklung aus. Anknüpfungspunkt der Rechtswidrigkeit ist dort das Handlungsunrecht, nicht das Erfolgsunrecht: Der Erfolg ist zwar nötig, um die Haftung eintreten zu lassen, aber das vom Verursacher zu vertretende Unrecht ist die Entfernung von der Gebots- oder Verbotsnorm, die den einzelnen verpflichtete. Die Folge ist, daß es an der Rechtswidrigkeit mangelt, wenn er normgemäß handelte und dennoch ein unerwünschter Erfolg eintrat[26].

---

[21] s. Anm. 20, einen Fall kumulativer Kausalität bei der Beratung durch mehrere Anwälte KG Urteil vom 23. 1. 58 — 7 U 1844/57 —, weiter BGH AnwBl 65, 118, dagegen *Schultz*, MDR 65, 264, aber unrichtig; kumulative Kausalität entfällt nicht wegen der unterschiedlichen Intensität.

[22] Wieweit Probleme unberechtigterweise bei der Frage der Kausalität angesiedelt werden, wird in einem späteren Abschnitt über Haftungsgrenzen angeschnitten (S. 103 f.).

[23] s. *Baur*, ACP 160, 465, 482.

[24] s. *Niese*, JZ 56, 460, ebenso *Enneccerus - Nipperdey*, §§ 208 ff.

[25] BGHZ 24, 27 aber unter Zurückweisung der subj. Fahrlässigkeitstheorie.

[26] Zur Unvereinbarkeit der Konzeption mit § 1004 BGB vgl. *Baur*, a.a.O., S. 469.

Auf der Grundlage dieser Lehre fordert Nipperdey[27] zur Vorwerfbarkeit einen individuellen Sorgfaltsverstoß; denn nicht anders als bei der vorsätzlichen Handlung sei die Verantwortlichkeit des Individuums das entscheidende Kriterium für die Haftung[28], und die Gefährdungshaftung sei über die gesetzlich anerkannten Fälle hinaus nicht ausdehnbar, eher ein Ausgleich im Wege der Analogie zu § 829 BGB möglich.

Die überwiegende Lehre und die Rechtsprechung folgen Nipperdey nicht. Gegen ihn wenden sich die Vertreter der objektiven Theorie, die als Verschuldensmaßstab einen objektivierten Begriff der Fahrlässigkeit zugrunde legen, § 276 Abs. I S. 2 BGB also als Schulddefinition anerkennen. Nach Esser[29] enthält diese Vorschrift zweierlei: „Einmal den vom Verschulden unabhängigen Handlungsbegriff der Fahrlässigkeit mit der Abgrenzung der Pflichtanforderungen an die ‚erforderlichen' Sorgfaltsmaßnahmen, deren Unterlassen das Verhalten objektiv rechtswidrig macht; zum anderen den Schuldbegriff der Fahrlässigkeit." Der Schuldvorwurf sei von dem Unrechtsvorwurf abhängig, so daß der Maßstab der im Verkehr erforderlichen Sorgfalt zweimal auftauche, bei der Handlungspflicht und ihrem Unrechtsgehalt sowie bei der gesetzlich geforderten Mühewaltung, die allein den Schuldvorwurf ausschließen könne. „Die Notwendigkeit zwischen Pflicht- und Schuldmaßstab trotz der ‚Normativität' des letzteren zu unterscheiden, zeigt sich vor allem in der Perspektive des Beurteilers: die Pflichtmaßstäbe werden nach der objektiven Notwendigkeit beurteilt, so wie sie sich post factum herausstellen. Für den Schuldmaßstab ist eine solche ‚objektiv nachträgliche' Prognose offensichtlich sinnlos ..., obgleich sie bei der Vermengung beider Maßstäbe nach § 276 immer wieder angewandt wird."

Ähnlich verfahren die Autoren, die zwar Esser in dieser Zweiteilung nicht folgen, sondern in § 276 Abs. I S. 2 BGB allein den Schuldmaßstab geregelt sehen. Zutreffend weist Schmidt[30] darauf hin, daß „anders als im Strafrecht ... das Recht der Haftung für vertragliches und deliktisches Unrecht aber eben nicht primär einer ‚Bewertung' des menschlichen Handelns, sondern einer angemessenen Schadensverteilung (dient), die mit Hilfe von gewissen Denkkategorien erfolgt, die

---

27 In *Enneccerus - Nipperdey* § 211, a.A. bereits *Niese*, a.a.O.

28 Richtig *Baur*, a.a.O., S. 485: „Die Zuweisung als solche bedeutet nicht notwendig und nicht immer eine Diskriminierung menschlichen Verhaltens durch die Rechtsordnung, sie hat nur die Fixierung einer Verantwortlichkeit für eine bei einem anderen eingetretene Gütereinbuße zum Inhalt."

29 § 56, zust. wohl *Lorenz*, JZ 61, 433 (436), ebenso *Blomeyer*, Schuldrecht, S. 120.

30 *Soergel - Siebert/Schmidt*, § 276/18, vgl. weiter *Baur*, a.a.O., *Larenz*, § 19, RGRK-Nastelski, § 276/27, *Staudinger - Werner*, Vorbem. zu § 275.

in sich Fehler aufweisen, dennoch aber zu einer praktisch brauchbaren Ausgangsbasis für die Einzelwertung geführt haben."

Die Übertragung des Begriffsinhalts der Fahrlässigkeit im Strafrecht auf das Zivilrecht ist unnötig[31]. Vielmehr steht es dem Gesetzgeber frei, ob er Handlungen oder Erfolg als Anknüpfungspunkt für den Unrechtsvorwurf bestimmt. § 276 BGB drückt es nicht klar aus. Aus der Verwendung und Stellung des Begriffs Fahrlässigkeit in § 823 BGB und den Regelungen in §§ 287, 276 Abs. II BGB ergibt sich, daß in § 276 Abs. I S. 2 BGB das Verschulden, nicht aber die Rechtswidrigkeit angesprochen ist.

Die gesetzliche Formulierung verdeutlicht, daß im Zivilrecht nicht der individuelle Fahrlässigkeitsbegriff gilt, sondern wie Larenz[32] sagt: „Fahrlässigkeit als typisiertes Verschulden". Dieser gesetzliche Maßstab ist konkretisierungsbedürftig. Nicht auf die individuellen, konkreten Fähigkeiten des einzelnen ist abzustellen. Es geht also nicht um streng persönliche Verantwortlichkeit. Das mag in manchen Fällen zu einer Haftung ohne Verschulden, gewissermaßen einer Art Gefährdungshaftung führen. Für den hier interessierenden Bereich der Vertragshaftung wird der Grund richtig darin gesehen, daß ein rechtsgeschäftlicher Verkehr ohne diese Einschränkung kaum möglich wäre. „Die objektive von dem Standard der besonderen Verkehrskreise abhängige Feststellung der Sorgfalt ist im Interesse der Sicherheit des Rechtsverkehrs unumgänglich. Sollen die Schuldverträge, deren Bedeutung für das Wirtschaftsleben feststeht, ihren Wert behalten, so muß ein rechtlich garantierter weitgehender Verlaß auf ihre Erfüllung die Erwartung der Schadloshaltung beziehungsweise eigener Befreiung bestehen. Die Exkulpation durch den persönlichen Fähigkeitsstand könnte in das Vertragsgeschäft eine erhebliche Unsicherheit hineintragen[33]."

So muß die Ermittlung des Fahrlässigkeitsmaßstabes mit der Ermittlung des Lebens-, Berufs- oder Verkehrskreises beginnen, einer abstrakten Abgrenzung. Es ist darauf abzustellen, ob ein „normal veranlagter und tüchtiger Mensch, ein hinlänglich ausgebildeter und erfahrener Angehöriger seines Berufsstandes, wie ihn der verletzte Sozialpartner voraussetzen durfte, bei Anspannung der gebotenen und ihm in dieser Situation möglichen Auf-

---

31 s. *Baur*, a.a.O., S. 483 ff.

32 § 19 III.

33 *Deutsch*, S. 310 (dort konstatiert er die Tendenz zur Objektivierung auch in ausländischen Rechten) dasselbe müsse für c. i. c. gelten; denn in diesem Vertragsstadium werde Vertrauen ohne personalen Bezug gewährt, s. auch *Larenz*, a.a.O., BGHZ 6, 330 (333).

merksamkeit, Nervenkraft und Willensstärke anders gehandelt und den Erfolg vermieden hätte"[34]. Die typischen Kenntnisse und Fähigkeiten der Gruppe sind der Maßstab, an dem sich der Gruppenangehörige orientieren muß; denn sie entsprechen den Erwartungen, die die Gesellschaft zu einer bestimmten Rolle — z. B. einer Berufsrolle — bündelt[35], um die Leistungen zu erhalten, auf die sie nicht verzichten kann oder will[36]. Subjektive Momente bleiben erhalten, soweit jeder seine besonderen Fähigkeiten, speziellen Begabungen und Einsichten einsetzen muß und das Unterlassen dann auch zu vertreten hat[37].

Bevor diese Grundsätze auf die vertragliche Haftung des Rechtsanwalts übertragen werden, bleibt die Frage zu klären, auf welchem Wege das Rechtswidrigkeitsurteil zu gewinnen ist, da es nach dem Vorstehenden jedenfalls nicht mit der Ermittlung der (objektiven) Fahrlässigkeit zusammenfällt.

bb) Rechtswidrigkeit und Fahrlässigkeit im vertraglichen Bereich

Die Auseinandersetzungen über Wesen und Verhältnis von Rechtswidrigkeit und Fahrlässigkeit wurden fast ausschließlich auf dem Gebiet des Deliktsrechts geführt und die Entscheidung des Großen Senats des BGH[38] erging auch zu § 831 BGB und löste große Kontroversen aus[39]. Aus diesem Grunde verbietet es sich, diesen Auseinandersetzungen hier zu folgen; denn für das Vertragsrecht haben sie nicht annähernd gleiche Bedeutung.

Rechtswidrigkeit ist gleichzusetzen mit Obligationswidrigkeit oder Pflichtwidrigkeit, bezogen auf die Vertragspflichten. Vertragswidrig sind die durch einen bestimmten Erfolg gekennzeichneten Leistungsstörungen, soweit ein Leistungserfolg geschuldet ist. Wenn ein Handeln ohne Bindung an einen Erfolg Gegenstand des Vertrages ist, knüpft sich die Rechtswidrigkeit an das bloße Zuwiderhandeln[40]. Damit verliert auch der Gedanke Essers von dem doppelten Maßstab der Fahrlässigkeit in § 276 Abs. I S. 2 BGB seine Bedeutung — und vom Vertragsrecht ergibt sich sogar ein Argument dafür, daß der Gesetzgeber

---

34 s. *Esser*, § 56.

35 Zum Begriff der sozialen Rolle, vgl. *Dahrendorf*, Homo Sociologicus, S. 22 ff., *Philips*, S. 9 ff., *Popitz*, S. 8 ff.

36 s. *Hirsch*, S. 318 f.

37 Vgl. *Larenz*, a.a.O.

38 s. Anm. 25.

39 Vgl. bei *Staudinger - Werner*, Vorbem. 81 ff. zu § 275.

40 s. Anm. 37, *Stoll*, AcP 162, 203, Anm. 95.

in § 276 BGB den Unrechtsbegriff vorausgesetzt hat — denn der Vertrag statuiert, was jeder Vertragspartner zu tun und zu unterlassen hat. Verstöße sind rechtswidrig, ohne daß sich damit ein Unwerturteil verbände. Der *Vorwurf* der Pflichtwidrigkeit trifft nur bei Verschulden, und Sorgfaltsverstöße sind im Rahmen des Schuldvorwurfs zu erörtern[41]. Die Pflichtwidrigkeit setzt keinen Sorgfaltsverstoß voraus, weil sie sich nicht auf Sorgfaltspflichten, sondern Vertragspflichten bezieht und dann feststeht, wenn der Vertragspartner den letzteren nicht entspricht, es sei denn, sie würden vorher aufgehoben. Der richtige Bestandteil von Essers Auffassung liegt darin, daß in der Tat zunächst die Differenz zwischen Vertragspflicht und Erfüllung darzulegen ist und sich auf den Umfang der vertraglichen Pflichten das anwenden läßt, was er zum Pflichtmaßstab sagt.

cc) Berufsfahrlässigkeit des Rechtsanwalts

Die Kriterien der Berufsfahrlässigkeit des Rechtsanwalts sind nach dem Verkehrskreis beruflicher Tätigkeit zu konkretisieren. Der Gruppenstandard richtet sich nach dem Berufsstandard. Die Aufgabe wird dadurch erleichtert, daß es sich bei den Anwälten um eine (wenigstens annähernd) homogene Gruppe handelt[42]. Die Homogenität darf nicht nur an den subjektiven Gegebenheiten der in Anspruch Genommenen gemessen werden, sondern auch unter Berücksichtigung des Haftungstatbestandes. So kann die Gruppe Verkehrsteilnehmer homogen sein, wenn sie unter dem Gesichtspunkt des § 1 StVO gebildet wird, heterogen unter dem des § 7 StVG. In speziellen Fällen kann die Gruppe „Rechtsanwälte" als Ausgangspunkt ungenügend sein, so daß engere Berufskreise zu bilden sind wie Fach-, Spezialanwälte für . . . -sachen, Anwälte in Revisionssachen.

Erforderliche Sorgfalt ist die, die ein gut durchschnittlich gebildeter und einsatzfähiger Repräsentant seines Berufsstandes an möglicher und zumutbarer Sorgfalt aufwenden kann. Wenn der Durchschnitt der Gruppenangehörigen hinter diesem Standard zurückbleibt, so muß sich die Mehrheit nach den höheren Anforderungen strecken; denn erforderliche Sorgfalt bedeutet gerade nicht üblicherweise oder durchschnittlich aufgewandte[43]. Sonst könnte eine Mehrheit unqualifizierter Angehöriger der Berufsgruppe bewirken, daß der Vertragspartner entgegen den Anforderungen des Wirtschaftsverkehrs ein unzumut-

---

[41] Eine Prüfung uno actu steht daher außer Diskussion, vgl. aber *Scheffler*, NJW 61, 579.

[42] Zur Theorie der Gruppe vgl. *Homans*, S. 100 ff., *Proesler - Beer*, S. 1 ff.

[43] s. *Staudinger - Werner*, § 276/15, BGHZ 39, 281 (283); Formel des RG 119, 400; vgl. auch *Blomeyer*, Schuldrecht, S. 123.

bares Risiko eingehen muß, wenn er Beziehungen zu einem Vertreter dieser Gruppe sucht. Die Schwierigkeiten bei der Feststellung des Sorgfaltsverstoßes könnte man nur noch dadurch überwinden, daß man im Streitfall Enquêten über den gegenwärtigen Standard anstellt.

Der Sorgfaltsmaßstab ist also in doppelter Beziehung abstrakt: Einmal gelten nicht die individuellen Konditionen dessen, dem eine Pflichtverletzung zur Last fällt, sondern ein Gruppenstandard und der wiederum nicht nach den konkreten, sondern gleichfalls abstrakt bestimmten Merkmalen.

Man darf von dem Adjektiv „durchschnittlich" nur vorsichtig Gebrauch machen. Andernfalls führt es zu Sinnentstellungen und nicht zuletzt zu fehlerhafter Beurteilung der Rechtsprechung. Man darf nicht danach fragen, ob der Rechtsanwalt eine „unterdurchschnittliche" Leistung[44] erbracht hat; denn es ist denkbar, daß der Durchschnitt der Rechtsanwälte Leistungen erbringt, die durchschnittlich hinter ihren Fähigkeiten zurückbleiben. Ebenso falsch ist die Frage, ob sich der Anwalt zu durchschnittlicher oder üblicher Sorgfalt verpflichte[45].

Die Stationen der Prüfung: Leistungsstörung — Rechtswidrigkeit (die ausnahmsweise bei überobligationsmäßiger Schwierigkeit, § 275 BGB entfallen kann) — Verschulden werden auf diese Weise vertauscht. Der Anwalt verpflichtet sich zu Dienstleistungen, die der Rechtssache seines Mandanten nützen. Sie unterliegt den Normen des objektiven Rechts, und es läßt sich objektiv ermitteln, welche Pflichten den Anwalt treffen, unabhängig davon, ob er zu leisten in der Lage ist, soweit es nur überhaupt möglich ist. Der Dienstvertrag verfolgt nicht den Austausch von Sachkunde gegen Vergütung. Der Klient darf die an den Sachgegebenheiten orientierten auf einen bestimmten Erfolg (allerdings nicht i. S. des Werkvertrages) gerichteten Dienste *wegen* der Sachkunde des Rechtsanwalts fordern. Er verstünde es nicht, könnte sich sein Vertragspartner darauf berufen, nur das zu schulden, was er tun werde, weil es seiner oder durchschnittlicher Sorgfalt entspreche. Ebensowenig sähe ein herzkranker Patient ein, behauptete der Arzt, mit einer Lungentherapie erfüllt zu haben, da seine entsprechende Diagnose keine unterdurchschnittliche Leistung darstelle. Für den Rechtsanwalt besteht auch keine Ausnahme dort, wo ihm die eilige Bearbeitung einer Sache angetragen wird, ohne daß er über die zur Information nötige Zeit verfügt. Der Vertrag ist nicht auf die Maßnahme beschränkt, die er in der Eile als sachgerechte erkennt, sondern even-

---

[44] s. *Scheffler*, Haftpflichtgefahr, S. 16 ff., Anm. zu OLG Stuttg NJW 60, 1670.

[45] s. *Stoll*, a.a.O., andererseits BGH VersR 61, 467.

tuell ist die Haftung für die Unterlassung der richtigen ausgeschlossen[46]. Wenn der Anwalt seinem Mandanten erklärt: „Ich tue, was ich kann“, ändert es nichts daran, daß sich seine Leistungspflichten nach der übernommenen Sache richten; denn der Mandant will darauf vertrauen, daß jener nicht bloß zufällig das Richtige tut.

Schwierigkeiten rühren daher, daß der Klient selten in der Lage ist, die Pflichten zu bezeichnen, die er dem Vertragspartner auferlegen will. Auch deren Formulierung muß er ihm zur Pflicht machen. Es darf aber nicht dazu führen, Schuldmomente bei der Vertragsverletzung zu prüfen. Gerade das verbirgt sich hinter der Annahme, daß vertragliche Pflichten sich auf durchschnittliche Leistungen richten, soweit sie mit durchschnittlicher Sorgfalt wahrnehmbar sind. Sie macht die Schuldprüfung überflüssig, weil ihre Elemente bei der Vertragsverletzung auftauchen. Der Verpflichtete kann aber Vertragsverletzungen nicht leugnen, weil er etwa mit der vertraglich vereinbarten Sorgfalt gehandelt habe.

Soweit hier Fehler unterlaufen, setzen sie sich bei der Frage fort, welche Handlung zur Vermeidung des Schadens notwendig war, zur Wahrung der Interessen des Mandanten erforderlich und damit vertraglich geboten. Sie ist ex post zu stellen[47], schon deswegen, weil für den Fall, daß nichts den Schaden abgewendet hätte, der Anwalt keine entsprechenden Vertragspflichten hat; denn er übernimmt keine Erfolgsgarantien. Durch den Vergleich der objektiv gebotenen mit der tatsächlich vorgenommenen Handlung ergibt sich deren Rechtswidrigkeit.

Umgekehrt lassen sich erforderliche Sorgfalt und die zu ihrer Bestimmung statuierten Sorgfaltspflichten nur ex ante beurteilen[48]; denn zur Vorwerfbarkeit gehört die Vorhersehbarkeit. Sie braucht sich nicht auf die gesamte Kausalitätsreihe zu erstrecken, die sich dann tatsächlich realisiert. Sie muß das umfassen, was keinem untypischen Verlauf entspricht. Wenn es daran fehlt, kann der Schädiger auch gar nicht seine Sorgfalt auf die Vermeidung des Schadens richten. Die Haftung wäre eine Quasi-Gefährdungshaftung, wie der Fall des Übernahmeverschuldens, bei dem die intellektuellen Fähigkeiten des Schädigers nicht ausreichen, einen Schaden für ihn als vorhersehbar erscheinen zu lassen[49].

---

[46] Vgl. *Blomeyer*, Schuldrecht, S. 126.

[47] s. *Esser*, § 56.

[48] s. *Scheffler*, Anwaltspflichten, NJW 61, 581, *Staudinger - Werner*, § 276/13, BGH LM Nr. 2 zu § 945 ZPO = MDR 56, 281; VersR 58, 97; 60, 933; 66, 538; NJW 61, 601; OLG Düss NJW 57, 1153.

[49] Vgl. *Deutsch*, a.a.O., *Larenz*, § 19.

Eine Konstellation, nach der die Inanspruchnahme des Rechtsanwalts auf eine Gefährdungshaftung hinausläuft, wird sich kaum verwirklichen. Sie setzt voraus, daß er außerstande ist, mit der erforderlichen Sorgfalt zu handeln, und zusätzlich die fehlende Einsicht, den Mangel seiner Fähigkeiten zu erkennen. „... i. d. R. werden zurechnungsfähige Täter die objektive Sorgfalt auch nach ihren individuellen Fähigkeiten haben einhalten können[50].“ Das gilt besonders für den Rechtsanwalt, der vertraglich zu einer qualifizierten Leistung verpflichtet wird.

Die kritische Würdigung einer Vielzahl von Umständen, von Entscheidungen Dritter muß ihm auch die Skepsis gegenüber eigenen Entscheidungen belassen. Wenn seine individuellen Fähigkeiten einmal nicht ausreichen sollten, um eine Angelegenheit sachgerecht zu behandeln, kann er dennoch mit der erforderlichen Sorgfalt vorgehen. Er muß diesen Mangel berücksichtigen, wozu ihn auch das Standesrecht verpflichtet. Das bedeutet: er kann z. B. den Vertrag beschränken, sei es durch eine Vereinbarung mit dem Mandanten oder eine Kündigung. Die speziellen Rechtskenntnisse des Anwalts sind Basis erhöhter Sorgfalt im Vergleich zu dem weniger Rechtskundigen, dem man Fehler bei der Behandlung einer Rechtssache eher nachsehen kann.

„Erhöhte Gefahr erfordert erhöhte Aufmerksamkeit“, betont Larenz[51]. Der Anwalt wird schlechthin auf einem Gebiet erhöhter Gefahr tätig. Seine Tätigkeit setzt häufig erst ein, wo Gefahren sich zu aktualisieren beginnen. Dem entspricht die Intensität des Vertrauens, das der Klient seinem Vertragspartner entgegenbringt. Wie die Notwendigkeit, den rechtsgeschäftlichen Verkehr mit Vertrauen auszustatten, dazu führt, den abstrakten Fahrlässigkeitsbegriff vorzuziehen, bilden Gefahr und Vertrauen das Muster, das diesen Rahmen ausfüllt[52].

Die Maßstäbe für die Haftung des Rechtsanwalts zu setzen, blieb seit jeher der Rechtsprechung vorbehalten. „Die Rechtsprechung zeigt nicht selten Neigung, rückschauend vom Typ des alles beherrschenden, zu rechter Zeit an alles denkenden, stets das Rechte treffenden Juristen auszugehen, wie er in dieser Idealform nur selten anzutreffen sein wird[53].“ Diese und ähnliche Vorwürfe werden immer wieder von einem engagierten Schrifttum erhoben. Danach werden mit dem Begriff der Fahrlässigkeit auch deren Maßstäbe verkannt. Meistens werden einzelne Erkenntnisse kritisiert, obwohl sich nicht selten positive Stimmen

---

[50] *Niese*, JZ 56, 456.

[51] a.a.O., s. auch *Kraft*, S. 2 ff., BGHZ 17, 69 = NJW 55, 788 für den Notar.

[52] Vgl. *Staudinger - Werner*, § 276/15, OGH 3, 362.

[53] *Scheffler*, Anwaltshaftung, S. 13, weiter Haftpflichtgefahr, S. 10, Kollegialgericht, NJW 60, 1670, *Holstein*, Rechtsanwendung, S. 33, Haftpflicht, JW 38, 1430, *Kohler*, JW 16, 1095, *Leo*, JW 14 569, *Schultz*, MDR 65, 264.

zu dem jeweiligen Ergebnis äußern. Sie lassen zumindest die Heftigkeit mancher Angriffe fragwürdig erscheinen[54].

α) Der Maßstab materiellen Verschuldens

Scheffler[55] ist der Auffassung, daß der allzu strenge Maßstab der Rechtsprechung zu den Schwierigkeiten und Gefahren der Anwaltstätigkeit eine weitere hinzufügt, und versucht, dies an Hand einiger Entscheidungen nachzuweisen. Seine Beispiele sollen auch hier als Ausgangspunkt dienen.

Das RG[56] machte einem Anwalt zum Vorwurf, daß er der Weisung seiner Mandantin nicht nachzukommen vermochte, den Zuschlag im Zwangsversteigerungsverfahren wegen eines ungenügenden Meistgebots zu verhindern. Die Rechtsprechung hatte bereits geklärt, daß das rechte Mittel die Rücknahme des Versteigerungsantrags ist, wenn ihn ein einziger Gläubiger stellt. Kurz darauf entschied sie ebenso bei einer Mehrheit von Gläubigern. Entgegen Scheffler mutete das RG dem Anwalt keine komplizierten Spekulationen zu, sondern zunächst die Auseinandersetzung mit den Bestimmungen des ZVG (die Bemerkung des RG, Unkenntnis des ZVG entschuldige keinesfalls, deutet auf Unklarheit, was der Anwalt tatsächlich unternahm). Bei Überprüfung des einschlägigen Schrifttums wäre er ohne weiteres auf die namhafte Lehrmeinung gestoßen, die die Rechtsprechung später bestätigte. Das hatte er unterlassen, obwohl er — wegen der Weisung seiner Mandantin — seine Ratlosigkeit zum Anlaß für eine genauere und umfassende Information hätte nehmen müssen. Allein das wirft ihm das RG vor, nicht etwa die Tatsache, daß er sich einer durch die Rechtsprechung noch nicht bestätigten Lehrmeinung nicht angeschlossen hatte. Im übrigen wies das RG zur Entscheidung nach § 254 BGB an die untere Instanz zurück. — Vertragspflicht war die Rücknahme des Antrages, Sorgfaltspflicht: sich die nötige Rechtskenntnis zu verschaffen, nicht Spekulieren, sondern Informieren. Der Anwalt brauchte überhaupt nicht die Entwicklung der Rechtsprechung zu berücksichtigen; denn selbst wenn sie später das Gegenteil gesagt hätte, hätte ihn der Schuldvorwurf nicht treffen können, da es noch streitig war, als er zum Handeln aufgerufen war.

Die Entscheidung des OLG Düsseldorf[57] ist so abwegig nicht: Wie der Gerichtsvollzieher sich überlegen muß, ob er ausreichend gepfändet

---

[54] z. B. *Friedlaender*, JW 18, 499 und *Noest - Plum*, JW 18, 289 zu RGZ 89, 496, *Eucken*, Rdnr. 67, RG JW 15, 679 dazu *Cohn*, JW 16, 93, *Selb*, AnwBl 30, 356.

[55] Haftpflichtgefahr, S. 2 ff.

[56] RGZ 89, 426.

[57] Bei *Scheffler*, a.a.O., S. 14.

hat, und man ihm die Unzulänglichkeit vorwirft, muß der Anwalt die rangbeste dingliche Sicherung für seinen Mandanten erstreben. Mit dem Ausfall dinglicher Sicherungen bei der Zwangsversteigerung ist fast in jedem Fall zu rechnen. Soweit geht seine Vertragspflicht. Die Pfändbarkeit dinglicher Anwartschaften stand seit alter und ständiger Rechtsprechung des RG fest. Die Gesetzeskenntnis hätte ihm hier das Bestehen derartiger Rechte offenbart. Wie im obigen Fall überdehnt das Gericht die Sorgfaltspflicht nicht, wenn man dem Anwalt zumutet, sich über die einschlägigen gesetzlichen Vorschriften zu orientieren.

Zur Entscheidung des KG[57]: Der Vorwurf unsorgfältigen Handelns stützt sich darauf, daß der Anwalt die Tatsache, daß die Eintragungsnachricht mehr enthielt als sein Antrag, und seine Unkenntnis ihrer Bedeutung nicht zum Anlaß nahm, das Grundbuch einzusehen, was er schon vorher hätte tun sollen. Dann hätte er den Schaden nämlich noch abwenden können. Der BGH[58] bestätigte die Ansicht des KG mit kurzer Begründung. Er wies darauf hin, daß sich das Versehen des Anwalts erst nach dem Fehler des Grundbuchamts ereignete. Sorgfältiges Lesen der Eintragungsnachricht war vom Anwalt zu erwarten, der im übrigen keineswegs geltend gemacht hatte, hinsichtlich der Bedeutung des Nachrichteninhalts einem Irrtum unterlegen zu sein.

Im Fall des OLG Frankfurt[59] hatte der Anwalt sogar den Hinweis erhalten, § 454 BGB zu prüfen. Man verlangt nicht zuviel, ihn in diesem Stadium erhöhter Gefahr zu besonderer und genauer Information zu verpflichten. Der Fehler, den er nicht allein begangen hatte, war noch zu reparieren. Der Vorwurf gegenüber dem Anwalt liegt darin, daß er eine wesentliche Bestimmung nicht in seine Betrachtungen einbezog und den Rechtsstreit entsprechend führte, nachdem das OLG ihm dazu Gelegenheit in der mündlichen Verhandlung geben wollte. Die gleichgerichteten Unterlassungen des LG-Kollegiums und eines Privatgutachters hat der BGH zu Recht nicht als entschuldigend angesehen, weil zunächst die Rückabwicklung der Leistungen im Streit war; denn beide Seiten waren von der Wirksamkeit des Rücktritts ausgegangen.

Wirklich zweifelhaft bleiben die Fälle 6.[60] und 7.[57], welch letzterer am ausführlichsten geschildert ist. Der Mandant verlor einen Unterhaltsprozeß. Während der Berufung wurden die Kindesmutter und der Mehrverkehrszeuge wegen Meineids im Strafprozeß verurteilt. Erst später erging ein Urteil, das die Alimentenklage auf Grund eines

---

58 BGH Beschluß vom 18. 12. 58 — III ZR 179/57.

59 s. Anm. 57 bestätigt vom BGH VersR 59, 648.

60 BGH VersR 56, 753.

anthropologischen Gutachtens abwies. Als der Mandant den Kostenschaden gegen die Zeugen geltend machte, unterlag er wegen der Verjährung, wobei das Gericht auf den Zeitpunkt der Rechtskraft des Strafurteils abstellte. Im Regreßprozeß gegen den Anwalt entschied das LG Traunstein aus dem gleichen Grunde teilweise gegen den Rechtsanwalt.

Es handelt sich aber doch nur um die Entscheidung eines Landgerichts. Außerdem ist fraglich, ob sie rechtskräftig wurde; denn auch unter 4. und 5. zitiert Scheffler nichtrechtskräftige Entscheidungen.

Außer Zweifel stehen (abgesehen von 7.) die Pflichtverletzungen, nachdem in jedem Fall ersichtlich war, was zu tun war und dennoch unterlassen wurde.

Die neuere Rechtsprechung, insbesondere des BGH, baut auf der früheren reichsgerichtlichen auf. Die Kernfrage, ob sie falsche Wege geht, läßt sich nur bei einer Gesamtwürdigung beantworten. Die gesamte Judikatur ist schwer übersehbar, daher nur exemplarisch darstellbar.

Der BGH demonstriert die richtige Behandlung der Regreßklage in einem Fall[61], in dem es um die dingliche Sicherung eines Mandanten ging. Der BGH untersucht zuerst die Pflichtverletzung: „..., daß die ... eingeleiteten Maßnahmen ... objektiv der Sachlage nicht entsprachen, weil sie eine Sicherung des Klägers nicht herbeiführen konnten ... Mithin hängt die Begründetheit des Klageanspruchs in erster Linie davon ab, ob im Ausgangspunkt nach dem ihnen erteilten Auftrag berechtigt oder ob es wenigstens unverschuldet war, daß sie die objektive Rechtslage verkannten.“ Mit der Inkongruenz von Leistung und Vertragspflicht sieht er die Rechtswidrigkeit indiziert, da er expressis verbis nur nach Rechtfertigungsgründen fragt. Erst dann wendet er sich dem Verschulden wegen mangelnder Sorgfalt zu. So überrascht der Vorwurf gegenüber dem Berufungsgericht kaum, das offenbar diese Unterschiede nicht gemacht hat: „Den Entscheidungsgründen des BerGer ist nicht mit Sicherheit zu entnehmen, ob das BerGer das Verhalten des Bekl. und seines Erfüllungsgehilfen Br. für vertragsgemäß, also rechtmäßig oder zwar für vertragswidrig, aber doch entschuldbar hält.“

Der Vorwurf genereller Ex-post-Betrachtung ist ganz und gar unberechtigt, was nicht ausschließt, daß man ihn für einen Einzelfall nicht zurückhalten kann.

---

[61] NJW 61, 601 = VersR 61, 134 = LM Nr. 26 zu § 675 BGB; vgl. weiter BGH LM Nr. 8 zu § 276 BGB (Ci) = NJW 59, 141; LM Nr. 2 zu § 945 ZPO VersR 64, 161; sehr deutlich VersR 59, 638; 56, 762.

Eine gewisse Unhandlichkeit der entwickelten Formel, die Wiederholung gleichartiger Fälle haben die Rechtsprechung veranlaßt, Sorgfaltspflichten zu statuieren, von deren Verletzung sie unmittelbar auf Fahrlässigkeit schließen konnte. Zu einer schematischen Anwendung ohne gebührende Beobachtung der fast jedem Sachverhalt eigenen besonderen Umstände hat dies Verfahren nicht geführt, wie eine Durchsicht der Rechtsprechung zeigt.

Wesentlichste Sorgfaltspflicht eines Rechtsberaters ist die Rechtskenntnispflicht, wie Schliebner[62] sie nennt: Besser hieße sie Pflicht zur Rechtserkenntnis. Sie setzt voraus, daß der Rechtsanwalt sich um vollständige Erfassung der ihm unterbreiteten Angelegenheiten in tatsächlicher Hinsicht bemüht und seinen Klienten zur Information veranlaßt. Hier schon hat die Rechtsprechung eine Grenze gezogen[63]: Der Anwalt darf die Nachrichten seines Mandanten hinnehmen, ohne weitere Ermittlungen über sie anstellen zu müssen.

Den Sachverhalt hat er dann auf seine rechtliche Einordnung durchzusehen und verantwortlich zu bearbeiten[64]. Er muß sich die notwendige Gesetzeskenntnis verschaffen und, falls es darauf ankommt, Zweifel an Hand von Literatur und Rechtsprechung zu klären versuchen[65]. Das gilt nicht unbeschränkt. Nur anerkannte Lehrmeinungen und die höchstrichterliche Rechtsprechung — soweit in amtlichen Sammlungen veröffentlicht — sind zu berücksichtigen. Auch das wird nicht überspannt. Der BGH[66] sah einem Anwalt nach, daß er einen verfehlten Rechtsstandpunkt hinsichtlich einer Kündigung nicht an einem Urteil überprüfte, das erst einen Monat vorher veröffentlicht war. Gleichzeitig betont der BGH, daß eine unterlassene Überprüfung des Rechtsstandpunkts nicht vorwerfbar ist, wenn noch Vereinbarungen angestrebt werden, nach denen es darauf nicht mehr ankommt. Die Bindung an die Rechtsprechung erfährt eine weitere Einschränkung dadurch, daß der Rechtsanwalt seiner eigenen abweichenden Rechtsüberzeugung folgen darf, wenn er sie mit wohlüberlegten Gründen vertreten kann[67].

Grundlegende Schwierigkeiten erwachsen bei der Behandlung des Rechtsirrtums, der per se weder vorwerfbar noch entschuldbar ist. In Literatur und Rechtsprechung tauchen diese Fragen unter dem Etikett

---

[62] a.a.O., S. 19.

[63] s. BGH VersR 60, 911.

[64] s. BVerwGE 22, 38, er darf also nicht die Schriftsätze seines Mandanten unbesehen weitergeben.

[65] s. BGH NJW 52, 425.

[66] s. BGH VersR 58, 97.

[67] St.Rspr. seit RGZ 87, 187.

„entschuldigende Wirkung kollegialer Entscheidungen" auf[68]. Der Terminus steckt einen viel zu weiten Rahmen.

Man muß nämlich unterscheiden zwischen den Fällen, wo es um Unterlassen einer Prüfung oder Übersehen von gesetzlichen Vorschriften, nowendigen Maßnahmen etc. geht, und den anderen, in denen das Ergebnis einer vorgenommenen Prüfung, Auslegung etc. falsch war. Im ersten Fall kann das kollegiale richterliche Urteil nicht den Vorwurf der Fahrlässigkeit beseitigen, falls er der isoliert betrachteten Handlung des Anwalts anhaftet. In zwei verschiedenen Sachen ist der Fehler eines Beteiligten nicht entschuldbar, weil ein anderer ihn in der zweiten ebenso macht (typische Fehlersituationen könnten dann kaum noch zur Haftung führen). Das gleiche gilt, wenn in derselben Sache derselbe Fehler nacheinander mehrmals unterläuft. Dann kann man das Verschulden nicht deshalb verneinen, weil allen Beteiligten gleichzeitig ein Versehen passierte. Entgegen Scheffler[68] braucht ein Kollegium nicht stets zu leisten, was es leisten kann. Gerade dort ist es fraglich[69], wo sich ein Verantwortlicher darauf verläßt, daß kein Anlaß zur Nachprüfung besteht, weil ein anderer Verantwortlicher keinen gesehen hat. Man muß erst nachprüfen, ob das Kollegium auch hier und jetzt geleistet hat, wozu es sonst imstande ist. Wo es aber wirklich um die rechtsirrtümliche Auseinandersetzung mit Normen und Urteilen geht, sollte der Schuldvorwurf genauer überprüft werden.

Zutreffenderweise hat die Rechtsprechung die im Rahmen des § 839 BGB früher entwickelten Grundsätze nicht einfach übertragen; denn der Zwang zum Handeln, der den Beamten trifft — übrigens nicht anders den Richter — schafft doch eine unterschiedliche Ausgangsposition[70]. Sie wird unvergleichbar, wenn man auf das entscheidende Kriterium der Nähe zur Verantwortlichkeit abstellt. Das ist in jedem Fall für den Rechtsanwalt wie für das Gericht zu untersuchen. Wenn beide gleich nahe stehen, kann man, wie in einigen Urteilen bereits geschehen[71], die Fahrlässigkeit des Rechtsanwalts mit dem Hinweis auf die kollegiale Entscheidung verneinen. Deshalb geht die Entscheidung des OLG Bremen[72] — soweit es sich nicht um obiter dicta handelt — den richtigen Weg, wenn sie nach anderen Gründen für den Mangel des

[68] s. Übersicht bei *Scheffler*, Kollegialgericht, NJW 60, 265, dagegen *Bendix*, LZ 15, 952, *Schliebner*, S. 27, wegen des formalen Charakter, s. auch RGZ 156, 51, *Cohn*, JW 16, 93.

[69] Vgl. BGH AnwBl 65, 118 mit Anm. *Ostler*.

[70] s. *Eucken*, Rdnr. 70, a.A. *Scheffler* wie Anm. 67, *Schliebner*, S. 27, der nur einseitig auf die Handhabung von Normen abstellt.

[71] s. OLG Hmbg AnwBl 63, 191; BGH VersR 59, 638; MDR 63, 495; RGZ 142, 394 zur Kausalität des Rechtsirrtums.

[72] NJW 60, 299.

Schuldvorwurfs fahndete. Bei dem Vergleichsschluß hatte das Gericht nicht die Verantwortung, die beiden Rechtsanwälten oblag. Die Verschuldensprüfung konnte daher nicht mit dem Hinweis auf das parallele Versehen des Gerichts abgekürzt werden. Unausgesprochen findet sich die Rechtsprechung in richtigen Bahnen, wenn sie dort, wo das Gericht den Rechtsirrtum des Anwalts veranlaßt, ihm das nicht als Fahrlässigkeit zurechnet[73].

Besondere Sorgfalt muß der Rechtsanwalt auf die Beratung und Belehrung seines Klienten verwenden: umfassend, erschöpfend und verantwortlich. Die Sorgfaltspflichten reichen nur soweit, wie der Beratungsgegenstand Vertragsinhalt ist. Der Rechtsanwalt kann ihn seinerseits beschränken[74]. Im übrigen ist die Rechtsprechung auch hier keineswegs zu eng. Der BGH setzt die Grenzen allerdings schon bei den Belehrungspflichten[75]. In einem anderen Fall sah er den Hinweis auf das Risiko eines Rechtsmittels als ausreichend an[76].

Die Beratung dient dazu, dem Mandanten die Möglichkeit zu eröffnen, sich über die Verfolgung seiner Rechte zu entscheiden. Der Vertreter muß seine Sorgfalt darauf verwenden, sich über derartige Entscheidungen zu vergewissern[77].

Überhaupt haben die Gerichte es vermieden, bestimmte Fehler per se als zurechenbar zu bezeichnen: weder die Erhebung einer unschlüssigen Klage[78], noch gar die einer unbegründeten[79] oder speziell in Ehesachen das Unterlassen des Mitschuldantrags[80].

Der Kreis schließt sich mit einer wichtigen Sorgfaltspflicht, die nicht nur als selbständiger Prüfstein, sondern auch als subsidiärer zur Akzentuierung der anderen auftritt: den sichereren Weg bei der Interessenvertretung zu beschreiten[81]. Das ist nicht der kürzere oder billigere, sondern der weniger risikoreiche. Dadurch wird der Rechtsanwalt an das oberste Gebot erinnert, die Interessen des Mandanten als Richtschnur zu nehmen. Sie verbindet sich mit der Rechtserkenntnispflicht, da der Anwalt seine Sorgfalt auch darauf verwenden muß,

---

[73] s. BGH VersR 59, 638; OLG Brschw NdsRpfl 56, 199; BVerwG DVBl 57, 353.

[74] s. BGH VersR 59, 1041 = BB 59, 1225.

[75] s. BGH VersR 58, 127; LM Nr. 2 zu § 945 ZPO; NJW 60, 1101.

[76] BGH VersR 65, 710; s. auch OLG Köln VersR 60, 1001.

[77] s. BGH VersR 61, 276; LM Nr. 28 zu § 675 BGB.

[78] s. OLG Köln VersR 60, 1002.

[79] s. BGH VersR 63, 1056; 65, 710.

[80] s. OLG Nürnb MDR 52, 677.

[81] s. BGH NJW 61, 601; VersR 59, 390; 60, 933; 65, 763; s. auch RGZ 148, 321.

den sichereren Weg zu erkennen: Weiter schränkt sich sein Spielraum zur eigenen Rechtsansicht ein, da die Entscheidung von Rechtsfragen nicht im Interesse des Klienten liegt.

Mit diesem Instrumentarium hat die Rechtsprechung im wesentlichen sachgerechte Ergebnisse erzielt, strenge, jedoch nicht zu harte Maßstäbe gesetzt. Das geht daraus hervor, daß eine nicht geringe Zahl der Urteile zugunsten des beteiligten Rechtsanwalts ergeht[82].

β) Fahrlässigkeit im Rahmen prozessualen Verschuldens

Wie die Partei ihre Rechte nicht uneingeschränkt vor den Gerichten verfolgen kann und sie zur Vermeidung von prozessualen Nachteilen die Grenzen verfahrensrechtlicher Möglichkeiten beobachten muß, ist auch ihr Prozeßvertreter daran gebunden. Er hat als bedeutsamste Schranke die Fristen einzuhalten. Dennoch droht bei Versehen nicht sogleich die Haftung. Fehler, die zur Versäumung einer Frist führen, können durch die Wiedereinsetzung in den vorigen Stand u. U. geheilt werden. So kommt es zu einem Regreßprozeß, dem als schadensstiftende Handlung die Versäumung prozessualer Fristen zugrunde liegt, erst nach Durchführung eines Wiedereinsetzungsverfahrens. Die Entscheidung über die Wiedereinsetzung hängt von bestimmten sehr strengen Voraussetzungen ab. Die Partei kann sich nicht damit entlasten, daß nicht sie, sondern ihr Prozeßvertreter den Fehler begangen habe. Zur Haftung des Rechtsanwalts wegen Versehens bei Einhaltung von Fristen bedarf es eines ergebnislos verlaufenden Wiedereinsetzungsverfahrens, um das Merkmal: schadensstiftende Handlung zu erfüllen. Daran fehlt es, wenn die Folgen der Fristversäumung aufgehoben werden können.

§ 233 Abs. I ZPO lautet: Einer Partei, die durch Naturereignisse oder andere unabwendbare Zufälle verhindert worden ist, eine Notfrist oder die Frist zur Begründung der Berufung oder der Revision einzuhalten, ist auf Antrag die Wiedereinsetzung in den vorigen Stand zu erteilen. Und § 232 Abs. II ZPO: Insofern die Aufhebung der Folgen einer unverschuldeten Versäumung zulässig ist, wird eine Versäumung, die in dem Verschulden eines Vertreters ihren Grund hat, als eine unverschuldete nicht angesehen[83].

---

[82] Dafür und weitere weniger bedeutsame Grundsätze wie zur Ergänzung muß auf *Eucken* und *Scheffler*, Haftpflichtgefahr verwiesen werden.

[83] Wegen der Anwendung im Strafrecht s. OLG Hamm NJW 65, 2216; bei Ordnungswidrigkeiten OLG Celle NJW 65, 2215 mit Anm. *Dünnhaupt*; BayOblG NJW 66, 1088 (der Referentenentwurf sieht die Anwendung der StPO vor); bei § 189 BEG BGH VersR 64, 284; OLG Celle NJW 59, 1932; die besondere Stellung des Anwalts gegenüber dem Zivilverfahren (vgl. oben S. 21 Anm. 42) führt zu Modifizierungen, die in dem hier interessierenden Zusammenhang günstiger wirken, vgl. auch § 8 Abs. VI FinVertrG und die Rspr. dazu BGHZ 33, 353 (356); NJW 63, 776; OLG Celle NJW 59, 2067.

Nicht alle Verfahrensordnungen haben diese Regelung übernommen, und abweichend sind nicht nur die neueren. So lauten § 22 Abs. II S. 1 FGG: Einem Beschwerdeführer, der ohne sein Verschulden verhindert war, die Frist einzuhalten ... und § 60 VwGO: Wenn jemand ohne Verschulden verhindert war, eine gesetzliche Frist einzuhalten, ...

Die Zurechnung des Vertreterverschuldens beruht auf folgendem Grundsatz: Eine Partei soll nicht die Vorteile wahrnehmen, sich von der Prozeßführung zu entlasten, ohne die Nachteile tragen zu müssen. Die Vertretung darf die Prozeßlasten nicht zuungunsten der anderen Partei verschieben. Sie muß nicht etwa auf die Vorteile verzichten, die die Nachlässigkeit des Gegners sonst bedeutet. Die Zurechnung beruht nicht darauf, daß die vertretene Partei ihren Vertreter mit Weisungen versehen, Aufsicht ausüben kann oder muß, jedenfalls in der Lage ist, die Vornahme der Prozeßhandlungen zu überwachen. Deshalb ist die Entscheidung des RG[84] falsch, das einem Strafgefangenen in einer Zivilsache Wiedereinsetzung gewährte, weil er keine Möglichkeit hatte, den ihm als Armenanwalt Beigeordneten zu überwachen, sondern ihm praktisch ausgeliefert war; denn nicht Auswahlverschulden der Partei oder sonst präsumptives Eigenverschulden hindern die Wiedereinsetzung, sondern die Delegation der Prozeßführungslasten — unerheblich ob fakultativ oder obligatorisch (wegen des Anwaltszwanges) — hat als Korrelat, daß die Partei sich die Handlungen und Unterlassungen ihres Bevollmächtigten zurechnen lassen muß. Im übrigen kann die Wahl eines zugelassenen Rechtsanwalts kein zu vertretender Fehler sein, und Aufsichtsmöglichkeiten fehlen schon dann, wenn Anwalt und Mandant durch räumliche Entfernung getrennt sind.

Richtig ist, daß die Möglichkeit der Anwaltshaftung größer wird, je strenger die Wiedereinsetzung gehandhabt wird. Die Literatur greift deshalb sowohl die unnachgiebige Regelung des Gesetzes wie auch die ebenso starre Handhabung durch die Gerichte an[85].

Ihre Rechtfertigung sucht sie darin, daß die neueren Verfahrensgesetze die Regelung der ZPO nicht mehr übernommen haben. Außerdem könne es zu dem merkwürdigen Ergebnis kommen, daß die Wiedereinsetzung versagt wird, weil prozessuales Verschulden des Rechtsanwalts vorliegt, ohne daß aber die Haftung ausgesprochen wird, weil die anderen Kriterien materiellen Verschuldens nicht erfüllt sind. Der Mandant sitze zwischen zwei Stühlen. Der Fehler seines Vertreters

---

[84] 115, 412 trotz Beschränkung auf die besonderen Umstände, a.A. BGH NJW 57, 989, *Stein - Jonas - Pohle*, § 232 II 2.

[85] s. *Ostler*, Anwaltshaftpflicht, AnwBl 65, 249 ff., *Scheffler*, Haftpflichtgefahr, S. 13 ff.

schließe ihn mit der Prozeßhandlung aus, ohne daß er so frappant ist, die Haftung auszulösen[86].

Soviel ist richtig und leicht erkennbar, da § 232 Abs. II ZPO allgemein gilt[87] oder eine entsprechende Vorschrift überall aufgenommen ist: Das Verschulden des Rechtsanwalts ist erheblich für Gewährung oder Versagung der Wiedereinsetzung und damit auch von entscheidender Bedeutung für die Haftungsfrage. Das Problem, ob auch hier das rechte Maß regiert, ist das der Kongruenz zwischen materiellem und prozessualem Verschulden. Zweifel an der Homogenität des letzteren erheben sich wegen der unterschiedlichen gesetzlichen Formulierungen. Der Prozeßvertreter hat zwar nur Verschulden zu vertreten, aber der Maßstab dessen, was auf der Seite des Vertreters als Verschulden anzusehen ist, bestimmt seinen Umfang gerade danach, was die Partei selbst gegen sich gelten lassen muß. Wenn trotz unterschiedlichen Wortlauts in der Sache Gleiches gilt, unabwendbarer Zufall mit mangelndem Verschulden gleichzusetzen ist, ist man der Zweifel enthoben.

Ostler[88] stützt eines seiner wesentlichsten Postulate nach Haftungserleichterungen für den Rechtsanwalt auf die Verschiedenheit der Wiedereinsetzungsanforderungen, die er allerdings ohne nähere Begründung konstatiert. Scheffler folgt ihm darin. Aber auch in der Rechtsprechung finden sich gleiche Ansichten. Das BVerwG[89] behauptet dezidiert: „Der Begriff des unabwendbaren Zufalls stimmt nicht mit dem des fehlenden Verschuldens überein." Zur Begründung wird dann auf die Definitionen des prozessualen Verschuldens verwiesen, die schon das RG zu Formeln entwickelt hatte: Unabwendbarkeit bei „Anwendung der äußersten, vernünftigerweise noch zu erwartenden Sorgfalt[90] oder ob das nach Lage des Falles vernünftigerweise zuzumutende Maß von Vorsicht und Sorgfalt" nicht ausgereicht hätte, um die Einhaltung der Frist zu ermöglichen[91], oder wenn die „äußerste, den Umständen nach angemessene und vernünftigerweise zu erwartende Sorgfalt angewandt worden ist"[92].

Alle Definitionsversuche können nicht darüber hinwegtäuschen, daß sie kaum mehr als negative Abgrenzungen enthalten, auch wenn sie

---

[86] s. *Scheffler*, a.a.O., S. 21, *Geigel*, DB 59, 251.

[87] Vgl. BGH VersR 65, 587; OVG BlnE 6, 62; eine ursprünglich abweichende Fassung in der VwGO wurde nicht Gesetz, s. dazu *Koehler*, § 60 I.

[88] a.a.O.

[89] DÖV 65, 350, ebenso *Eyermann - Fröhler*, § 60/7.

[90] BVerwG DÖV 65, 350.

[91] BGH VersR 53, 206; vgl. weiter BGH NJW 51, 111; 53, 179; VersR 66, 363; BAGE 2, 45.

[92] § 233 B II.

positiv formuliert werden. Unbestritten schließt Verschulden einen unabwendbaren Zufall aus. Welches das zusätzliche Merkmal eines immerhin abwendbaren, aber Verschulden ausschließenden Zufalls darstellt, konnte bisher nicht erläutert werden. Die Rechtsprechung bejaht stets Verschulden, wenn es unabwendbaren Zufall verneint. Wieczorek[92] erkennt richtig: „Den Begriff des unabwendbaren Ereignisses hat das Gesetz mit dem des Naturereignisses oder eines anderen unabwendbaren Zufalls umrissen. Da es im Prozeß aber gerade auf die einzelnen Handlungen der Menschen ankommt, muß man es auf diese abstellen, was aber darauf hinausläuft zu prüfen, ob den Nichthandelnden ein Verschulden trifft." Wenn man der Partei die Fristversäumung zurechnet, so kann Wiedereinsetzung nicht gewährt werden, wohl aber, wenn sie nicht zurechenbar ist. Zurechenbar verhält sich zu unzurechenbar wie Verschulden zum unabwendbaren Zufall. Ein Drittes gibt es nicht. Es ist auch — wie ersichtlich — ganz und gar unnötig. Verschulden bedeutet nichts weiter als ein Zurechnungskriterium[93]. Was dazugehört, ist erst die zweite Frage. Verneint man daher Verschulden, steht zugleich fest, daß ein unabwendbarer Zufall vorliegt. Dieser Satz läßt sich auch umkehren. Die Rechtsprechung[94] ist also auf dem richtigen Wege, wenn sie allein Verschulden prüft: denn damit entscheidet sie über die Frage der Zurechenbarkeit. Sie erfordert keine dritte Kategorie, die nicht anders zu behandeln wäre als Verschulden. Daraus ergibt sich, daß auch nach der ZPO nur Verschulden die Wiedereinsetzung ausschließt, so daß materiell kein Unterschied zu den moderneren Verfahrensgesetzen besteht. Deshalb ist die Entscheidung des BVerwG unrichtig, da die Aussage, daß Verschulden den unabwendbaren Zufall ausschließt, noch nichts über den

---

[93] s. *Dunz*, JZ 61, 406 (408), unklar *Stein - Jonas - Pohle*, § 233 II.

[94] Vgl. BGH VersR 65, 898, 1082, *Wieczorek*, § 233 B II a zur Verwendung der gleichen Formeln bei unabwendbarem Zufall und Verschulden BGHZ 27, 132; VersR 62, 88; 64, 1150; 1248; 65, 618; 791; 66, 363. In einem unveröffentlichten Beschluß des BGH vom 4. 12. 64 — IV ZB 445/64 heißt es: „... wenn die Versäumung der Berufungsfrist auf einem unabwendbaren Zufall beruht. Das ist nur dann nicht der Fall, wenn sie von ihr oder ihrem Prozeßbevollmächtigten..., verschuldet worden ist." Vgl. auch Kommissionsbericht 1961, S. 235. *Scheffler*, Wiedereinsetzung NJW 64, 997 konstatiert mit gewissem Erstaunen, daß Entscheidungen nach Verfahrensordnungen, die Verschulden voraussetzen, zuweilen strenger als nach § 233 ZPO ausfallen; entgegen seinen Ausführungen beruht das nicht auf Unklarheiten im Grundsätzlichen, sondern diesen Vorwurf muß man *Scheffler* selbst machen, da er die Maßstäbe objektiven und subjektiven Verschuldens falsch akzentuiert. Es ist unlogisch, bei den materiellen Fehlern zu bekennen, daß der objektive Verschuldensbegriff strenger ist, ihn bei den Fristfehlern aber zu fordern als den angeblich nachgiebigeren. Diese Argumentation ist zu sehr an den gewünschten Ergebnissen orientiert. Es zeigt sich aber deutlich, daß sich solche Begriffe nicht manipulieren lassen.

Verschuldensbegriff enthält[95]. Das Gericht entzieht sich der Mühe, die Differenz zwischen abwendbarem Zufall und Verschulden abzustecken.

Andernfalls unterstellt man dem Gesetzgeber, den Begriff der Zurechenbarkeit aufgeteilt zu haben, ohne daran Folgen zu knüpfen. Sollte tatsächlich eine Differenz bestehen, wäre nicht einzusehen, warum die ZPO auf seiten des Vertreters auf die strengere Voraussetzung des unabwendbaren Zufalls verzichtet haben sollte und sich mit der geringeren des Verschuldens zufrieden gab.

Das Vertreterverschulden kann nunmehr einheitlich abgegrenzt werden. Zwei Fragen schließen sich an: Wird es inhaltlich bestimmt durch das, was sich die Partei zurechnen lassen muß, oder steht es dem gleich, was der Rechtsanwalt nach dem zwischen ihm und dem Mandanten bestehenden Schuldverhältnis auch materiell zu vertreten hat?

Prozeßhandlungen nimmt eine Partei nicht in Erfüllung irgendwelcher Verpflichtungen vor, die ihr etwa gegenüber dem Prozeßgegner auf Grund eines Schuldverhältnisses obliegen. Seinem Interesse sind Unterlassungen nützlicher. Vielmehr ist allenfalls ein Prozeßrechtsverhältnis anzuerkennen[96]. Es enthält überhaupt keine oder nur seltene Pflichten gegenüber dem daran noch Beteiligten, sondern — und das gilt hier — ausschließlich Lasten, die prozessuale Nachteile bringen, wenn man sie nicht erfüllt. Wenn die Partei die Frist zur Einlegung oder Begründung ihres Rechtsmittels versäumt, kann sie den Rechtsstreit nicht mehr in der nächsten Instanz fortsetzen. Sie trägt die Last einer rechtzeitigen Berufung oder Revision, d. h. sie muß bei verspätetem Handeln den möglichen Nachteil hinnehmen, das nun rechtskräftige Urteil der Vorinstanz nicht mehr angreifen zu können. Verschulden ist daher in diesem Zusammenhang ein mindestens mißverständlicher Begriff, da die Prozeßpartei weder dem Gericht noch dem Prozeßgegner rechtzeitige Einlegung des Rechtsmittels schuldet, also weder das eine noch der andere Forderungen hat. Deshalb ist der in § 276 BGB enthaltene Verschuldensbegriff nicht übertragbar[97], zumal er nur auf Schuldverhältnisse zugeschnitten ist. Zwar wird er auf die entfernt vergleichbaren Obliegenheiten als Verpflichtungen minderer Intensität weitgehend analog angewandt. Der objektive Maßstab mit Abstufung nach Verkehrskreisen gilt auch dort

---

[95] Deshalb könnte die Angleichung an die neueren Gesetze „die willkürliche und spitzfindige Unterscheidung des Verschuldensmaßstabes" zwischen §§ 233 ZPO und 276 BGB erst beseitigen, wenn nachgewiesen wäre, daß diesen Gesetzen § 276 BGB zur Vorlage diente; inkonsequent *Scheffler* (Zitat), Haftpflichtgefahr, S. 21.

[96] s. *Blomeyer*, Zivilprozeßrecht, §§ 11, 30 VII 2, *Rosenberg*, S. 6 ff.

[97] s. *Baumbach - Lauterbach*, § 233 B, BGHZ 2, 205; 17, 203.

nicht durchweg, sondern mit Enklaven individuell möglicher Sorgfalt[98]. Der Unterschied zu den materiell-rechtlichen Obliegenheiten liegt weiter darin, daß innerhalb des zugrunde liegenden Verhältnisses die Parteien es in der Hand haben, ihre Verhältnisse zu regeln und zu bestimmen. Innerhalb des prozessualen Verfahrens sind ihnen solche Möglichkeiten verschlossen.

Rechtsprechung und Literatur stimmen überein, daß Verschulden im prozeßrechtlichen Sinne nur nach individuellen oder subjektiven Maßstäben zu messen ist, ohne es immer zu begründen[99]. Die Prozeßpartei soll sich innerhalb eines Verfahrens, auf dessen Gestaltung sie weitgehend keinen Einfluß besitzt, das zurechnen lassen, was sie nach ihren Fähigkeiten und Möglichkeiten entsprechend den Regeln nicht geleistet hat, aber doch hätte leisten können. Jedenfalls soll das komplizierte Verfahren nicht dazu führen, daß Veränderungen in der materiellen Rechtslage eintreten, nur weil die Partei den Anforderungen des Verfahrens nicht ganz gewachsen ist. Das spricht aber zunächst auch nur dafür, daß die Prozeßpartei selbst nach ihren individuellen Fähigkeiten zu behandeln ist. Man geht davon aus, daß sie in der Regel eben nicht rechtskundig ist. Wenn sie einen Dritten mit der Wahrnehmung ihrer Prozeßlasten beauftragt, so nimmt sie eine ihr von der Verfahrensordnung eingeräumte Möglichkeit wahr, die ihr Erleichterungen gewährt. Es verschiebt das Prozeßrisiko, wenn sie auf diese Weise nicht nur sich selbst, sondern auch ihren Vertreter von den Lasten befreit[100]. Das Schuldverhältnis zwischen der Prozeßpartei und ihrem Vertreter kann das Prozeßrechtsverhältnis nicht insofern beeinflussen, als sein Haftungsmaßstab auf das prozessuale übertragen wird; denn in seinem Bereich gilt § 276 BGB, und zwar mit Abs. II, der hier ganz unanwendbar ist. Es kann also nicht anders sein, als daß der individuelle Maßstab auch auf den Vertreter übertragen wird[101].

So bleibt nur noch die Ausgangsfrage, ob das, was der vertretenen Partei prozessual zugerechnet wird, etwa über den Rahmen dessen

---

[98] Vgl. *Deutsch*, S. 59, 348 ff., *Esser*, S. 278, *Schmidt*, S. 89, 315; bei den materiell-rechtlichen Fristen — als wichtigster der Verjährung — handelt es sich gleichermaßen um Lasten; für sie gilt nichts anderes, so daß keine besonderen Hinweise gegeben werden. Vgl. dazu BGHZ 17, 203; NJW 57, 989; VersR 61, 131; a.A. noch RGZ 158, 361; anders für die Ausschlußfrist des § 4 Abs. I ArbGG, s. LAG Stuttg NJW 65, 2366; im Bereich des § 232 Abs. II ZPO BGH VersR 60, 766; 991; 63, 1225; 65, 763; 66, 859.

[99] Seit RGZ 96, 322 subjektive Theorie, BSG NJW 56, 1496 und Anm. 97, *Blomeyer*, Zivilprozeßrecht, § 27 II; *Scheffler* verkennt das (s. Anm. 94); a.A. *Jansen*, § 22, *Peters - Sauter - Wolff*, § 67/7 a, modifizierend *Keidel*, § 22.

[100] s. BSG NJW 60, 502; BGH NJW 63, 1776.

[101] s. *Stein - Jonas - Pohle*, § 233 II, *Eyermann - Fröhler*, § 60/10, unklar *Wieczorek*, § 233 B II b; BVerwG DÖV 65, 350 (nach dem auch zu § 276 BGB vertretenen subjektiven Fahrlässigkeitsbegriff); BSG NJW 60, 502 („im Prozeß erforderlichen Sorgfalt“).

hinausgeht, was der Anwalt gemeinhin innerhalb des Vertrages gegenüber seinem Mandanten zu vertreten hat. Der OGH[102] sagt in seiner Entscheidung zwar, ein Versehen eines Rechtsanwalts könne die Wiedereinsetzung ausschließen, wenn es weder eine Verletzung seiner Berufspflicht noch der im Verkehr erforderlichen Sorgfalt darstelle. Dabei wird nicht deutlich, was das Gericht eigentlich mit Berufspflicht meint: Die Vertragspflicht sicherlich nicht, da sie und die Sorgfaltspflichten auf verschiedenen Stufen rangieren und der Mangel einer Vertragspflichtverletzung ein Anwaltsversehen ausschließt (mit der Folge, daß Wiedereinsetzung zu gewähren ist). Berufspflichten — vielleicht im Sinne von Standespflichten — sind vertragliche, soweit sie der Vertrag anerkennt. Das Prozeßrechtsverhältnis wiederum wird nur durch die Teilnahme der Partei, nicht ihres Anwalts bestimmt. Die auch sonst widersprüchliche Entscheidung zeigt sich ganz an den Besonderheiten des Falles (ungünstige Verhältnisse der Nachkriegszeit) orientiert. Die Gründe lassen vermuten, daß der OGH davon ausging, Rechtsanwalt X habe über die verkehrsübliche Sorgfalt hinaus nichts getan, was zur Verhinderung des Versehens geführt hätte.

Nach unseren früheren Ausführungen reichte die verkehrsübliche Sorgfalt zur Vermeidung materiellen Verschuldens gleichfalls nicht aus. Dort steht der Rechtsanwalt seinem Mandanten für den Gruppenstandard ein. Wenn seine individuellen Fähigkeiten dieses Niveau erreichen, können sich schon deswegen keine Unterschiede ergeben. Davon kann man als Regelfall ausgehen. Da das Niveau ohnehin hoch steht, liegt auch die Grenze des billigerweise Zumutbaren seines prozessualen Pendants auf gleicher Ebene. Der Gruppenstandard bildet jedoch nur die Untergrenze dessen, was der Rechtsanwalt zu vertreten hat, keineswegs die Obergrenze, da er dem Mandanten auch für seine besonderen Fähigkeiten einstehen muß. Man berücksichtigt schon hier individuelle Aspekte, über die das prozessuale Verschulden nicht mehr hinausgehen kann.

Differenzen können sich höchstens noch ergeben, falls der Rechtsanwalt seinen Gruppenstandard nicht erreicht. Wenn die Wiedereinsetzung versagt wird, so liegt unbestreitbar materielles Verschulden vor, da er mit der individuellen auch die erforderliche Sorgfalt außer acht gelassen hat. Dafür haftet er seinem Mandanten. Das von Scheffler (s. S. 60 Anm. 86) befürchtete Ergebnis läßt sich also nicht konstruieren[103]. Er verkennt, mit § 276 BGB nicht die Einführung eines leichteren Maßstabes zu fordern (während ihm bei den Erörterungen

---

[102] OGH 3, 362, (365).

[103] Ebenso mit anderen Gründen *Eucken*, Rdnr. 71, KG Urteil vom 6. 7. 61 — 16 U 318/61.

der Fahrlässigkeit i. S. der objektiven Theorie die subjektive die geringeren Anforderungen zu stellen schien). Im Gegenteil würde die Wiedereinsetzung für den Bereich unterhalb des Gruppenstandards bis zu den darunter liegenden individuellen Fähigkeiten auch noch ausgeschlossen (immerhin ein Fall, der wohl ebenso selten ist, wie der Schefflers; jedenfalls sind in der Rechtsprechung keine Beispiele anzutreffen).

Die Rechtsprechung hat sich bemüht, durch die Fülle der Kasuistik zur Wiedereinsetzung Leitlinien durchschimmern zu lassen.

Gleichwie das materielle Verschulden mit der Einhaltung der im Verkehr erforderlichen Sorgfalt umschrieben und diese Umschreibung durch Statuierung bestimmter Sorgfaltspflichten konkretisiert wird, definiert man das prozessuale Verschulden mit den früher zitierten Formeln. Ihre Anwendung im Einzelfall verbindet sich mit der Frage nach der Einhaltung oder der Verletzung von Sorgfaltspflichten. Das RG[104] hatte früh ausgesprochen, daß der Sorgfaltsbegriff zur Abgrenzung prozessualen Verschuldens der Rechtsprechung einen großen Spielraum lasse und deswegen auch eingeführt sei, um den Bedürfnissen des Einzelfalles und des Rechtslebens gerecht werden zu können. Die Rechtsprechung hat diese Aufgabe erkannt und mit zahlreichen Entscheidungen versucht, ihr Rechnung zu tragen. Sie geht von der Fristenstrenge des Gesetzes aus und begreift die Wiedereinsetzung nicht als Instrument, diese Strenge zu neutralisieren, sondern als Mittel, um in den Fällen zu mildern, für die eine starre Regelung ungerechtfertigte und damit unerträgliche Ergebnisse hätte. Entsprechend betont sie immer wieder, daß wegen der Sorgfaltsanforderungen, die ein prozessuales Verschulden ausschließen sollen, ein strenger Maßstab anzulegen ist[105].

Die Literatur bezeichnet die Anforderungen zu einem Teil als zu streng[106], manchmal auch als zu gering[107]. Angriffe, die früher gegen einzelne Entscheidungen geführt wurden, richten sich in letzter Zeit generell gegen die Rechtsprechung und verbinden sich mit der Forderung nach grundlegenden Reformen.

Ostler entwirft ein Bild der Rechtsprechung, das sich mehr und mehr den Erfordernissen des Rechtslebens entfremdet hat. Mit der Entfernung seien die Maßstäbe strenger geworden, während die Entwicklung das Gegenteil nahegelegt habe, da sich die anwaltliche Tätigkeit unter

104 RG 96, 322.

105 s. BGH VersR 53, 206; 63, 1225; 66, 538.

106 s. *Ostler*, Anwaltshaftpflicht, AnwBl 65, 249, *Scheffler*, Haftpflichtgefahr, S. 15 ff.

107 Vgl. *Stein - Jonas - Pohle*, § 233 II, *Wieczorek*, § 233 B II a, d 3.

zunehmenden Schwierigkeiten und Belastungen vollziehe. Nähmen die Gerichte von der Situation Kenntnis, so nur um daraus Schlüsse „contra advocatum" zu ziehen. Die Ursachen lägen darin, daß der Anwalt den wachsenden Erschwernissen nicht entgehen könne. Die Gerichte verschlössen sich diesen Einsichten und glichen ihre mangelnde Sachkunde nicht aus, indem sie Standesorgane und -vertretungen der Rechtsanwälte an den Verfahren beteiligten.

Zur Verdeutlichung seiner Darstellung referiert Ostler Entscheidungen der oberen Bundesgerichte, einiger OLGe und eine des LG Berlin. Das Bild, das sich daraus ergibt, scheint seine Auffassung zu stützen, die sich im wesentlichen nur auf Fristenberechnung und -kontrolle bezieht.

Der Wert seiner Aussagen und Folgerungen wird jedoch dadurch gemindert, daß er einige Entscheidungen unvollständig, andere sogar falsch zitiert. Das auffallendste Beispiel ist die Rechtsprechung zur Fristprüfung nach den Handakten: Ostler[108] behauptet von ihr: „Wenn die vom Anwalt berechnete Frist eingetragen ist, muß der Anwalt nach der Rechtsprechung höchstpersönlich nochmals und nochmals sich darum bekümmern, um seine eigene Sorgfaltspflicht zu wahren ... die Ausführung dieser Eintragung an Hand einer Notiz in der Akte überprüfen, wenn die Akte während des Fristenlaufes wieder zu ihm kommt." Die Entscheidung des BGH[109] sagt das Gegenteil. Sie verweist auf die seit den Tagen des RG[110] ständige Rechtsprechung: Der Anwalt habe die Fristprüfung vorzunehmen, wenn die Akte ihm aus Anlaß der fristgebundenen Handlung vorgelegt wird oder er sie bis zum Ablauf der Frist selbst betreut, so daß sich ihm die Notwendigkeit der Fristprüfung aufdrängen muß. Der BGH fährt fort, daß dieser Gesichtspunkt in dem zu entscheidenden Fall nicht zutreffe. Das Berufungsgericht befinde sich mit seiner Ansicht — Verschulden wegen Unterlassens, die Anordnung der Fristnotierung nachzuprüfen — im Irrtum. „Ein solcher Grundsatz liefere, da mit einer Vorlage der Handakten während des Fristenlaufs immer zu rechnen ist, darauf hinaus, daß der Anwalt die Notierung im Fristenkalender nachzuprüfen hat. Dieses Ergebnis läßt sich nicht damit vereinbaren, daß er im Interesse der der Rechtspflege gewidmeten Tätigkeit von den routinemäßigen Büroarbeiten freigestellt werden muß ... Es kann dahinstehen, ob sich in ganz besonders gelagerten Einzelfällen für den Anwalt eine Kontrollpflicht ergibt. Daran ändert auch der Umstand nichts, daß die Berufung am gleichen Tage bei Gericht eingereicht

---

108 a.a.O., S. 244.

109 NJW 64, 106 = VersR 63, 1224.

110 RG JW 28, 1854.

worden ist, an dem das Büro dem Anwalt die Handakten vorgelegt hat. Der Anwalt kann auch in einem solchen Falle ohne Verletzung der Sorgfaltspflichten damit rechnen, daß eine bewährte und sorgfältige Sekretärin nach Einreichung der Berufungsschrift die leicht zu errechnende Berufungsbegründungsfrist mit den üblichen Vorfristen im Kalender einträgt. Der vom BayObIG vertretenen Ansicht (vgl. NJW 58, 2068), der Anwalt müsse bei jeder Vorlage der Akten innerhalb der Rechtsmittelfrist sich darüber vergewissern, welcher Spielraum ihm noch zur Begründung bleibe und aus diesem Grunde auch die Kalendereintragung kontrollieren, kann nicht gefolgt werden!"

Wo Ostler[108] konstatiert, daß der Anwalt bei jeder späteren Vorlage der Akten die Fristenberechnung nachzuprüfen habe, sagt die dafür zitierte Entscheidung nur, daß die Nichteinhaltung der Vorfrist zu erhöhter Sorgfalt aus dem Grunde erhöhter Gefahr verpflichte[111]. Die Hinweispflicht des Rechtsanwalts an seinen anwaltlichen Sachbearbeiter hat der BGH[112] prononcierter vorgetragen: Da der Praxisinhaber sein Büro organisiert, muß er jedem einzelnen Mitarbeiter — auch dem Anwaltsassessor — die Aufgaben anzeigen, damit die Organisation nach seinem Muster laufe.

Wo Ostler den Grundsatz zulässiger Übertragung der Fristenkontrolle auf das Büro verlassen sieht, hat er eine dem Zusammenhang entrissene Bemerkung, die die Entscheidung[113] nicht trägt, falsch verstanden. Bei der Wiedereinsetzung kommt es auf jede einzelne Nuance des Sachverhalts an. Hier hatte sich der Anwalt zwölf Tage vor Ablauf der Frist die Akte wegen Vornahme der Prozeßhandlung vorlegen lassen, dann mit dem Mandanten telephoniert und auf den Fristablauf hingewiesen. Die Frist war in einer Aktennotiz festgehalten und auf dem Deckel „gut sichtbar" vermerkt. Während er noch Informationen abwartete, verstrich die Frist. Der BGH legte dar, daß der Rechtsanwalt die zur Bearbeitung vorgelegte Fristsache auch hinsichtlich der Fristwahrung im Auge behalten müsse und expressis verbis eingeräumt, daß anders zu beurteilende Umstände denkbar seien. Er versagte die Wiedereinsetzung wegen unzureichender Glaubhaftmachung, weil nicht einmal dargetan wurde, was mit den Akten in den zwölf Tagen geschah. Allein darauf stützt sich die Entscheidung.

Auch dort, wo Ostler eine nach seiner Meinung unhaltbare landgerichtliche Entscheidung durch die Gründe eines Beschlusses des BGH[114] bestätigt sieht, zeigen diese Gründe ein anderes Bild. Das wird in dem

[111] BGH MDR 59, 996.
[112] BGH RzW 62, 287.
[113] BGH LM Nr. 16 zu § 233 ZPO (Fc).
[114] Beschluß vom 4. 12. 64 — IV ZB 445/64.

Bericht des Berl. Anwaltsblattes vielleicht nicht so deutlich. Der BGH sagt: „... verletzt zwar grundsätzlich ein Rechtsanwalt die ihm zumutbare Sorgfalt, wenn er die Prüfung und Berechnung der für eine fristgerechte Einlegung eines Rechtsmittels erforderliche Frist einer Büroangestellten überläßt" aber nur, weil das Berufungsgericht[115] seine abweichende Entscheidung auf diesen Grundsatz stützte, und um im folgenden deutlich zu machen, daß der Anwalt so nicht gehandelt hat. Der BGH bejaht keine Pflichtverletzung, sondern betont, daß seitens der Bürovorsteherin alles geschehen ist, was der Anwalt auch selbst nur hätte tun können, und daß das Verhalten nicht kausal geworden ist. Er hat das logisch spätere Tatbestandsmerkmal der Kausalität ohne weiteres verneinen können und sich die Erörterung des vorrangigen der Pflichtverletzung erspart.

Ostler führte seinen Angriff in einem Augenblick, als der BGH seine Auffassung in einem Punkte zugunsten der Anwaltschaft änderte, und sah wohl auch darin Aspekte einer im ganzen chaotischen Rechtsprechung, der die für den Anwalt tragbaren Grundsätze mangelten, so daß allein der Gesetzgeber noch für Abhilfe sorgen könnte.

Tatsächlich fehlten solche Grundsätze nicht, wenn in Einzelfällen auch unbefriedigende Ergebnisse auftraten. Der wesentlichste Leitgedanke in diesem Bereich ist das Prinzip der Entlastung. Es besagt, daß mechanische Tätigkeiten auf das Büro delegiert werden dürfen, so daß Fehler keine Verletzung der Sorgfalt deshalb bedeuten, weil der Anwalt diese Arbeit nicht selbst erledigt hat. Obwohl er materiellrechtlich für die Versehen seiner Mitarbeiter einzustehen hat, kommt es nicht zur Haftung, weil § 232 Abs. II ZPO die Wiedereinsetzung erlaubt, wenn die Säumnis auf Dritte zurückgeht. Seit das RG[116] sich zu diesem Prinzip bekannt hat, war es niemals in Frage gestellt. Richtig ist, daß die Rechtsprechung im Falle der Fristenberechnung geschwankt hat. Das ist an anderem Ort ausführlich dargestellt[117]. Die veränderte Beurteilung betraf aber nur die Frage, was als mechanische Tätigkeit anzusehen war. Für die Fristenberechnung vollzog der BGH — gefolgt von den anderen oberen Bundesgerichten — die Wendung, weil die tatsächlichen Verhältnisse sich so entwickelt hatten, daß die Auffächerung der Gerichtsbarkeiten mit unterschiedlichen Verfahrensordnungen eine Fülle zu beobachtender Details mit sich brachte, deren Berücksichtigung man nur noch durch den Anwalt selbst als gewährleistet sehen konnte. Damit war nicht der Grundsatz selbst aufgegeben, son-

---

115 KG Urteil vom 8. 8. 64 — 13 U 1189/64.

116 RGZ 96, 322; 164, 52; BAG 2, 45; BGH 4, 389.

117 s. *Ostler*, a.a.O., *Scheffler*, Anwaltshaftung, S. 15, Wiedereinsetzung, NJW 64, 993.

dern nur seine Anwendbarkeit in einem Teilbereich modifiziert, in dem die Rechtsprechung nicht grundlos veränderte Verhältnisse anzutreffen meinte. Eine umfangreiche Skala von Fristen mit unterschiedlichen Voraussetzungen, die teilweise juristische Kenntnisse voraussetzten, sogar im Bereich der häufigeren zivilprozessualen (Feriensachen), ließ sich augenscheinlich nicht mehr mechanisch anwenden. Streitige Fragen, aufgeworfen durch neue Verfahrensordnungen, gingen erst einer Klärung entgegen. Nicht zuletzt die Anwaltschaft hat auf die schwierige und der anwaltlichen Arbeit nachteilige Situation aufmerksam gemacht und dazu beigetragen, daß sich die strengere Auffassung über Jahre hinaus behauptete, obwohl sie nicht ausnahmslos galt[118].

Die erneute Wendung konnte erst eintreten, nachdem sich die Situation auf dem Sektor Fristen gleichsam beruhigt hatte. Es bedurfte eines neuen Anlasses, das, was einer rechtlichen Notwendigkeit entsprach, nun auf sein tatsächliches Substrat zu prüfen.

Das tat der BGH mit dem Beschluß vom 26. 2. 64 in der Sache Katzhandelt/Freistaat Bayern[119], nachdem eine Auskunft und gutachtliche Äußerung der Bundesrechtsanwaltskammer zu vier Fragen eingeholt war. Die Fragen gingen dahin, ob Richtlinien bestehen, nach denen die Fristenberechnung Sache des Anwalts oder seines Büros ist, weiter nach der tatsächlichen Handhabung, drittens, ob in mittleren und größeren Kanzleien der Anwalt überhaupt die Möglichkeit zur Feststellung der Frist und Anweisung ihrer Eintragung hat, und viertens, welches praktische Verfahren Fristversäumnisse am besten vermeidet. In ihrer Stellungnahme erklärte die BRAK, daß weder Richtlinien existieren, noch allgemeine, bindende Gepflogenheiten bestehen. Zu 3. betont sie: „Bei einer mittleren oder größeren Praxis wird es dem Anwalt nicht immer möglich sein, das Ende der Fristen in jedem Falle persönlich festzustellen, daher genügt es, daß die Feststellung der Fristen und deren Eintragung ohne persönliche Mitwirkung des Anwalts auf Grund seiner allgemeinen Anweisungen durch zuverlässiges Büropersonal erfolgt. Der Anwalt wird jedoch durch Stichproben festzustellen haben, ob seine Anweisungen befolgt werden." — eine Handhabung, die sich am besten bewährt habe. In dem Begleitschreiben an den IV. Zivilsenat heißt es: „Der Anwalt, insbesondere der nicht nur gering beschäftigte Anwalt, sollte im Interesse seiner juristischen Tätigkeit tunlichst von Aufgaben lediglich formeller Art freigehalten werden, deren Erfüllung keine juristischen Kenntnisse

---

118 s. BGH VersR 61, 378; weiter VersR 60, 406.

119 In dieser Sache erging die Entscheidung BGH NJW 65, 102 = JZ 65, 323.

erfordert, sondern von gutem Büropersonal bewirkt werden kann. Ist dieses gut geschult und als zuverlässig bewährt, so kann die Feststellung normaler Fristen ihm überlassen werden, bei denen eine Prüfung außergewöhnlicher Art nicht vorkommt. Dies gilt insbesondere bei Rechtsmittelfristen bei gewöhnlichen Urteilen, Fristbeginn durch Zustellung von Anwalt zu Anwalt und in Verfahren mit Zustellungen von Amts wegen dann, wenn solche Verfahren in der Praxis nicht nur vereinzelt vorkommen und die damit verbundenen Besonderheiten dem Führer des Fristenkalenders genau vertraut sind. Rechtsmittelbegründungsfristen sind dagegen dem Büropersonal nicht allein zu überlassen, wenn Besonderheiten in Betracht kommen; insbesondere bei Lauf der Fristen während der Gerichtsferien." In gleicher Sache verfaßte[120] der Deutsche Anwaltverein ein Memorandum, nach dem die von der BRAK befragten 23 Kammervorstände unterschiedliche Auffassungen bekundeten. Erhebungen oder Umfragen waren nicht durchgeführt.

Die Entscheidung in dieser Sache ist inzwischen durch Erkenntnisse anderer Senate bestätigt worden[121], nicht ohne die Grenzen aufzuzeigen, nach denen der Anwalt die Fristenberechnung nicht einem erst kurze Zeit tätigen Lehrmädchen überlassen darf[122].

Der Grundsatz der Entlastung betrifft weitere Tätigkeiten: So ist die Fristenkontrolle Sache des Büros[123]. Auskünfte und Feststellungen tatsächlicher Art braucht der Anwalt nicht selbst einzuholen, schon gar nicht, wenn es um telephonische Anfragen geht, soweit er davon absehen kann, die Gerichtsakten einzusehen[124]. Ebensowenig muß der Anwalt die Post selbst durchsehen. Er darf sich auf die Vorlage durch seine Angestellten verlassen[125]. Er ist nicht nur hinsichtlich eingehender Sachen entlastet, sondern auch die hinausgehenden braucht er nicht auf die Unterzeichnung zu prüfen[126].

Der BGH hat den Versuchen widerstanden, die Wirkung des Grundsatzes durch Einschränkungen auszuhöhlen. Wenn der Rechtsanwalt mehr tut, als er wegen der Entlastung müßte, z. B. einen zusätzlichen

---

[120] AnwBl 65, 65.

[121] BGH VersR 65, 597 (V. Senat), VersR 66, 186 (VIII. Senat), Einschränkung für Nicht-Routinefristen gilt weiter s. BGH VersR 61, 165.

[122] BGH VersR 66, 191.

[123] BGH VersR 65, 188; 1151.

[124] s. BGH VersR 58, 62; aber auch VersR 62, 88, worin keine grundsätzliche Abweichung, sondern die Berücksichtigung des besonderen Sachverhalts liegt; VersR 66, 240; 342.

[125] BGH VersR 66, 937.

[126] BGH NJW 57, 1687; weiter VersR 58, 804; BAG NJW 66, 799.

privaten Fristenkalender führt, so können ihm Fehler, die ihm dabei unterlaufen, nicht zugerechnet werden[127].

Entlastet ist er nur dann nicht, wenn er mit der Delegation einzelner Aufgaben zugleich sich seiner Überwachungsfunktionen entledigt. Das ist aber die einzige Grenze. Sie ist schon deshalb notwendig, weil alles in der anwaltlichen Praxis in Verantwortung des Rechtsanwalts geschieht und eine Trennung von anwaltlichen und büromäßigen Aufgaben nicht anerkannt werden kann. Deshalb kann sich der Anwalt nicht auf das Versagen seines Büros berufen, wenn ihm selbst innerhalb der ihm verbliebenen Restpflichten ein Fehler unterläuft. Dasselbe gilt, wenn er es unterläßt, die Übertragung mechanischer Tätigkeiten ausreichend zu organisieren. Er muß eine fähige Kraft mit diesen Aufgaben vertraut machen und im Falle ihrer Verhinderung — wie auch für die eigene — für eine gleich gebildete und gewandte Vertretung sorgen, sie ausreichend belehren und durch gelegentliche Stichproben überwachen[128].

Eine der Pflichten, die den Rechtsanwalt dennoch treffen, ist oben (s. S. 66) dargestellt. An der Richtigkeit der Entscheidung zu zweifeln, besteht kein Anlaß; bereits das RG entschied ähnlich, und zwar mit Zustimmung des führenden Kommentators der RAO[129]. Man überspannt die Sorgfalt des Anwalts keineswegs, wenn dieser die Akten, die ihm aus bestimmtem Anlaß vorgelegt werden, auch nach der formellen Seite zu überprüfen und im Auge zu behalten verpflichtet wird, sofern sich ihm diese Prüfung geradezu aufdrängt.

Der BGH selbst warnt davor, die Anforderungen zu überdehnen[108], die für den materiell-rechtlichen Fahrlässigkeitsmaßstab ermittelt wurden. Die Prinzipien gelten auch hier. Erhöhte Gefahren stellen erhöhte Anforderungen, worin keine „Übergipfelung des Superlativs“[130] liegen muß. Das Warten mit der Prozeßhandlung bis zum letzten Tag schafft eine besondere Gefahrenlage, in der der Anwalt größere Anstrengungen darauf verwenden muß, daß die Gefahr sich nicht realisiert[131]. Richtig ist, daß er die Post nicht selbst expedieren muß. Wenn er mit der Rechtsmittelschrift nicht mehr vor Büroschluß fertig wird, kann ihm auch diese Aufgabe zufallen[132]. Die Ergebnisse dieses Falles lassen sich ebenso in anderen akzeptieren, in denen derselbe

---

127 BAG NJW 55, 926; BGH VersR 65, 1151; 66, 538.

128 BGH VersR 60, 240.

129 RG JW 28, 1854 mit Anm. Friedlaender, s. auch BGH VersR 64, 269.

130 *Scheffler*, Wiedereinsetzung, NJW 64, 993, a.A. *Baumgärtel*, MDR 58, 300.

131 s. BAG NJW 60, 1071; BGH VersR 62, 836; 66, 932.

132 Die Grenze zieht der BGH in MDR 67, 585.

Grundsatz anwendbar ist. Dieser spielt auch da eine Rolle, wo die Frist nicht wie üblicherweise ablaufen soll, weil ein Verlängerungsantrag (bei Rechtsmittelbegründungsfristen) gestellt ist. Es kommt oft vor, daß nicht sorgfältig genug beobachtet wird, ob das Gericht dem Antrag stattgibt. Oft verhindern die Fehler, die auch im Zusammenhang mit Rechtsmittelschriften auftreten, eine wirksame Antragstellung. Die Tatsache, daß ein Sondervorteil gegenüber dem Normalfall erwartet wird, gebietet es, die Angelegenheit mit besonderer Sorgfalt zu erledigen. So gehört es zur Pflicht des Anwalts, daß er sich vor Ablauf der Frist erkundigt, ob sie verlängert wurde, und zwar so rechtzeitig, daß er notfalls noch fristgerecht handeln kann[133]. Wäre es anders, könnte er sich wegen der zur Fristwahrung notwendigen Sorgfalt Erleichterungen dadurch verschaffen, daß er einen Verlängerungsantrag stellt.

Weiter gilt auch hier die Rechtskenntnispflicht. Sie enthält die Aufgabe, sich die noch fehlende Rechtskenntnis aus allen zugänglichen Quellen zu verschaffen. Der Anwalt kann sich weder damit entschuldigen, daß es sich bei dem übernommenen Mandat um ein Spezialgebiet handelt[134], das nicht das seine sei, wie umgekehrt dem Spezialanwalt nicht die Unkenntnis zivilprozessualer Fristen nachgesehen wird[135]. Der Rechtsirrtum kann daher im Bereich prozessualen Verschuldens noch seltener anerkannt werden; wenn im materiellen Bereich Irrtümer leichter möglich sind, das mindeste, was man vom Rechtskundigen erwarten darf, ist zu wissen, wann ein Rechtsbehelf gegeben ist[136]. Soweit gegenüber dem materiellen Verschulden eine strengere Auffassung zu entdecken ist, mag das daran liegen, daß die Interdependenz zwischen Anerkennung eines Rechtsirrtums und der Pflicht zur Wahl des sicheren Weges größer ist. Wenn Zweifel bestehen oder es streitig ist, ob die Frist einen Tag früher oder später abläuft, ob es sich um eine Feriensache handelt oder nicht, mutet man dem Anwalt zu Recht zu, von der ungünstigeren Berechnung auszugehen und für eine rechtzeitige Vornahme der Prozeßhandlung zu sorgen, wenn sich die Zweifel nicht klären lassen[137]. Soweit sich der Rechtsanwalt gegen übereinstimmende Rechtsprechung und Lehre stellt, kann er keine Nachsicht finden[138]. Umgekehrt wird der Rechtsirrtum ihm dann nicht zugerechnet, wenn gerade die Rechtsprechung oder ein Gericht seinen

---

133 s. BGH VersR 58, 28; 129; 64, 516; 635; 1248.

134 OLG Celle VersR 57, 606.

135 OGH 3, 362.

136 s. *Wieczorek*, § 233 B II f 1, BGH VersR 53, 206; BGHZ 7, 194; VersR 66, 366; Übersehen eines Rechtsirrtums des Hilfsarbeiters wegen unsorgfältigen Lesens BGH VersR 65, 1157.

137 BGH VersR 66, 61.

138 BGH VersR 65, 791.

Irrtum veranlaßt haben, sei es, daß er eine mißverständliche Entscheidung falsch auslegt oder sich unter Androhung eines Rechtsnachteils zu der objektiv falschen Handlung bewegen läßt[139]. Damit steckt die Rechtsprechung die Verantwortungskreise richtig ab. Sie fordert von dem Rechtsanwalt, die Rechtsprechung zur Leitlinie seiner Prozeßführung zu machen. Dann geht die Verantwortung für objektiv falsche Erkenntnisse nicht auf den Vertreter der Partei und zu deren Lasten über. Die Grenze offenbart eine Entscheidung über einen Sachverhalt, nach dem sich ein Rechtsanwalt auf die Auskunft eines Geschäftsstellenbeamten zu einer Rechtsfrage verlassen hatte[140]. Dieser Beamte kann dem Anwalt keine zur Vermeidung von Rechtsirrtümern verbindliche Auskunft über Rechtsfragen geben. Ein Irrtum über den Umfang der Sorgfaltspflicht belastet den Anwalt in gleichem Maße, zumal die einschlägige Rechtsprechung, die er kennen muß, ausreichende Hinweise enthält[141].

Nach Darstellung der Grundsätze darf nicht verschwiegen werden, daß die Rechtsprechung sich der Grenzen zuweilen nicht bewußt war und sie zu eng gezogen hat[142]. Bei den weit über hundert Entscheidungen, die seit 1953 in den amtlichen Sammlungen oder verschiedenen Zeitschriften zur Veröffentlichung gelangten, wurde etwa durch jede dritte bzw. jede vierte die Wiedereinsetzung gewährt. Dabei handelt es sich fast ausschließlich um Erkenntnisse der oberen Bundesgerichte. Man müßte die Beschlüsse hinzurechnen, mit denen die Instanzgerichte Wiedereinsetzung gewähren. Sie sind statistisch nicht besonders erfaßt. Umgekehrt wird ein erheblicher Teil der negativen Entscheidungen auf die Versäumung der Frist aus § 234 ZPO und Mängel der Glaubhaftmachung gestützt. Das sind Fälle, die bereits Doppelfehler enthalten. Eine weitere umfangreiche Gruppe bilden die, in denen das Abwarten bis zum letzten Tag oder die fehlende Behandlung eines Verlängerungsantrages zurechenbar zur Fristversäumung führten. Den ersten Rang nehmen allerdings Organisationsfehler ein. Wenn man dann die Zahl der Entscheidungen gegenüberstellt, in denen unzweifelhaft falsche Ergebnisse entstanden, so ist es nicht gerechtfertigt, daß man, gestützt auf einen so geringen Teil, der Rechtsprechung generell falsche Maßstäbe unterstellt.

Sie erinnerte sich stets, keine übertriebenen Anforderungen zu stellen[143]. Von den zur Verfügung stehenden Wegen, Leitgedanken zu

---

[139] BGH NJW 57, 750; VersR 59, 638; MDR 63, 495; s. auch Anm. 73 und *Cohn*, JW 16, 93.

[140] BGHZ 5, 275.

[141] BGH VersR 64, 1248.

[142] BGHZ 8, 47; OLG Stuttg NJW 60, 1670; aber anders schon BGH VersR 66, 932; VersR 62, 86.

[143] s. BGH VersR 53, 206; 63, 1225; NJW 64, 106; 65, 618; VersR 66, 538;

entwickeln und daran eine reiche Kasuistik zu prüfen oder formale Kriterien zugrundezulegen, entschied sie sich für den ersteren. Für das prozessuale Verschulden ist dieser Weg schon deshalb notwendig, weil den subjektiven Voraussetzungen mit Formeln nicht zu genügen ist, aber auch im Bereich des materiellen begünstigt er die Flexibilität. Diese darf nicht in der Weise zum Grundsatz werden, daß man die Frage nach der Vorwerfbarkeit gegen die nach der Billigkeit der Haftung auswechselt. Es mag richtig sein, daß der Fahrlässigkeitsbegriff nicht ein für alle mal feststeht, aber er läßt sich ermitteln und hat dann bestimmte Grenzen — auch nach der subjektiven Theorie. Was der Gesetzgeber vermied: eine abgestufte Haftung oder Gleitklausel, kann nach dem geltenden Haftungssystem nicht ausgerechnet bei dem Verschulden nachgeholt werden. Damit würde man seine Funktion verkennen. Sie liegt nicht in der Begrenzung einer sonst ausufernden Haftung. Das Verschulden ist bestimmte und bestimmbare Haftungsvoraussetzung, daher Billigkeitsvorstellungen — entgegen Schliebner[144] — unzugänglich. Scheffler[145] räumt ein, daß es immer zweifelhafte Grenzfälle geben wird. Um so fragwürdiger ist es, Kriterien vorzuziehen, die jetzt unbefriedigend gelöste Fälle besser erfassen, die Grenze aber nur verschieben und zugleich das Instrumentarium für die Mehrzahl der Entscheidungen zerstören. Die aufgezählten Grundsätze haben den Vorzug, einen Rahmen für überwiegend sachgemäße Ergebnisse zu produzieren. Außerdem liegt ihnen unausgesprochen eine durchaus zutreffende Auffassung von dem Verhältnis der Sorgfaltspflichten zum Verschulden, von materiellem zu prozessualem Verschulden, auch in den Relationen objektiver und subjektiver Aspekte zugrunde. Ihre strenge Handhabung mindert diesen Eindruck nicht, solange sich nicht begründen läßt, daß mit den Maßstäben für einen wesentlichen Teil der Entscheidungen falsche Ergebnisse erzielt werden.

d) Haftungsgrenzen

aa) Begrenzung der Kausalität

Neueren Untersuchungen[146] zur Kausalität verdanken wir Aufschluß darüber, daß mit der früher dargestellten Adäquanztheorie allein der Bedeutung und den Schwierigkeiten des Schadensersatzrechts nicht beizukommen ist. Es fehlt nicht an Versuchen, die Aussage der Adä-

---

BVerwG VersR 60, 979; 1488 mit Anm. *Schmitt;* OLG München VersR 66, 500.

[144] s. S. 30.

[145] Wiedereinsetzung NJW 64, 997.

[146] s. *Lange,* AcP 156, 125, *Raiser,* JZ 63, 462.

quanzlehre zu präzisieren, etwa durch die Frage nach der Wahrscheinlichkeit schädigender Folgen eines Handelns oder indem man auf das billigerweise noch Zurechenbare abstellt[147]. Besonderes Interesse erhält die Schutzzwecktheorie[148], die auch nicht alle Fälle befriedigend löst. Hier muß darauf verzichtet werden, das Zutreffende der einzelnen Auffassungen herauszuarbeiten. Raiser[149] skizziert das Ergebnis wohl richtig, wonach man alle Gedanken als Teil eines Instrumentariums zu betrachten hat, dessen einzelne Instrumente je nach Fallage zu verwenden sind und dann brauchbare Ergebnisse garantieren können.

Für die Anwaltshaftung ist ebensowenig wie beim Verschulden zu billigen, wenn an die Stelle der erforderlichen Kausalitätsprüfung die Frage tritt, ob eine Haftung im konkreten Fall billig und billigenswert ist. Damit wird nicht nur die Kausalität übergangen, sondern auch die Feststellung des Verschuldens überflüssig. Mit der Entscheidung billig oder unbillig steht das Ergebnis fest.

Wo die Gerichte die Frage überhaupt anschnitten, haben sie stets eine sichere Entscheidung über die Kausalität schädigenden Verhaltens treffen können. Wohl traten die früher erörterten Probleme auf, nicht aber die der Grenze[150]. Auch ein vom KG[151] entschiedener Rechtsstreit gibt kaum Anlaß zu zweifeln: Ein Rechtsanwalt hatte einem Bewohner der Ostzone einen Zahlungsbefehl geschickt, der auf dessen Wirtschaftsverbindungen zum Westen hinwies. Der Empfänger sah sich deswegen zur Flucht genötigt, da er mit der Verurteilung wegen Wirtschaftsvergehens rechnen mußte. Der Schaden, den der Verlust seines Geschäfts für ihn bedeutete, war nach Ansicht des Gerichts durch den Fehler des Anwalts verursacht. Immerhin trat ein selbständiger Entschluß des Geschädigten (zur Flucht) dazwischen. Aber die Handlung des Anwalts hatte eine Zwangslage geschaffen, der sich der Betroffene nur so entziehen konnte. Das war voraussehbar. Hätte er sich entschlossen zu bleiben, hätte er das Geschäft bei der zu erwartenden Verurteilung auch nicht behalten (die Klage wurde aus anderen Gründen abgewiesen).

Keine Frage der Kausalität ist die Haftung, wenn der Mandant eine Auskunft des Rechtsanwalts in der Angelegenheit a auch in einer anderen Angelegenheit b anwendet und dabei Schaden erleidet,

---

[147] s. BGHZ 3, 261; OLG Düss NJW 57, 1153; dagegen *Larenz*, S. 157, der den Adäquanzgedanken in der Regel für ausreichend hält.

[148] Vgl. *Blomeyer*, Schuldrecht, S. 171.

[149] a.a.O.

[150] s. BGH VersR 58, 62; NJW 59, 1587; VersR 63, 96; 287; 65, 1151; 66, 61; LM Nr. 8 zu § 276 BGB (Ci); LM Nr. 22 zu § 675 BGB.

[151] 7 U 753/57.

weil Auskunft oder Rat fehlerhaft waren[152]. Es ist eine Sache der Vertragsbeschränkung. Der Mandant handelt auf eigenes Risiko, wenn er seine Entscheidung nach der Tätigkeit seines Anwalts in anderer Sache richtet, der ein Entgelt ja auch nur für diesen Fall beansprucht hatte. Kausal ist der fehlerhafte Rat, wenn der Empfänger ihn ohne Bindung an eine Sache bei verschiedenen Gelegenheiten zugrunde legt. Das hängt gleichfalls von seiner Entscheidung ab, wie wenn er ihn zunächst in einer konkreten Angelegenheit erhalten hätte.

bb) Haftungsgrenze aus § 1 BRAO

§ 1 BRAO lautet: Der Rechtsanwalt ist ein unabhängiges Organ der Rechtspflege. — In der ursprünglich vorgesehenen Fassung hieß es: Die Rechtsanwaltschaft ist berufen, an der Rechtspflege mitzuwirken[153]. Die Vorschrift ist neu und war weder in der RAO 1878 noch in der RRAO 1936 enthalten. Es besteht Einmütigkeit darüber, daß seit der Einführung der freien Advokatur die Stellung der Rechtsanwaltschaft gleich geblieben ist, soweit es ihre rechtliche Seite betrifft. Rechtsanwälte sind keine Amtsträger, sondern Angehörige eines freien Berufs, § 2 BRAO. Dennoch hat der zitierte Paragraph — von den Anwälten nahezu einhellig begrüßt — Anlaß zu unterschiedlichen Auslegungen gegeben. Der Begriff des unabhängigen Organs der Rechtspflege ist älter, als das Gesetz vermuten läßt. Es setzt nur den Endpunkt einer Entwicklung.

Am weitesten geht Friedlaender[154], der dem Rechtsanwalt eine amtsähnliche — jedenfalls öffentlich-rechtliche Stellung zuweist und ihn als notwendigen Teil der Gerichtsverfassung betrachtet, obwohl er einräumen muß, daß er eigentliche Amtsfunktionen nicht ausübt. Die Mehrzahl der Autoren vergleicht den Rechtsanwalt mit den anderen Organen der Rechtspflege[155], Richtern und Staatsanwälten, stellt alle auf eine Stufe und versucht daraus Folgerungen für die rechtliche Stellung der Rechtsanwaltschaft, ihre Aufgaben und Verantwortlichkeit abzuleiten. Eine dritte Richtung[156] sieht in § 1 BRAO eine mehr

---

[152] a.A. wohl *Eucken*, Rdnr. 32.

[153] Vgl. in der Rspr. RG JW 33, 2701 BVerfG JZ 63, 363; 594; BGH JZ 61, 608.

[154] Einleitung 8 f., Exkurs zu § 30/12, ebenso *Heimerich*, BB 59, 785, *Schliebner*, S. 3, ähnlich wohl *Levin*, S. 22, 29 (öffentlich-rechtliche Tätigkeit) *Mühsam - Werther*, JW 25, 1362 (öffentlicher Beruf).

[155] s. *Habscheid*, NJW 62, 1985, *Kalsbach*, BRAO § 1/1, *Kuhns*, BerlAnwBl 64, 113, *Ostler*, Verschulden, NJW 62, 896 und Anwaltshaftpflicht, AnwBl 65, 241 s. auch *Holstein*, Rechtsanwendung, S. 27.

[156] Wohl *Bülow*, § 1/1, *Ehlers*, S. 29 ff., *Kraft*, S. 1.

deklaratorische Bestätigung der gesellschaftlichen Stellung[157] der Rechtsanwaltschaft i. S. einer Teilhabe am soziologischen Prozeß des Rechts, der Rechtsschöpfung und -verwirklichung, darüber hinaus eine programmatische Erklärung im Hinblick auf eine rechtsethische Funktion des Dienstes am Recht im Gegensatz zum Streben nach Gewinn und eine ideologisch-psychologische Forderung an den Stand[158]. Die Grenzen zwischen den verschiedenen Auffassungen treten selten klar zutage, und oft scheint es, daß § 1 BRAO als generalklauselartiges Instrument die Beziehungen der Rechtsanwaltschaft nach allen Seiten erfassen soll.

Unter all den positiven Stimmen bleibt Heins[159], der sich gegen den Entwurf des § 1 BRAO wendet, mit seiner Ablehnung allein. Er verknüpft mit dem Begriff „Organ der Rechtspflege" eine Bindung an den Staat und zweitens die Bindung des Rechtsgenossen an den Anwalt. Das eine sei zwar mit dem Anwaltszwang teilweise existent, aber nicht in der Weise, daß die gesetzliche Formulierung einen zutreffenden Eindruck vermittele. Das andere sei überhaupt nur in einem totalitären Staat denkbar, der den Anwalt zwingen könne, seinen Mandanten an den Staat zu verraten. Mit dem Begriff des Organs verbinde sich das Zwangsläufige, das eben nicht mit der unabhängigen Stellung des Rechtsanwalts harmoniere. Deshalb wirke er zwar an der Rechtspflege mit, müsse aber dem Richter den Akt der Rechtspflege überlassen, sich auf die Vorbereitung beschränken und unterscheide sich gerade darin vom Richter.

Mit dieser Ausnahme ist allen Autoren gemeinsam, daß der Stellung des Rechtsanwalts als Organ der Rechtspflege Wirkungen auf seine vertraglichen Bindungen beigelegt werden. Wenn sie das vertragliche Verhältnis zwischen Anwalt und Klienten modifizieren, kann der Sektor der vertraglichen Haftung nicht ausgenommen sein.

Der Organbegriff ist weder auf das private noch das öffentliche Recht beschränkt, sondern beiden gemeinsam. Er ist eng mit dem Begriff der juristischen Person verknüpft und zu dem Zweck entwikkelt, um Handlungen, die sich begrifflich nur mit physischen Personen verbinden lassen, den in diesem Sinne handlungsunfähigen Rechtssub-

---

157 *Feuchtwanger*, S. 265 ff. sieht das Volk als Auftraggeber des Rechtsanwalts.

158 In der amtlichen Begründung heißt es: „... wie die Rechte des Auftraggebers nur innerhalb der Gesamtheit der Staatlichen Rechtsordnung denkbar sind, muß auch die Tätigkeit des Rechtsanwalts über den engeren Bereich seines Auftraggebers hinaus im Rahmen der Allgemeinheit gesehen werden. Deshalb muß für den Rechtsanwalt die Aufrechterhaltung der staatlichen Rechtsordnung die Richtschnur seines Handelns sein."

159 NJW 58, 201.

jekten zurechnen zu können. Die bloßen Rechtspersonen, die die ihnen zugewiesenen Aufgaben erfüllen wollen, müssen sich natürlicher Personen bedienen, um zu fungieren und funktionieren. Dabei kann die terminologische Frage dahingestellt bleiben, ob man den Organbegriff der Organisation (bezogen auf Kompetenzen oder Aufgaben) oder den Organwaltern, d. h. den in die Organisation einbezogenen natürlichen Personen vorbehalten will. Im Organ präsentiert sich das Rechtssubjekt[160]. Mit dem Begriff Organ der Rechtspflege wird kein derartiges Repräsentationsverhältnis ausgedrückt, sondern die Aufgabe, die Funktion des Organs bezeichnet. D. h. der Richter ist das mit der Rechtspflege befaßte Organ des Staates, da es der Staat übernommen hat, die Rechtspflege als eine seiner Aufgaben anzusehen und zu erfüllen.

Dieser Organbegriff kann mit § 1 BRAO nicht angesprochen sein; denn es fehlt an einem Verhältnis, kraft dessen der Rechtsanwalt als physische Person die organisierte Vielheit (nach der Terminologie Wolffs) des Staates oder eines anderen Rechtssubjektes vertritt, als die die Rechtspflege nicht anzusehen ist. Hier zeigt sich bereits ein wesentlicher Unterschied: Richter und Staatsanwalt sind tatsächlich Organe (Organwalter), handeln in fremdem Namen und sind persönlich an den durch sie geschaffenen Verhältnissen unbeteiligt. Haftungsgrenzen, die z. B. Richter in Anspruch nehmen, § 839 Abs. II S. 1 BGB, sind gerade mit dieser Stellung verbunden, mit dem Zwang zum Handeln, den ihnen der Staat auferlegt — am deutlichsten in dem Verbot, sich mit einem non liquet zu begnügen. Organschaft ergreift hier die ganze Tätigkeit des Richters, und niemals ergibt sich für ihn eine andere Bindung als an die Organisation, oder er ist als Organ zu handeln gehindert, sollte doch eine Bindung bestehen.

Der Bereich, in dem der Rechtsanwalt tätig wird, geht weit über den Rahmen hinaus, innerhalb dessen die oben genannten echten Organe der Rechtspflege handeln. Da § 1 BRAO die gesamte Tätigkeit erfaßt und unabhängig von dem Zufall gilt, ob der Mandant es zu gerichtlichen Auseinandersetzungen kommen läßt, ist der dort enthaltene Begriff abweichend von dem skizzierten rechtstechnischen Organbegriff zu bestimmen. Das verkennt Kalsbach[161], der die Rechtspflege als Gerichtspflege (Ordnung und Entscheidung rechtlicher Fragen in einem rechtsstaatlich umgrenzten Verfahren) begreift, Mitwirkungsbefugnisse und -pflichten statuiert und den Unterschied nur in der Art der Tätigkeit sieht. Auch Habscheid[162] unterliegt einem gründlichen

---

160 Vgl. *Wolff*, S. 224 ff., 280 ff. und *Enneccerus - Nipperdey*, § 103 Fußnote 2/6, *Forsthoff*, § 22 b, S. 102.

161 a.a.O.

162 a.a.O., abgesehen von anderen Widersprüchen gewährt der Staat Instanzenzug und Unabhängigkeit des Richters zum Schutze des Rechtssuchen-

Mißverständnis, wenn er mit der Unabhängigkeit des Rechtsanwalts dessen Organstellung bewiesen glaubt. Das setzte immerhin voraus, daß das Gesetz eine pleonastische Wendung enthält.

§ 1 BRAO geht weiter: Er erkennt und erklärt den soziologischen Befund, daß der Rechtsanwalt teilnimmt an der Gestaltung des Rechtslebens, an dem Prozeß der Rechtsschöpfung, wie auf der anderen Seite auch der Richter kraft staatlicher Autorität an der Rechtsschöpfung teilhat, ohne daß damit auch Art und Umfang präzisiert sind[163]. Mit dem Begriff Organ der Rechtspflege ist die soziale Aufgabe des Anwalts skizziert, was bei Kalsbach anklingt, aber sich mit den weitergehenden Vorstellungen vermischt. Die Mitwirkung vollzieht sich innerhalb des mit dem Mandanten geschlossenen Vertrages, unbeeinflußt von jeglichen (rechtstechnischen) Organverhältnissen.

Der Vertrag bestimmt allein die Haftungsgrenzen, wie er die Aufgaben begrenzt und die Maßstäbe der Zurechnung. Welche öffentlichrechtlichen Pflichten und Rechte der Anwalt hat, ist hier unbeachtlich. Wenn sie Eingang in das Vertragsverhältnis finden, sind es eben vertragliche[164]. Weder eigentliche noch uneigentliche Amtsfunktionen bestehen daneben. So braucht die Frage, ob und welche Haftungsgrenzen bei den Rechtspflegeorganen bestehen, auch nicht weiter verfolgt zu werden.

cc) Gefahrgeneigte Tätigkeit

Das BAG[165] hat ebenso wie das RAG[166] den Grundsatz anerkannt, daß ein Arbeitnehmer in Ausübung schadensgeneigter Tätigkeit, die wegen gleichmäßiger und starker Beanspruchung des Arbeitnehmers gelegentliche Fehler wahrscheinlich macht, nur für Schäden einstehen soll, die er grob fahrlässig oder vorsätzlich herbeiführt. Arbeitsverträge sind wie die zwischen Anwalt und Klienten geschlossenen Dienstverträge. Sollte der Grundsatz der Schadensentlastung im Arbeitsrecht Ausfluß eines allgemeineren Rechtsgedankens sein, bliebe dessen An-

---

den vor den eigenen Organen, nicht den Rechtsanwalt als Kontrolleur des Richters, als Organ, vor dem man den Rechtssuchenden u. U. ebenfalls schützen müßte. s. BGHZ 34, 71, wo das Kriterium der Unabhängigkeit ausgereicht hätte.

163 So kommt es auch in den Standesregeln des Anwaltsstandes des Kantons Bern zum Ausdruck, s. *Kalsbach*, Les Barreaux, S. 429.

164 s. *Holstein*, Rechtsanwendung, S. 27 und *Thier* für den Steuerberater: Diener des Rechts, aber Rechte und Pflichten ergeben sich nur aus dem Vertrage ohne Einwirkung von außen.

165 BAG AP Nr. 1 zu § 611 BGB; ebenso BGH 22, 122.

166 RAGE 41, 55; 42, 259; 43, 108.

wendbarkeit für die Anwaltshaftung zu untersuchen. Es soll dabei zunächst unterstellt werden, daß die Tätigkeit des Anwalts gefahrgeneigt sei[167].

Der Sinn des durch die arbeitsgerichtliche Rechtsprechung anerkannten Grundsatzes ist folgender: Für den Arbeitnehmer birgt der Arbeitsplatz, z. B. an einer wertvollen Maschine, an einem Kraftfahrzeug ein besonderes Risiko, weil auch ein geringes Versehen unverhältnismäßig großen Schaden anrichten kann.

Man will es von dem sozial schwachen fernhalten und dort belassen, woher es kommt, nämlich aus der Art des Unternehmens, d. h. der Sphäre des Unternehmers[168]. Das Risiko ist kalkulierbar (allerdings nur für den Unternehmer) und wird, da es für alle Unternehmer gleichermaßen besteht, auch in die Kalkulation einbezogen, sei es als Preisfaktor oder auch über den Umweg einer Versicherung. Auch die Art der Sicherung bleibt dem Unternehmer überlassen.

Nach diesen Gesichtspunkten muß der Grundsatz der Freistellung bei gefahrgeneigter Tätigkeit auf den Arbeitsvertrag des unselbständigen Arbeitnehmers beschränkt bleiben, zumal er auf Treu- und Fürsorgegedanken beruht[169]. Der Rechtsanwalt hat die dem Unternehmer vergleichbare Stellung. Der Mandant trägt ihm seine Sache an, deren Art und Umfang er abschätzen kann. Es steht in seiner freien Entscheidung, ob er das damit verbundene Risiko auf sich nehmen will, gegen das er sich z. B. durch eine Versicherung schützen kann. Von einer Entlastung des Unternehmers gegenüber den Geschädigten ist auch im Arbeitsrecht keine Rede. Im übrigen ist der Gesichtspunkt der Wahrscheinlichkeit anders zu beurteilen; denn die Tätigkeit des Rechtsanwalts ist i. d. R. kasuell, die des Arbeitnehmers gewöhnlich von gewisser Dauer, die erst ein Abirren der Dienstleistung nahelegt. Eine Haftungsgrenze läßt sich auch hier nicht ermitteln[170].

dd) Beschränkter Erwerb

Der Anwalt erhält als Entgelt seiner Tätigkeit die nach der BRAGebO vorgesehenen Gebühren. Darüber hinaus sind ihm Vergütungs-

---

[167] s. *Scheffler*, Karlsruher Forum, S. 44.

[168] s. *Bulla*, DAR 42, 19 (wirtschaftliches Risiko des Unternehmers aus der gewinnbringenden Ansetzung seines unternehmerischen Eigentums), *Deutsch*, S. 317, *Helm*, AcP 160, 134.

[169] s. *Hueck - Nipperdey*, § 35 II 4, *Nikisch*, § 27 V 3, BGH MDR 63, 490 = NJW 63, 1100 mit Anm. *Isele* = VersR 63, 834 mit Anm. *Mayer - Maly* (modifiz. de lege ferenda).

[170] Vgl. *Thier*, S. 17.

vereinbarungen erlaubt, § 3 BRAGebO, die Modalitäten allerdings begrenzt (Erfolgshonorar und quota litis)[171]. Hypothetisch sei unterstellt, daß damit nur beschränkter (i. S. von nicht unbeschränkt angemessenem) Erwerb möglich ist. De lege lata ergibt sich daraus keine Haftungsgrenze; denn nach dem bürgerlichen Recht bestimmt das Gesetz die Haftung sogar für den, auf dessen Seite überhaupt kein Erwerb eintritt, z. B. den unentgeltlichen Verwahrer, Verleiher. Zwar ist die Haftung in diesen Fällen modifiziert, aber im Auftragsrecht, das im Recht der Geschäftsbesorgung vielfach angewendet wird, besteht überhaupt keine Einschränkung. Das Schuldrecht des BGB sieht das Interesse des Vertragsgegners als bestimmend für den Umfang der Haftung an (etwas anderes gilt z. B. im Erbrecht), jedenfalls als unabhängig davon, welchen Umfang die Zuwendungen an den Haftenden erreichen.

4. Haftung gegenüber Dritten

Wenn es sich um eine Pseudobeteiligung handelt, in Wahrheit also einen parallelen Vertrag mit dem Dritten, bietet die Anwendung der bisher entwickelten Haftungsgrundsätze keine Schwierigkeiten. Die vertragliche Haftung besteht auch, wenn Drittbegünstigungen die Voraussetzungen für die Haftung aus echtem oder unechtem Vertrag zugunsten Dritter oder Drittschadensliquidation schaffen. Diese Voraussetzungen, auch soweit ihre Anerkennung auf Gewohnheitsrecht beruht, sind durch Rechtsprechung und Literatur soweit präzisiert, nach Fallgruppen systematisiert, daß darauf verwiesen wird. Hier interessiert der Grenzbereich, der nach einer neueren Entscheidung des BGH[172] im Gebiet der Anwaltshaftung undeutlich zu werden droht.

Der Sachverhalt war folgender: Ein Erblasser ließ durch seine Tochter, die er zu seiner Alleinerbin durch notarielles Testament einsetzen wollte, einen Rechtsanwalt mit seiner Beratung beauftragen, der zugleich für die Zuziehung eines Notars sorgen sollte. Trotz mehrfacher Mahnung nach der erfolgten Beratung konnte kein Termin zur Errichtung des Testaments wahrgenommen werden, so daß der Erblasser ohne Testament verstarb und die Tochter die Erbschaft mit ihrer Nichte teilen mußte. Der BGH hat den Anwalt zum Schadensersatz in Höhe von 20 000 DM verurteilt. Er begründet das Urteil weder mit einem Vertrag zugunsten Dritter, noch einem Vertrag mit Schutzwirkung für Dritte. Der Erblasser habe die Klägerin in erheblichem Umfang zur Mitwirkung herangezogen und erkennbar für den Rechtsanwalt seiner Fürsorge für die Tochter Ausdruck geben wollen.

---

171 s. *Riedel - Corves - Sußbauer*, § 3/2 ff.

172 BGH JZ 66, 141.

Nach Sinn und Zweck des Vertrages und Treu und Glauben hätten dem Anwalt Sorgfaltspflichten auch gegenüber der Klägerin obgelegen. Lorenz hat in einer Anmerkung zu diesem Urteil dem BGH in der Sache Recht gegeben, die rechtliche Begründung als kaum tragfähig kritisiert. Bedenklich muß aber auch das Ergebnis stimmen.

Gegen die Konstruktion des BGH erheben sich alle Bedenken, die man dem Vertrag mit Schutzwirkung für Dritte entgegengehalten hatte[173], ein weiteres daraus, daß nunmehr über Personen- und Sachschäden hinaus, die bisher über die Drittschadensliquidation geregelt wurden, Vermögensschäden kompensiert werden. Der BGH hilft sich über diesen Punkt damit hinweg, daß wie hier bei dem Fall der culpa in contrahendo gleichfalls primäre Leistungspflichten fehlten, dort aber auch Vermögensschäden u. U. sogar bis zum Erfüllungsinteresse ersetzt würden. Außerdem muß der BGH die Klippe umsteuern, daß es gerade um die Vernachlässigung der primären Leistungspflichten ging, die zum Schaden führte. Lorenz weist in seiner Anmerkung zutreffend auf das Verhältnis zum Deliktsrecht hin, auf die Tatsache, daß dessen Lücken mit Hilfe des Vertragsrechts geschlossen werden sollen.

Folgender Sachverhalt zeigt die gleichen Probleme: Ein Rechtsanwalt geht mit kreditgefährdenden Geschäftsunterlagen unvorsichtig um, die ihm ein Mandant in seinen Angelegenheiten überlassen hatte. Dieser betreibt das Geschäft mit seiner Ehefrau gemeinsam. Unzweifelhaft könnte der Mandant seinen Schaden liquidieren, die Ehefrau den ihren nicht. Sie konnte sich an dem Vertrag beteiligen oder der Ehemann konnte sie in seinem Vertrag berücksichtigen. Möglicherweise wollte er es gerade vermeiden, etwa um Kosten zu sparen. Man muß dem Anwalt zubilligen, das Vertragsverhältnis überschaubar zu gestalten. Dabei braucht er nur die Interessen seines Klienten zu berücksichtigen, nicht auch die gleichgerichteten „beteiligter Dritter". Hier käme die deliktische Haftung wegen eines Eingriffs in den Gewerbebetrieb gegenüber der Ehefrau in Frage. Wo das — wie im Ausgangsfall — nicht geht, führt eine quasi-vertragliche Haftung aus Interessenverknüpfung nicht zur Ausfüllung des zwischen vertraglicher und Deliktshaftung freigelassenen Raumes. Lorenz hat bereits verdeutlicht, daß es der Klägerin freigestanden hätte, sich an dem Vertragsverhältnis mit dem Rechtsanwalt zu beteiligen. Es ist nicht einzusehen, weshalb darin etwas Anstößiges liegen sollte; denn der Notar wird darauf achten, daß allein der letzte Wille des Erblassers im Testament Ausdruck findet. Ebenso steht es dem Erblasser frei, seine alleinige Beteiligung durchzusetzen, das Testament zu widerrufen etc. Jedenfalls ist es weniger anstößig, als wenn der künftige

---

173 s. *Blomeyer*, Schuldrecht, S. 259, *Lorenz*, Anm. zu BGH JZ 66, 141.

Erbe dem letztwillig Verfügenden den Text des eigenhändigen Testaments diktieren würde. Weiter hätte ja die Möglichkeit bestanden, daß der Erblasser eine vertragliche Drittbegünstigung begründet, auf die sich der Anwalt einlassen konnte, ohne es zu müssen. Wie weit der BGH geht, wird auch darin deutlich, daß — die Erweiterung von Drittbeteiligungen vorausgesetzt — der Schuldner verpflichtet wird, weil und soweit der Gläubiger auch dem Dritten gegenüber verpflichtet ist[174], z. B. kraft familienrechtlicher Fürsorge oder dienstvertraglichen Pflichten. Es kann keine Rede davon sein, daß den Erblasser über seinen Tod hinaus Pflichten treffen, die nun gleichermaßen vom Schuldner gegenüber dem Dritten wahrzunehmen sind. Der BGH betont zwar, daß der Erblasser mit dem Testament seiner Fürsorge gegenüber dem Kind Ausdruck geben wollte. Es bestand aber keine Rechtspflicht, die er ganz oder teilweise auf den Anwalt hätte übertragen können. Die Schadensersatzpflicht kann nicht davon abhängen, ob dieses Ziel noch zu erreichen ist, etwa weil die Erbin einen Tag nach dem Erblasser stirbt. Im konkreten Fall wollte der Erblasser der zweiten gesetzlichen Erbin ein Vermächtnis über ein Teilgrundstück aussetzen. Wenn man annähme, daß es ein Hausgrundstück war und der Erblasser in Zeiten der Wohnungsnot seiner Fürsorge für die Enkelin in der Weise Ausdruck geben wollte, daß er ihr die Unterkunft sicherte, und daß es der Enkelin in der Teilungsversteigerung entgangen wäre, so hätte der Anwalt auch dafür einzustehen, obwohl sie durch die gesetzliche Erbfolge im übrigen mehr erhalten hätte.

Abgesehen davon muß man wohl Schadensabwendungspflichten statuieren, die der BGH unerörtert ließ: Die Klägerin hätte sorgen müssen, daß ein eigenhändiges oder Nottestament errichtet würde, oder in letzter Minute einen anderen Notar herbeiholen. Eine ähnliche Pflicht müßte man auch dem Erblasser auferlegen, nämlich nicht auf der Errichtung eines notariellen Testaments zu beharren.

Eine Haftung des Anwalts kann daher nur in Frage kommen, wenn der Dritte an dem mit dem Mandanten geschlossenen Vertrag beteiligt ist. Die Tatsache, daß der Mandant mit dem Vertrag auch die Interessen Dritter wahrnimmt, begründet allein gegenüber dem Vertragspartner Sorgfaltspflichten, auch wenn der Rechtsanwalt Zwecke und Ziele kennt; denn er ist nicht mit entsprechenden Rechten gegenüber dem so Begünstigten ausgestattet. Wenn es anders ist, so liegen gerade die Merkmale eines vertraglichen Bandes vor, dessen Wirkungen sich nicht auf die gleiche Weise nur ohne die dazugehörige Form herstellen lassen. Ebensowenig können durch einen Vertrag nichtvertragliche Pflichten begründet werden. Das scheint auch der BGH zu sehen, wenn

---

174 s. *Larenz*, S. 126 ff. (sekundärer Leistungsanspruch).

er formuliert, daß eine „vertragliche Sorgfaltspflicht“ des Anwalts gegenüber der Klägerin bestanden habe. Er sah sich lediglich durch die Feststellungen des Berufungsgerichts daran gehindert, wirklich einen Vertrag zugunsten Dritter anzunehmen.

5. Haftung von Anwaltssozietäten und Sozietätsanwälten

Entsprechend den Formen vertraglicher Bindungen zwischen Sozietät(s-anwalt) und Mandant differiert die Haftung. Josef[175] steht allerdings auf einem anderen Standpunkt. Nach seiner Ansicht müssen alle Sozien gesamtschuldnerisch haften, gleichgültig, ob der einzelne Vertrag mit dem einen oder anderen oder allen geschlossen ist; denn in dem Zusammenschluß zum gemeinschaftlichen Erwerb liege eine öffentliche Erklärung, daß jeder für das Verschulden eines jeden anderen haften wolle. Das erfordere das Interesse des Mandanten. Man könne ihm nicht zumuten nachzuforschen, auf wessen Verschulden der Fehler zurückgehe, wenn ihm ein Schaden aus schuldhaftem Handeln eines der Sozien erwächst. Er brauche nicht das Risiko auf sich zu nehmen, einen Falschen zu verklagen, weil ihm der Einblick in die arbeitsteilige Organisation der Sozietät versagt sei. Rombach[176] stimmt dem zu, da die Gemeinsamkeit nach außen, nicht aber das Innenverhältnis entscheidend sei. Oertmann[177] vertritt die entgegengesetzte Auffassung, nach der aus dem zwischen den Sozien bestehenden Gesellschaftsverhältnis noch keine gesamtschuldnerische Bindung gegenüber den Mandanten folge. Falls jedoch wie in den meisten Fällen alle Anwälte der Sozietät an dem Kausalverhältnis beteiligt seien, gelte § 427 BGB. Das Gesamtschuldverhältnis könne auch dann nicht bewirken, daß die Sozien für das Verhalten eines von ihnen einzustehen hätten: denn die Sozietät werde nicht gegründet, um die Interessen des Publikums nach größerer Sicherheit zu fördern, sondern im Interesse ihrer Glieder zur Arbeitserleichterung. Im gleichen Sinne bezeichnet Kaufmann[178] Josefs Grundsatz als Fiktion. Der Mandant habe im übrigen einen Auskunftsanspruch, so daß Schwierigkeiten bei der Rechtsdurchsetzung nicht auftauchen könnten. Friedlaender[179] bemerkt dazu, daß der Anspruch sich häufig als wertlos erweise, nämlich gerade dort, wo es um Unterlassen gehe.

---

175 JW 12, 511, gegen ihn *Goertz*, JW 12, 629.

176 JW 19, 992 aber nicht ganz eindeutig.

177 LZ 16, 119.

178 JW 16, 883, ebenso *Dettmer*, S. 17, unklar *Oellers*, JW 36, 290.

179 Exkurs zu § 40/16.

Die Rechtsprechung hatte nur selten Gelegenheit, zu diesen Fragen Stellung zu nehmen. Das RG[180] hat sich deutlich zu der Auffassung bekannt, daß nur der Sozius haftet, der Vertragspartner des Klienten ist. Spätere Entscheidungen[181], insbesondere der OLGe beziehen sich darauf, wenn auch das OLG Dresden[182] anscheinend darüber hinausgeht. Das mag eher an dem Irrtum über die Kriterien des Vertragsschlusses liegen.

Eine neuere Entscheidung des LG Stuttgart[183] greift jedoch auf die Gedanken Josefs zurück, und zwar in einem Fall, in dem es nicht einmal darauf ankam, weil trotz gemeinsamer Briefbögen zwischen den angeblich vertraglich gebundenen Anwälten lediglich eine Bürogemeinschaft bestand. Darin heißt es, daß in dem Zusammenschluß zu gemeinsamem Erwerb die öffentliche Erklärung gemeinsamer Haftung liege. Das LG modifiziert seine Ansicht nur dahin, daß der Sozietätsanwalt, der wegen des besonderen Vertrauens, das er beim Klienten genießt, allein beauftragt ist, auch allein für Fehler hafte.

Soviel ist richtig, daß die Sozien für Versehen eines Kollegen nur dann haften, wenn sie an dem Vertragsverhältnis als Vertragspartner beteiligt sind (s. S. 23 ff.)[184]. Wenn der Klient deutlich zum Ausdruck bringt, daß er mit einigen nicht kontrahieren wolle, und sie deshalb ihm gegenüber keine Forderungen, z. B. auf Gebühren, erwerben können (wie es der Verteilungsschlüssel im Innenverhältnis regelt, muß hier außer Betracht bleiben), ist nicht einzusehen, weshalb sie allein die Pflicht der Haftung treffen soll, ohne daß sie gleichzeitig Rechte in Anspruch nehmen können. Mit der Haftung würde man ihnen auch Schadensabwendungspflichten auferlegen, ohne daß sie die Möglichkeit hätten, ihnen zu entsprechen, weil sie nicht Vertreter des Klienten sind und u. U. keine Vollmacht haben.

Selbst wenn die Vollmacht auf alle Sozien lautet, um die Vertretung des Berechtigten zu erleichtern, muß es die Arbeit in der Sozietät erheblich stören, wenn einer die Sachen des anderen kontrollieren muß, um seinen Verpflichtungen gerecht zu werden. Falls ein nicht beauftragter Sozius auf Grund der auch ihm erteilten Vollmacht handelt, ergeben sich dennoch keine Schwierigkeiten bei der Aufklärung, da der beauftragte Anwalt in jedem Falle, entweder nach § 276 oder § 278 BGB, haftet.

---

180 RGZ 85, 306; vgl. auch RGZ 88, 342.

181 OLG Hmbg OLG Rspr 18, 95; 22, 293; RG JW 36, 803.

182 JW 17, 304.

183 NJW 60, 918.

184 H. M., s. RG JW 36, 803, *Friedlaender*, a.a.O., *Staudinger - Werner*, § 425 II 3.

Diese Grundsätze gelten nicht, wenn alle oder mehrere Sozietätsanwälte im Vertrag gebunden sind, sondern es stellt sich die Frage nach der Anwendung des § 425 Abs. II BGB. Das Verschulden eines Bearbeiters wäre dem anderen nicht zurechenbar, und Fehler des einen führten nicht zur Haftung des anderen.

Auch der nach dem Geschäftsverteilungsplan nicht mit der Sache befaßte Anwalt erhält die Rechte aus dem Vertrag, z. B. die Gebührenforderung geltend zu machen[185]. Er könnte die Mandatsablehnung aussprechen, wenn er Interessenkollisionen nach dem Vertragsschluß entdeckte. Er ist dazu verpflichtet, da er jeden Augenblick in die Lage kommen kann, die Sache selbst zu bearbeiten. Andererseits kommt es dem Mandanten darauf an, die Sozietät zu beauftragen, um die größere Sicherheit für seine Sache zu erhalten, sie einem Kollegium anzuvertrauen, in dem sich vielleicht verschiedene Anwälte nacheinander mit verschiedenen Fragen des Falles befassen. Es widerspricht seinem Interesse, wenn er sich bei einem Fehler eines von ihnen entgegenhalten lassen muß, daß eben nur dieser ihm hafte, etwa der finanziell schwächste. U. U. fiele er mit einer eventuellen Forderung aus, obwohl die Sozietät in der Lage wäre, ihn voll zu befriedigen. Das Interesse des Mandanten erfordert es, daß alle Sozien für jeden Fehler jedes von ihnen haften. Demgegenüber lassen sich achtenswerte Belange der Sozien daran, daß jeweils nur der Schädiger hafte, nicht erkennen, zumal der Sozietätsvertrag üblicherweise auch hinsichtlich der Lasten eine Ausgleichsklausel enthalten wird. Das Interesse des Mandanten, im Prozeß einer klaren Situation gegenüberzustehen, wird man dagegen nicht so hoch veranschlagen müssen; denn für den Fall, daß alle Sozien im Vertrag sind, steht ihm in jedem Falle ein Auskunftsanspruch zu, mit dem auch die Fragen schuldhaften Unterlassens zu klären sind.

Da § 425 Abs. II BGB kein zwingendes Recht ist, muß man davon ausgehen, daß hinsichtlich der Haftung derjenige, der den Vertrag schließt, stillschweigend für die anderen eine Erklärung abgibt, daß jeder für den Fehler des anderen zu haften wünsche. (Abdingung des § 425 Abs. II BGB). Eine öffentliche Erklärung ist überflüssig, da es stets um das einzelne Vertragsverhältnis geht und die vertraglichen Bestimmungen für Offenkundigkeit und Klarheit unter den Parteien sorgen. Ebenso, wie der Sozietätsanwalt die anderen mit ihm zusammengeschlossenen Anwälte in den Vertrag mit dem Mandanten einzubeziehen berechtigt ist, ist er in der Lage, die entsprechende Haftungsvereinbarung zu treffen[186].

---

185 s. BGH VersR 63, 755 = NJW 63, 1301; VersR 65, 587.

186 s. Anm. 181, *Blomeyer,* Schuldrecht, S. 303, *Enneccerus - Lehmann,*

6. Haftung des Anwalts für Hilfspersonen

Gleichgültig, welche Stellung die Hilfspersonen einnehmen, deren sich der Anwalt bei Erfüllung des Vertrages bedient: Lehrling, Bürokraft, Bürovorsteher, Referendar, anwaltlicher Mitarbeiter (auch der nicht mitbeauftragte Sozius) haftet er seinen Mandanten nach § 278 BGB. Die Probleme der Gehilfenhaftung sind allgemeiner Art[187]. Es sollen deshalb nur einige Fallgestaltungen berücksichtigt werden.

Der Anwalt haftet aus culpa in contrahendo für alle Fehler der Hilfskräfte bei Vertragsschluß, auch dann, wenn er diese Handlungen bloß duldet. Gleichermaßen muß er für Vertragsverletzungen einstehen, wenn er Handlungen dem Personal überläßt, die er selbst vornehmen müßte. Die Grenze ist erst überschritten, wenn Bürokräfte eigenmächtig die dem Anwalt vorbehaltenen Geschäfte ohne dessen Wissen und Willen vornehmen (Rechtsberatung durch den Bürovorsteher)[188].

Beruhen Fristversäumnisse auf alleinigem Verschulden der Angestellten, so erhält die vertretene Partei Wiedereinsetzung. Prozessuale Nachteile sind nicht mehr zu erwarten. Für alle darüber hinaus durch die Fristversäumnis entstandenen Schäden (zusätzliche Aufwendungen des Mandanten etc.) hat der Rechtsanwalt einzustehen, da er sich im Verhältnis zu den Klienten alles zurechnen lassen muß, was die zulässigerweise zugezogenen Hilfspersonen an schädigenden Folgen hervorrufen. Solche Haftungsfolgen haben höchstens sekundäre Bedeutung. Das geht auch daraus hervor, daß die Rechtsprechung sich noch nicht dazu zu äußern brauchte.

Früher war zweifelhaft, ob der Vertreter des Anwalts, insbesondere der amtlich bestellte Vertreter, Generalsubstitut oder Erfüllungsgehilfe ist[189]. Heute ist es absolut herrschende Meinung, daß § 664 BGB im Rahmen des § 675 BGB unanwendbar oder höchstens durch eine vorsichtige Analogie heranzuziehen ist[190]. Da der Vertrag mit dem Mandanten ein Vertrauensverhältnis zu begründen bezweckt, kann der Anwalt zwar die tatsächliche Ausführung der Dienste völlig seinen (auch anwaltlichen) Hilfspersonen überlassen, nicht aber aus Vertrag

§ 93 IV, *Friedlaender*, a.a.O., *Soergel - Siebert - Wlotzke/Volze*, Rdnr. 92 vor § 611 BGB, *Soergel - Siebert - Schmidt*, Rdnr. 16 zu § 421 (er hält das Argument der konkludent erteilten gemeinschaftlichen Haftungszusage zwar für wissenschaftlich überholt, statt einer Begründung begnügt er sich mit einer Verweisung).

187 s. *Oellers*, JW 36, 290, RGRK-Deneke 65 vor § 611 BGB.

188 s. KG 7 U 1561/57.

189 s. *Eucken*, Rdnr. 122.

190 s. *Enneccerus - Lehmann*, §§ 164, 44 IV, *Kalsbach*, BRAO, § 53/5, *Oellers*, a.a.O., *Ostler*, Verschulden, NJW 62, 896, *Staudinger - Nipperdey*, § 664/27, unentschieden gelassen KG Urteil vom 6. 7. 61 — 16 U 318/61.

und Haftung ausscheiden und statt seiner einen Dritten substituieren. Selbst der amtlich bestellte Vertreter ist so nur Erfüllungsgehilfe des verhinderten Rechtsanwalts; denn zur Substitution gehört ein entsprechender Wille. Da aber zu Beginn der Vertretung oder zu Anfang des Mandats während der Vertretung nicht abzusehen ist, ob ein Mandat ausschließlich während der Vertretungszeit bearbeitet werden kann, läßt sich erst am Ende dieser Zeit ein entsprechender Wille nachträglich fingieren[191]. Der amtlich bestellte Vertreter soll jedoch nur für den Vertretenen tätig werden, ohne daß sich zwischen ihm und dem Mandanten Rechtsbeziehungen ergeben, die den Beauftragten ganz oder teilweise aus seiner vertraglichen Position verdrängen. Das muß mit größerem Recht für die anderen Vertreter eines Anwalts gelten.

Eine andere Frage ist, ob die Partei im Prozeß sich so behandeln lassen muß, als wäre der Vertreter ihres Anwalts zugleich ihr Vertreter, dessen Handeln sie sich ebenso wie ihr eigenes zurechnen lassen muß. Das sind aber prozessuale Fragen, die z. B. über die Wiedereinsetzung entscheiden[192], während der ursprünglich Beauftragte auch dann für seinen Erfüllungsgehilfen haftet, wenn dieser im Prozeß Beauftragte als Vertreter der Partei behandelt wird.

§ 3 Haftung und Haftungssubstrat

§ 2 BRAO lautet: „Der Rechtsanwalt übt einen freien Beruf aus. — Seine Tätigkeit ist kein Gewerbe." Das Gesetz will verhindern, daß der Rechtsanwalt seine Tätigkeit in der Absicht ausübt, Gewinne zu erzielen oder Vermögen zu bilden[193]. Er soll eine Rechtsangelegenheit unvoreingenommen bearbeiten und nicht die eigenen Interessen denjenigen seines Klienten überordnen. Deshalb darf zwischen den beiderseitigen Interessen keine Abhängigkeit bestehen. Mit der Erwerbsabsicht fehlt das entscheidende Kriterium für ein Gewerbe. So heißt es in der amtlichen Begründung zu § 2 BRAO: „Vielmehr liegt die Eigenart des freien Berufes vornehmlich darin begründet, daß seine Angehörigen sich nicht vom Streben nach Gewinn bestimmen lassen dürfen." Ausdruck dieser Gedanken ist das Gebührensystem der BRAGebO mit seinen starken Einschränkungen, Entgelt oder Honorar frei zu vereinbaren.

Daraus ergibt sich weiter, daß Rechtsanwälte sich nicht zu handelsrechtlichen Gesellschaften zusammenschließen können — etwa vor-

---

191 Unrichtig daher *Eucken*, a.a.O.

192 Vgl. *Blomeyer*, Zivilprozeßrecht, § 26 IV.

193 Vgl. *Kraft*, S. 15 ff., *Kalsbach*, BRAO, § 2/2, *Staudinger - Mohnen*, Vorbem. 200 vor § 611, LG Stuttg NJW 60, 918, zu eng *Ostler*, Rechtsanwalt, S. 16.

zugsweise zu solchen mit beschränkt persönlicher Haftung[194]. Möglich und zulässig sind bürgerlich-rechtliche Gesellschaften. Ihr Ziel darf ebensowenig wie das des Einzelanwalts sein, Gewinne zu erzielen oder Gesellschaftsvermögen zu bilden, das der Begriff der Gesellschaft auch gar nicht voraussetzt (vgl. oben S. 23).

Zugriffsobjekt bildet daher ausschließlich das private Vermögen des Rechtsanwalts, das er entweder ohnehin besitzt oder sich durch seine Tätigkeit erworben hat. § 2 BRAO besagt nämlich nicht, daß seine Tätigkeit keine wirtschaftliche sein dürfe. Die Praxis selbst ist nur in beschränktem Umfange ein Zugriffsobjekt[195], da das Verbot gewerblicher Betätigung auch für eine gewerbliche Veräußerung besteht (§ 71 Richtlinien). Einzelne Gegenstände, Mobiliar oder Forderungen sind als Gegenstände des Rechtsverkehrs übertragbar und verwertbar. Dies trifft aber nicht für die Klientel zu, die gerade den Wert einer Praxis ausmacht; denn sie ist untrennbar von der Persönlichkeit des Praxisinhabers und seiner persönlichen Arbeitsleistung.

§ 4 Haftungsbegrenzungen

Kein Problem der Anwaltshaftung ist während der letzten 50 Jahre ähnlich aktuell geblieben wie das der Haftungsbegrenzungen. Die Diskussionen wurden nahezu ausschließlich von der Literatur geführt. Die Rechtsprechung ist nur am Rande beteiligt mit zwei Entscheidungen, die nicht einmal den Rechtsanwalt betreffen, sondern die verwandten Berufe des Steuerberaters[196] und des Wirtschaftsprüfers[197].

Im übrigen läßt sich nicht feststellen, daß eine wesentliche Klärung erreicht wäre, im Gegenteil: Auch heute wird noch mit denselben Argumenten gestritten, die bis 1930 in die Auseinandersetzungen eingeführt waren. Dabei spielen nur zu einem geringeren Teil Gesichtspunkte rechtlicher Zulässigkeit eine Rolle, als vielmehr Fragen der Standesethik und der Zweckmäßigkeit. Sie müssen bei der Erörterung in diesem Abschnitt noch unberücksichtigt bleiben, da sie die Rechtsfrage unberührt lassen, soweit sie nicht über die Generalklausel des § 138 BGB Eingang in die Betrachtung finden.

Zur Klarstellung einer uneinheitlichen Terminologie werden unter Haftungsbegrenzungen der Haftungsausschluß (die Möglichkeiten des

194 a.A. wohl *Feuchtwanger*, S. 351 ff., dagegen schon *Levin*, S. 22 ff.

195 Zum Praxisverkauf, vgl. BGH NJW 65, 580.

196 OLG Stettin, DR 44, 112.

197 BGH VersR 61, 117.

§ 276 Abs. II BGB, also auch ein teilweiser Haftungsausschluß) und die Haftungsbeschränkung zusammengefaßt.

Nicht nur nach ihrer Gestaltung bieten Haftungsbegrenzungen verschiedene Möglichkeiten, sondern auch anläßlich ihrer Vereinbarung: Sie können einzelvertraglichen Regelungen vorbehalten bleiben, generell Bestandteil der von einzelnen Anwälten geschlossenen Verträge sein oder über Allgemeine Geschäftsbedingungen Geltung beanspruchen. Die Frage ihrer Zulässigkeit hängt nicht zuletzt von der Art ihrer Vereinbarung und der damit gewonnenen Verbreitung ab.

Ausgangspunkt bleibt aber in jedem Fall § 276 Abs. II BGB, der die grundsätzliche Anerkennung vertraglicher Haftungsbegrenzungen voraussetzt, unabhängig von dem Typ der Rechtsbeziehungen zwischen den Parteien. Dennoch ist nicht jede Vereibarung, die den Rahmen des § 276 Abs. II BGB noch einhält, zulässig oder wirksam. Da sie Teil weitergehender Regelungen ist, muß sich ihre Wirksamkeit in ihren Beziehungen dazu beweisen, und zwar am Maßstab der §§ 138, 242 BGB.

Die Beantwortung dieser Fragen kann nicht dadurch übergangen werden, daß man auf die standesrechtlichen Bestimmungen verweist; denn es geht um das zivilrechtliche Verhältnis zweier Vertragspartner, das sich an zivilrechtlichen Vorschriften orientiert, die aber nicht ausschließlich im BGB enthalten sind (vgl. z. B. §§ 48, 50, 51 BRAO).

Man kann beobachten, daß seit der ersten Ausgabe von Richtlinien für die Ausübung des Anwaltsberufes Bestimmungen über Haftungsvereinbarungen getroffen waren, die im § 38 der geltenden Fassung dezidierte Aussagen enthalten, im Absatz I z. B., daß ein Haftungsausschluß nur in besonderen Ausnahmefällen zulässig sei. Abweichungen zum BGB sind deutlich erkennbar. Es stellt sich daher die Frage nach der Qualität der Standesrichtlinien, genauer, ob sie in der Lage sind, das bürgerlich-rechtliche Verhältnis zwischen Anwalt und Klient zu beeinflussen, also eine zivilrechtliche Rechtsquelle, möglicherweise mit dem Range der Spezialität gegenüber dem BGB darstellen.

Über ihre Rechtsnatur herrschen nur undeutliche Vorstellungen[198]. Sie sind gesetzlich anerkannt, § 177 Abs. II Nr. 2 BRAO, doch nach einhelliger Meinung keine gesetzlichen oder gesetzesähnlichen Bestimmungen[199], wobei mit dem letzteren wohl autonomes Recht gemeint ist. Kalsbach[199] nennt sie Ausdruck der communis opinio der Standesangehörigen, aber nicht einmal das ist richtig, da der Gegenbeweis

---

[198] s. *Schmitz*, NJW 63, 1284.

[199] s. *Kalsbach*, BRAO, §§ 177/4, 43/3 ff.

jederzeit möglich ist. Es besteht allenfalls eine widerlegliche Vermutung, daß sie die communis opinio wiedergeben. Sie sind nicht mehr als Interpretationshilfen für die richtige Auslegung des § 43 BRAO, der standesrechtlichen Generalklausel, die das Verhältnis des Standes zu seinen Angehörigen regelt und deren Verletzung die spezifisch standesrechtlichen Sanktionen auslösen kann[200]. Zivilrechtliche Aspekte berühren sie deshalb nicht.

Um so weniger darf man der Verführung nachgeben, zivilrechtliche und standesrechtliche Generalklausel gleichzusetzen, um beide mit Hilfe der Richtlinien konform auszulegen. Der Schluß von der Standeswidrigkeit auf die Sittenwidrigkeit verbietet sich von vornherein[201], da die Interessen des Standes zu seinen Angehörigen unvergleichbar denen sind, die die Vertragsparteien miteinander verbinden. Kongruenzen oder parallele Erscheinungen können sich vielleicht ergeben, nur dürfen sie nicht Prämisse unserer Untersuchung sein.

1. Einzelvertragliche Haftungsbegrenzungen

Nach den Standesrichtlinien darf der Rechtsanwalt nur bei besonderen Anlässen den Haftungsausschluß vereinbaren, Haftungsbeschränkungen stets für die Risiken, die 50.000 DM übersteigen. Die frühere Enumeration ist wohl wegen ihrer Unvollständigkeit aufgegeben. Sachlich hat sich nichts geändert. Als besonderer Fall war früher zitiert, wenn Zeitnot eine zureichende Bearbeitung unmöglich mache. Dann würden aber Handlungen, die bei normaler Behandlung als vorwerfbare Fehler gelten müßten, unter diesem Gesichtspunkt anders zu beurteilen sein, brauchten in dieser Situation nicht als schuldhaft zu gelten.

---

200 Vgl. *Schmitz*, a.a.O., BGHZ 18, 77; in dem bei *Schmitz* zitierten einschlägigen Schrifttum, besonders auch bei *Kalsbach*, scheint die Vorstellung zu existieren, bei dem Standesrecht handele es sich trotz § 43 BRAO immer noch um Gewohnheitsrecht, das in den Richtlinien zwar nicht normiert ist, sich dort aber niedergeschlagen habe. Schon das ist falsch: denn neben gleichlautendem Gesetzesrecht kann Gewohnheitsrecht nicht bestehen, so daß § 43 BRAO die einzige Rechtsquelle ist, da derogierendes Gewohnheitsrecht gegenüber dieser Generalklausel weder denkbar noch behauptet ist.

201 s. *Selb*, AnwBl 30, 359, a.A. wohl das KG in seinem Urteil vom 10. 11. 1961 — 16 U 379/61, das den Verstoß bejahte gegen eine „im allgemeinen Interesse zu beachtende Standespflicht, was regelmäßig die Annahme der Sittenwidrigkeit fordert". Verletzungen der Interessen von Mandanten dadurch, daß die eigenen Interessen vorangestellt werden, sind deshalb standeswidrig, weil sie den Vorwurf der Sittenwidrigkeit begründen. Die Aussage standeswidrigen Verhaltens kann die Prüfung nach § 138 BGB nicht ersetzen, weil Standeswidrigkeiten im Gegenteil den Vertragspartner auch begünstigen können (Gebührenunterschreitung). Hat man aber Sittenwidrigkeit festgestellt, ist die Standeswidrigkeit gleichgültig, da sie nur für das ehrengerichtliche Verfahren Bedeutung hat. Richtig ist allerdings, daß sittenwidriges Verhalten des Rechtsanwalts auch standeswidrig ist.

Außerdem kann der Anwalt den Vertrag auf konkrete Handlungen beschränken. Jedenfalls läßt sich kein sachliches Argument finden, daß der Anwalt die geringeren Handlungserfordernisse plötzlich grob fahrlässig außer acht lassen darf. Die Inkonsequenz dieser Regelung verhindert ihre Berücksichtigung bei der zivilrechtlichen Frage.

Ehe man eine Vereinbarung mit dem Verdikt der Sittenwidrigkeit belegt, müssen besondere Umstände diesen Schluß nahelegen; denn es wird immer ein spezieller Grund die Aufnahme einer entsprechenden Klausel verursacht haben (sonst ginge es um generelle Haftungsbegrenzungen). Selbst wenn er einmal fehlen und der Anwalt willkürlich auf der Klausel bestanden haben sollte, ist sie nicht unzulässig[202], da die Möglichkeit des § 276 Abs. II BGB nicht a priori für bestimmte Vertragstypen oder die an ihnen beteiligten Gruppen ausscheidet. Der Rechtsanwalt muß nicht die von vornherein vermutete Unzulässigkeit durch Darlegung besonderer Umstände ausräumen. Gerade für den Geschäftsbesorgungsvertrag darf man nicht annehmen, daß der Mandant durch den Haftungsausschluß rechtlos würde. Er kann erstens einen anderen Anwalt beauftragen und zweitens in jedem Augenblick den Vertrag kündigen, schon allein deshalb, um einen anderen zu beauftragen, der ihm zu haften bereit ist. Der Rechtsanwalt erhält also keinen Freibrief, grob fahrlässig zu verfahren, weil er immer damit rechnen muß, den Klienten zu verlieren.

Wann ein Haftungsausschluß unzulässig ist, könnte nur kasuistisch aufgezählt werden. Es kann sich z. B. aus der Form der Vereinbarung ergeben (Aufnahme in der Vollmacht), überhaupt wenn dem Klienten nicht deutlich wird, worauf er sich einläßt. Gleiches gilt, wenn der Anwalt die nachträgliche Aufnahme durchzusetzen versucht in einem Zeitpunkt, zu dem der Klient praktisch nicht kündigen kann (vor dem Termin). Ebenso läßt sich nur an Hand von Einzelfällen beurteilen, wann die Berufung auf einen immerhin zulässigerweise vereinbarten Haftungsausschluß unzulässig nach § 242 BGB ist.

Haftungsbeschränkungen — wenn sie außer Verhältnis zum Risiko stehen, sind sie in Wirklichkeit Haftungsausschlüsse — sind als geringere Belastungen des Mandanten in gleicher Weise zu behandeln. Eine untere Grenze besteht nicht, da sie von dem ebenfalls zulässigen Haftungsausschluß eingenommen wird.

Die Handhabung eines Rechtsanwalts, der sämtliche Verträge mit seinen Mandanten der gleichen Begrenzungsklausel unterwirft, ist nicht anders zu beurteilen; denn es bleiben einzelvertragliche Vereinbarungen, und die Mandanten sind nicht gehindert, ihre eigenen Vorstel-

---

[202] s. *Thier*, S. 47 für Steuerberater.

lungen oder Wünsche durchzusetzen oder, falls ihnen das nicht gelingt, einen anderen Anwalt aufzusuchen.

2. Generelle Haftungsbegrenzungen

Generelle Haftungsbegrenzungen erfordern eine differenzierte Betrachtung, ob sie nun auf Grund Allgemeiner Geschäftsbedingungen gelten oder weil einzelne Anwälte sie zum Inhalt aller von ihnen geschlossenen Verträge machen. In der Literatur vermißt man häufig eine derartige Differenzierung.

Nachkriegszeit (nach dem ersten Weltkrieg) und Inflation brachten starke Erschütterungen für die rechtlichen und wirtschaftlichen Verhältnisse, die damit auch die Risiken anwaltlicher Tätigkeit vergrößerten. Gedanken an Haftungsbegrenzungen tauchten auf[203]. Es erschien zunächst rechtlich unbedenklich, sie in Allgemeinen Geschäftsbedingungen zu fixieren (vgl. unten S. 117 ff.). Erst mit den Entscheidungen des RG[204] zu den Spediteurbedingungen änderte sich das.

Eucken[205] gibt sich noch zweifelnd, aber mit Rücksicht auf die Vergleichbarkeit zur Stellung des Notars als öffentlich-rechtliche und der Spediteure als monopolartige tendiert er deutlich zur Ablehnung. Sickinger[206] weist den Vergleich mit den Spediteuren zwar zurück, da der Rechtsanwalt qualifizierte Leistungen erbringe, trägt aber keine rechtlichen Argumente für seine im übrigen ablehnende Haltung vor. Ebensowenig führt Fürst[207] solche Gründe für seine im Ergebnis positive Auffassung an. Friedlaender[208] verweist darauf, daß der Armenanwalt keinen Haftungsausschluß mit der armen Partei vereinbaren könne. Deshalb sei er generell unzulässig, weil anderenfalls die arme Partei entgegen den gesetzlichen Intentionen privilegiert würde. Uneingeschränkte Zustimmung finden Haftungsbegrenzungen bei Schweitzer[209]. Es könne nichts anderes als für die einzelvertraglichen Vereinbarungen gelten; denn der Rechtsanwalt halte weder ein Monopol (bzw. andere Monopole gestatten sich ähnliche Bestimmungen), noch dürfe man seine Stellung mit dem Amte des Notars vergleichen. So entscheide allein die Vertragsfreiheit im Rahmen der gesetzlich vorgesehenen Möglichkeiten. Selb[210] betont, daß die Gesamtheit der Rechts-

---

[203] Zuerst bei *Scherer*, AnwBl 21, 93.
[204] s. RGZ 102, 396; 103, 82; s. auch RGZ 115, 122 (Auskunftei).
[205] Rdnr. 141.
[206] AnwBl 32, 137.
[207] AnwBl 29, 329.
[208] Exkurs II zu § 28/14.
[209] s. S. 45 ff.
[210] AnwBl 30, 356.

anwälte, wenn auch kein gesetzliches, mindestens aber ein tatsächliches Monopol verwaltet. Jedoch nur sein Mißbrauch auf dem Gebiet der Haftungsvereinbarungen mache diese unwirksam, nicht das bloße Bestehen. Nur so habe sich auch das RG geäußert. Im übrigen könne die Organstellung des Rechtsanwalts das zivilrechtliche Verhältnis genausowenig beeinflussen wie die Tatsache, daß er qualifizierte Leistungen erbringe, da sie keinen Verzicht auf gesetzliche Möglichkeiten voraussetze.

Die Entscheidung des OLG Stettin[211] löste erneut Diskussionen aus, die sich aber bereits auf die vertraglichen Haftungsbegrenzungen beschränkten. Es erkannte die Wirksamkeit eines Haftungsausschlusses an, den ein Steuerberater mit seinem Klienten vereinbart hatte. Es betonte aber die Besonderheiten des Streitfalles: jahrelange Vertragsdauer und Übertragung sämtlicher Steuerangelegenheiten durch den Kläger. In der Begründung erklärte das Gericht, daß der Steuerberater dem Kläger die Arbeit, nicht das Risiko abgenommen habe, das sich mit der Arbeit für den verbinde, der sie selbst leiste und der in gleicher Weise eine Steuererleichterung übersehen könne[212].

Da das Urteil selbst einen Vergleich mit der Tätigkeit des Rechtsanwalts zieht, betonen die Kritiken der Entscheidung diesen Bereich. Nach Megow[213] ist es mit dem Wesen des freien Berufs unvereinbar, den Haftungsausschluß zu vereinbaren. Der freiberuflich Tätige handele in Erfüllung öffentlicher Aufgaben und könne seine Verantwortung nicht abwälzen. Von der Trenck[214] bejaht die Zulässigkeit des Haftungsausschlusses für leichte Fahrlässigkeit: denn die Rechtsprechung biete keine Gewähr, daß allein wirkliches Verschulden zugerechnet werde. Die Haftung bewege sich in den Grenzen des Zufalls.

Schon hier sind allgemeine Haftungsbegrenzungen aus der Diskussion verschwunden. Auch als Vertragsbestimmungen werden ihnen enge Schranken gesetzt. Roesen[215] und Taeger[216] sind in neuerer Zeit für generelle Haftungsbeschränkungen eingetreten. Für den Beruf des Steuerberaters will Thier[217] die Abgrenzung der Zulässigkeit des Haf-

---

211 DR 44, 103.

212 Gegen diese Argumentation wenden sich alle in der Anmerkung 213, 214 Genannten.

213 DR 44, 103, ebenso wohl *Zitzlaff*, StW 44, 82.

214 DR 44, 649 ohne eingehende Begründung und unrichtig bei dem Vergleich zur Staatshaftung. Im Ergebnis ebenso, aber mit anderen Gründen *Schefold*, StW 44, 495.

215 AnwBl 62, 25.

216 AnwBl 62, 133.

217 s. S. 47 ff., vgl. auch *Bühring*, § 22/8, *Klöcker - Mittelsteiner - Hansen*, § 22/5, *Schnauber*, § 22/4 wo die Entscheidung des OLG Stettin kaum erörtert wird.

tungsausschlusses danach vornehmen, ob die übertragene Angelegenheit Streitfragen berührt oder nach Gesetz und Rechtsprechung eindeutige Antworten bereithält.

a) Haftungsausschluß

Der Haftungausschluß in Allgemeinen Geschäftsbedingungen ist unzulässig, soweit er sich auf grobe Fahrlässigkeit erstrecken würde. Ohne weiteres läßt es sich für den Fall einsehen, daß der Rechtsanwalt eine monopolartige Stellung für die vom Publikum erwarteten Geschäftsbesorgungen einnimmt. Zwar hätte der einzelne Rechtsanwalt keine derartige Position[218], aber es gilt den Stand zu betrachten, da die AGB[219] die Gesamtheit seiner Mitglieder erfassen. Man darf nicht an die entfernte Möglichkeit denken, daß ein Rechtsuchender letzten Endes immer einen Anwalt findet, der die AGB nicht zugrunde legt. Die Frage lautet nur, ob außerhalb des Kreises jemand die Aufgaben wahrnehmen kann, die gewöhnlich dem Anwalt vorbehalten sind. Daran erkennt man zwar, daß keine ausschließliche Zuweisung besteht, fremde Rechtsangelegenheiten zu besorgen: Im Bereich des Steuer- und Finanzwesens existiert sie für Steuerberater, -bevollmächtigte und Wirtschaftsprüfer, soweit ihre eigentliche Tätigkeit Rechtsfragen aufwirft. Weitere Ausnahmen bilden alle im RBerMG zugelassenen Tätigkeiten, das durch die §§ 6, 7 des Art. 1 weite und bedeutsame Bereiche erfaßt. Wesentliche Einschränkungen folgen daraus, daß der Anwaltszwang kein generelles Prinzip der Gerichtsverfassung ist, z. B. bei Verwaltungs- und Oberverwaltungsgerichten, Amts- und Arbeitsgerichten sowie in den Sachen der Freiwilligen Gerichtsbarkeit (vgl. §§ 67 Abs. II VwGO, 78 ZPO, 11 ArbGG, 13 FGG) nicht besteht.

Wenn man ein sachliches Monopol[220] bejaht, wie etwa dort, wo eine Prozeßordnung den Anwaltszwang vorschreibt, so ist es gleichzeitig ein personelles, da die Zahl der zugelassenen Rechtsbeistände[221] nicht ins Gewicht fällt. Falsch ist es, nur deshalb eine umfassende monopolartige Stellung zu konstatieren, weil der Rechtsanwalt der einzige in *allen* Rechtsangelegenheiten berufene Vertreter und Berater ist[222]; denn die Mandanten beauftragen ihn immer mit einem oder mehreren

---

218 s. *Schweitzer*, S. 47, *Selb*, AnwBl 30, 356.

219 Zu AGB vgl. *Enneccerus - Nipperdey*, § 163 IV und BGHZ 33, 216; JZ 67, 61.

220 *Selb*, a.a.O., „tatsächliches".

221 Das Verhältnis der zugelassenen Rechtsbeistände zu den zugelassenen Rechtsanwälten dürfte 1:20 betragen.

222 a.A. wohl *Kalsbach*, BRAO, §§ 1/40.

Einzelfällen, für die sie in dem einen oder anderen Fall ebensogut einen anderen Geschäftsbesorger finden können.

Mit dem Begriff des Monopols darf sich nicht ohne weiteres die Vorstellung des Mißbrauchs einer Machtstellung verbinden (zumal das Monopol hier gesetzlich zugelassen ist), so daß bestimmte Regelungen der Rechtsordnung unanwendbar werden[223]. Diese Vorstellung verbietet sich auch dann, wenn es sich um qualifizierte Leistungen handelt.

Ein Klient nimmt einen derartig weitgehenden Haftungsausschluß aber nur hin, weil er sonst auf die für ihn notwendige Leistung verzichten muß, da jeder andere Anwalt dieselben Bedingungen setzt, nicht etwa deshalb, weil er die sachgerechte Lösung einsieht. Er gibt sein Vertrauen ohne die Gewähr, seine Angelegenheiten sorgsam behandelt zu sehen, oder begleitet die Bearbeitung aus diesem Grunde mit seinem Mißtrauen. Er kann kündigen, ohne auf bessere Bedingungen bei einem anderen Anwalt rechnen zu dürfen. Er kann weder auf einen Ausgleich hoffen, z. B. Senkung der Gebühren, noch hat er die Möglichkeit — von seltenen Ausnahmen abgesehen — sein Risiko zu versichern. Dieses liegt nicht ausschließlich in der Sache selbst, sondern wird durch die anwaltliche Tätigkeit, wenn nicht vergrößert, mindestens aber gestaltet. Da der Mandant wünscht, seine Sache besser und verantwortungsvoller bearbeitet zu sehen, als er es könnte oder wollte, keinesfalls mit einer Nachlässigkeit, wie sie ihm selbst passieren könnte, wird er generell nicht zu solch weitgehenden Konzessionen bereit sein. Eine entsprechende Klausel ist unzulässig, da ihre Durchsetzung dem Anwalt nur deshalb gelingen kann, weil sein Vertragspartner keinen Spielraum hat, sich dagegen zu wehren. Sie diente allein dem Interesse des Rechtsanwalts.

Aber auch dort, wo der Rechtsanwalt kein Monopol hat, weil z. B. der Steuerschuldner den Steuerberater, der Arbeitnehmer die Gewerkschaft, ein Versorgungsempfänger einen Verband beanspruchen kann, darf er die Haftung für grobe Fahrlässigkeit nicht allgemein ausschließen. Verfällt eine entsprechende Vereinbarung in AGB dort dem Urteil der Sittenwidrigkeit, ist sie hier wegen Verstoßes gegen § 242 BGB unwirksam. Allgemeine Geschäftsbedingungen ersetzen mindestens teilweise das Aushandeln eines Vertrages und geben einen vorgefertigten Rahmen für die Einzelverträge. Wie der Vertrag aus dem Zusammenwirken der beiden Parteien, der Vertragspartner, als für sie verbindliche Rechtsordnung entsteht, liefert eine Partei mit Geschäftsbedingungen eine fertige Rechtsordnung, zu der der andere nur Ja oder Nein sagen kann. Um dennoch für beide verbindlich zu sein und um

---

[223] s. Anm. 203 und BGHZ 22, 90, *Selb*, a.a.O., S. 359.

einem redlichen Verkehr zu genügen, muß sie von selbst die beiderseitigen Interessen an der gewünschten Rechtsordnung berücksichtigen, wenigstens nicht einseitig verdrängen[224].

Oben war bereits erkennbar, daß die Klausel nur dem Autor der AGB Vorteil bringt. Diesen Mangel kann auch das Einverständnis des Benachteiligten nicht überbrücken, da es für eine partnerschaftliche Rechtsordnung unzulänglich bleibt. Überdies wird es nicht selten unter dem Motivationsdruck erteilt, dem sich ein Klient ausgesetzt sieht auf Grund der Vorstellung, daß andere Geschäftsbesorger in seiner Sache dem Anwalt unterlegen sein könnten.

Dieselben Probleme stellen sich bei der Zulässigkeit einer Haftungsausschlußklausel für leichte Fahrlässigkeit, nur lautet das Ergebnis anders. Die Begrenzung der Haftung für Vorsatz und grobe Fahrlässigkeit berücksichtigt die Interessen der Klienten in weitem Umfang. Andererseits gewährt sie dem Rechtsanwalt Erleichterungen von der in allen Bereichen als unbefriedigend empfundenen Strenge des Haftungssystems[225], das zum Schadensersatz in voller Höhe auch dann verpflichtet, wenn nur ein leichtes Verschulden anzutreffen ist. Solche Vergünstigungen sind angemessen, wenn man die Tatsache berücksichtigt, daß sich das Hauptrisiko mit den Gegebenheiten der Rechtssache selbst, innerhalb der Sphäre des Klienten verbindet, nicht etwa mit der Dienstleistung des Anwalts. Deutlicher zeigt dies der Anwaltszwang, der das Risiko einer unsachgemäßen Behandlung gerade einengen soll[226]. Ein verständiger Mandant geht um so eher auf eine derartige Vereinbarung ein, als er weiß, daß die Maßstäbe der Fahrlässigkeit generell streng sind[227], speziell der groben Fahrlässigkeit, auf die es ihm nun ankommt. Außerdem wird der Anwalt genauso sorgfältig arbeiten, als gälte die Klausel nicht. Er darf sich keine Nachlässigkeit in dem Bewußtsein erlauben, daß auch die gröbste Fahrlässigkeit ohne Haftungsfolgen bliebe. Wo ein Geschäftsbesorger bemüht werden kann, muß der Auftraggeber daran denken, daß Handlungen oder Unterlassungen des Rechtsanwalts schon zum Vorwurf leichter Fahrlässigkeit berechtigen, die dem anderen nicht als schuldhafte zuzurechnen wären. Der Ausschluß der Haftung für grobe Fahrlässigkeit kann dazu führen, daß geringere Sorgfalt mehr Schadensfälle hervorruft. Das braucht man bei dem Ausschluß für leichte Fahrlässig-

---

224 Vgl. *v. Caemmerer*, JZ 63, 97 (99), BGHZ 22, 90; 109; 33, 216; LM Nr. 4 zu § 276 BGB (Db); 38, 183 = NJW 63, 99 (dort zusätzlich mit dem Rechtsgedanken des § 315 BGB begründet); JZ 67, 61; vgl. auch *Blomeyer*, Schuldrecht, S. 125.

225 Vgl. *Larenz* I § 14 S. 154, Referentenentwurf 1967, S. 43 ff.

226 s. Kommissionsbericht, S. 274.

227 Vgl. oben § 2.

keit nicht zu fürchten, so daß die geringe Wahrscheinlichkeit eines Vergehens diese Klausel als tragbar erscheinen läßt[228].

Mit dem teilweisen Haftungsausschluß wälzt der Rechtsanwalt seine Verantwortung nicht ab, wie Megow[229] behauptet. Diese Ansicht begreift den Vertrag als Haftungsvereinbarung. Er ist in erster Linie Leistungsvereinbarung. Die übertragene Rechtsangelegenheit erfordert eine sachgemäße Bearbeitung, die als primäre Verantwortung uneingeschränkt bleibt und der Klagbarkeit und Einreden auf der Seite des Vertragspartners korrespondieren. Die Haftung für die fehlerhafte oder unterbliebene Leistung ist sekundär. Sie wird nicht abgewälzt, sondern interessengemäß begrenzt.

Der Einfluß, den die „öffentlich-rechtliche Stellung" des Anwalts oder seine Funktion als „Organ der Rechtspflege" im Bereiche der Haftung ausüben soll, wird zwar immer wieder von der Literatur[230] ins Feld geführt, ohne daß sich damit präzise Aussagen verbinden. So wenig sich der Organstellung Haftungsgrenzen entnehmen ließen, so wenig Argumente gegen eine Haftungsbegrenzung kann sie liefern. Dafür kann auf die früheren Erörterungen verwiesen werden. Es ist der gleiche Zirkelschluß, der dort auftaucht, wo die Unzulässigkeit mit der Standeswidrigkeit begründet wird[231]. Standespflichten treffen den Angehörigen im Interesse der Integrität des Standes; ihre Verletzung löst spezielle standesrechtliche Sanktionen aus. Sie erhalten ihre Gestalt mit Rücksicht auf das Ziel der Kommunikation zu anderen Gruppen, so daß nicht ausgeschlossen ist, daß Standespflichten des Rechtsanwalts auch die Interessen des Klienten spiegeln, aber nicht genau deshalb, weil es das Standesrecht so bestimmt. Es besteht keine Interdependenz in der Weise, daß standesrechtliche Vorschriften die bürgerlich-rechtlichen (auch nicht die Generalklauseln) ausfüllen, die das Vertragsverhältnis zwischen den Parteien regeln. Entsprechend ergeben sich keine Besonderheiten in der Vertragsgestaltung durch öffentlich-rechtliche Pflichten, soweit sie nicht privatrechtliche, vertragliche sind. Der Schluß von der Sittenwidrigkeit auf die Standeswidrigkeit erlaubt keine Umkehr, da es nicht Sache des Standes ist, die Interessen des Publikums zu definieren.

Noch widersprüchlicher ist die Argumentation mit dem Wesen des freien Berufs[232]. Wenn man unterstellt, die Haftung verbinde sich mit

---

[228] a.A. wohl *Zitzlaff*, StW 44, 82.

[229] DR 44, 103.

[230] s. *Dittenberger*, AnwBl 21, 211, *Friedlaender*, Exkurs II zu § 28/14 ff., *Megow*, a.a.O., *von der Trenck*, DR 44, 649.

[231] s. *Noack*, RRAO, S. 122, *Sickinger*, AnwBl 32, 137.

[232] s. *Friedlaender*, a.a.O., *Megow*, a.a.O.

dem Wesen des freien Berufs, fehlt noch der Nachweis für das konkrete Haftungssystem. Artikel 99, 43 des Obligationenrechts der Schweiz erlauben, die Haftung dem Maß des Verschuldens (durch richterliche Ermessensentscheidung) anzupassen, ohne daß die freien Berufe von dieser Regelung ausgenommen sind. Das italienische Zivilgesetzbuch beschränkt gar die Haftung geistiger Berufe, unter denen die Rechtsanwälte besonders genannt sind (vgl. Art. 2233 Abs. III c.c.), ausdrücklich auf Vorsatz und grobe Fahrlässigkeit für Tätigkeiten mit besonderen Schwierigkeiten, Art. 2236 c.c.[233]. Gewiß läßt sich einwenden, daß dieser Artikel Teil einer fremden Rechtsordnung ist und gerade die Stellung des deutschen Rechtsanwalts anders ist als bei den entsprechenden Berufen in den romanischen Ländern. Das Gemeinsame ist aber die Beurteilung als geistiger Beruf. Ein entscheidender Gesichtspunkt gegen die Unvereinbarkeit von Haftungsausschluß und dem Wesen anwaltlicher Tätigkeit, gegen ein Gebot, in jedem Fall für Fehler mit dem Vermögen einzustehen, liegt in der Widersprüchlichkeit gesetzgeberischer Intentionen, die diese Auffassung unterstellen müßte. Das Gesetz erlaubt dem Anwalt nicht, seinen Beruf als Gewerbe auszuüben, d. h. der unbeschränkten Gewinnmaximierung nutzbar zu machen, § 2 BRAO. Dann kann es nicht gleichzeitig, wenn auch unausgesprochen, das Prinzip zugrunde legen, nach dem einem Mandanten stets und in vollem Umfang der Zugriff auf das Vermögen des Beauftragten erhalten bleiben muß. Ein Vermögen kann z. B. nur in bescheidenem Umfang vorhanden sein und gerade in der Zwangsvollstreckung ist die Praxis als Vermögensgegenstand nur beschränkt verwertbar (vgl. oben S. 89 f.). Schließlich steht der wirtschaftliche Umfang übertragener Rechtsangelegenheiten nicht selten außer Verhältnis zu dem trotz gesetzlicher Restriktionen erarbeiteten Vermögen.

Der Rechtsanwalt ist in der Ausnutzung der gesetzlichen Möglichkeiten endlich nicht deshalb gehindert, weil etwa gegenüber einer armen Partei der Beigeordnete Haftungsbegrenzungen nicht durchsetzen könne, andererseits die Gewährung des Armenrechts keine Privilegien enthalten dürfe. Das behauptet zwar Friedlaender[234], aber seine Annahme einer unbeschränkten Haftung gegenüber der armen Partei ist nur eine petitio principii. Außerdem verwechselt er Regel und Ausnahmetatbestand.

Wenn die Dienstverträge mit vermögenden Parteien unter Geltung zulässiger Allgemeiner Geschäftsbedingungen nur mit einer Haftungsausschlußklausel zustandekommen, ist die Interessenlage im Verhältnis

---

[233] Se la prestazione implica la soluzione di problemi tecnici di speciale difficoltâ ...

[234] a.a.O.

zur armen Partei gleichzuachten. Eher gibt es Verschiebungen zugunsten der Zulässigkeit, weil der Anwalt hier noch weniger als bei den üblichen Mandaten einen Ausgleich über Vergütungsvereinbarungen erreichen kann[235]. Allerdings greift der Grundsatz ein, daß das Armenrecht keine zusätzlichen Vergünstigungen erzeugen darf[236]. Richtig angewandt führt er dazu, daß sich die arme Partei dieselben als sachgerecht erkannten Einschränkungen gefallen lassen muß, denen die Verträge mit den vermögenden Parteien unterliegen; denn Beschränkungen für vertragliche Vereinbarungen bestehen nur bei Honorarabreden, § 3 Abs. IV BRAGebO.

Falls eine Haftungsausschlußklausel zulässigerweise vereinbart ist, kann in seltenen Einzelfällen doch die Berufung darauf wegen Verstoßes gegen die guten Sitten oder Treu und Glauben unzulässig sein. Dafür gelten strenge Anforderungen; denn auf diesem Wege darf nicht versucht werden, die Entscheidung über die Zulässigkeit der Ausschlußklausel selbst zu revidieren.

b) Haftungsbeschränkungen

Sie sind zunächst denkbar der Höhe nach. Wenn ein Mißverhältnis zwischen der Haftungssumme und der Höhe des verursachten oder möglichen Schadens besteht, so ist eine derartige Beschränkung gleich einem Ausschluß zu behandeln (wofür auf 2. a verwiesen werden kann). Einzelvertragliche Beschränkungen sind immer zulässig, da sie gegenüber dem Haftungsausschluß dem Mandanten eine günstigere Position einräumen. Sie in Allgemeinen Geschäftsbedingungen zu fixieren, unterliegt keinerlei Bedenken[237]. Besonderes Interesse verdienen überhaupt nur die Fälle, in denen das Schadensrisiko höher als die Haftungssumme liegt, die sich i. d. R. nach dem gewöhnlichen oder durchschnittlichen Risiko richtet, dem auch die Haftpflichtdeckungssumme entsprechen wird[238]. Der Mandant kann sich dann aber gegen das höhere Risiko durch eine Zusatzversicherung sichern, zumal es seine Aufgabe ist, sein Interesse an der Rechtsangelegenheit abzuschätzen.

Haftungsbeschränkungen sind auch in der Weise denkbar, daß der Rechtsanwalt zwar auf das volle Interesse, aber nur sekundär oder besser subsidiär haftet, d. h. eine Klausel nach dem gesetzlichen Vorbild

---

[235] Zu weitgehend *Schweitzer*, S. 58 (Notwendigkeit bei Armenrechtsmandaten), kritisch dazu *Selb*, a.a.O.

[236] Vgl. früher § 2/2.

[237] a.A. *Roesen*, AnwBl 62, 25 (Voraussetzung angemessener Höhe), *Taeger*, AnwBl 62, 133.

[238] Vgl. § 37 der Richtlinien, die von einer angemessenen Höhe von 50 000 D-Mark ausgehen.

in § 839 Abs. I S. 2 BGB vereinbart. Auf das Interesse, das der Anwalt daran hat, möglichst selten in Anspruch genommen zu werden, wurde bereits mehrfach hingewiesen. Die Subsidiaritätsklausel hingegen belastet den Geschädigten am wenigsten, da er auf jeden Fall sein Interesse liquidieren kann und sein Vorgehen nur erst gegen den anderen Schädiger richten muß. Vor allen Dingen beugt sie einer Haltung der Klienten vor, der Bequemlichkeit oder Einfachheit wegen sich an den Anwalt zu halten, obwohl sie von einem Dritten Ersatz erlangen können, weil etwa der Anwalt mit Rücksicht auf seinen Ruf, standesrechtliche oder berufliche Folgen geneigter ist, bei der Regulierung keine Schwierigkeiten zu machen oder gar auf Einwendungen zu verzichten. Von Bedeutung ist die Klausel allerdings dort, wo ohne sie die Haftung ganz allein den Rechtsanwalt trifft, weil der Dritte seinerseits für Parallelversehen nur subsidiär haftet. Das gilt für Schäden, die zugleich auf Amtspflichtverletzungen beruhen, § 839 Abs. I BGB. Das Verhältnis der beiden Subsidiaritätsklauseln ist nicht anders zu beurteilen, als wäre die vertragliche Haftung überhaupt ausgeschlossen[239]. Diese Beschränkung wiederum stellt den Mandanten noch günstiger als die Begrenzung nach der Höhe. Sie ist unbedenklich, gleichgültig, ob sie einzelvertraglich oder allgemein vereinbart ist; denn ein Grundsatz, nach dem Rechtsanwälte vor jedem anderen Schädiger haften, findet keine ausreichende Begründung. Auch wenn sie mit dem Haftungsausschluß oder anderen Begrenzungen kombiniert wird, ist sie in gleicher Weise zu beurteilen, da das indirekte Verfahren keine unzumutbare Belastung für den Klienten bedeutet. Außerdem wären die Grundsätze der zu § 839 Abs. I S. 2 BGB entwickelten Rechtsprechung entsprechend anzuwenden, so daß nicht in jedem Falle zuerst gegen den Dritten prozessiert werden müßte[240].

Keine eigentlichen Haftungsbeschränkungen sind die Abkürzung der Verjährung, die nach § 51 BRAO für Schadensersatzforderungen gegen den Rechtsanwalt auf drei Jahre festgesetzt ist, oder die Vereinbarung von Ausschlußfristen für die Geltendmachung von Schadensersatzansprüchen. Die Einreden, die sie gewähren, können nach Ablauf der bestimmten Zeit in gleicher Weise wirken. Die Abkürzung der Verjährung ist schon gesetzlich zugelassen, § 225 S. 2 BGB. Auch die vertragliche Ausschlußfrist hat der BGH[241] stillschweigend als zulässig und wirksam behandelt, allerdings in einer Entscheidung, die zugunsten eines Wirtschaftsprüfers erging. Immerhin kam es auf ihre Wirksamkeit an, da der Anspruch des Klägers abgewiesen wurde, weil er die Frist

---

[239] s. RGZ 171, 198; BGH LM Nr. 7 zu § 839 BGB (E), *Soergel - Siebert - Glaser*, § 839 Rdnr. 194.

[240] Vgl. *Soergel - Siebert - Glaser*, § 839 Rdnr. 191 ff.

[241] VersR 61, 117, vgl. auch *Erman - Hefermehl*, § 194/4, *Soergel - Siebert*, § 194/16, RG JW 37, 533 mit Anm. *Prölß*.

nicht gewahrt hatte[242]. Gegen eine derartige Klausel läßt sich tatsächlich nichts einwenden[243]; denn es liegt im beiderseitigen Interesse, eine schnelle und umfassende Klärung im Verhältnis der Vertragspartner herbeizuführen, für den Anwalt besonders dann, wenn das Mandat beendet ist und eventuell die Handakten bereits ausgehändigt sind, für den Klienten im Hinblick auf das Vertrauensverhältnis speziell, wenn das Mandat noch nicht beendet ist oder noch andere bestehen. Jedenfalls schließt eine derartige Regelung aus, daß der Einwand der Verwirkung im Streitfalle relevant wird, der eben diese Gesichtspunkte berücksichtigt. So hat das KG[244] den Schadensersatzanspruch eines Klienten als verwirkt angesehen, der Jahr und Tag nach Kenntniserlangung der schädigenden Handlung und ihres Erfolges verstreichen ließ und den Rechtsanwalt weiter mit seinen Rechtsangelegenheiten beauftragte, die ihrerseits mit der fehlerhaft behandelten zusammenhingen. Die Vertrauenskrise, die schädigendes Verhalten immer auslöst, wird durch eine Ausschlußfrist wenigstens nach der einen oder anderen Seite einer Entscheidung zugeführt.

---

242 (Obwohl er noch nicht sämtliche mit dem Schadensereignis zusammenhängenden Fragen geklärt sah!)

243 Ebenso *Fenzl*, ÖstJZ 62, 301, *Thier*, S. 47 ff.

244 7 U 753/57.

Kapitel II

Rechtstatsachen

Erster Abschnitt

Quellen des Tatsachenmaterials

Dahrendorf[1] sagte in seinem Hauptreferat zur „Soziologie juristischer Berufe“ während der Universitätswoche für Rechtsanwälte: „Das Material ist im Falle der Anwaltschaft allerdings spärlich.“ Immerhin bezog sich sein Thema nicht auf die Haftung des Rechtsanwalts, sondern dessen soziale Herkunft und soziale Stellung, insbesondere auch aus der Sicht anderer Gruppen. Dahrendorf konnte sich schon auf einige Veröffentlichungen, besonders eine Studie Denekes[2] beziehen, die sich in demselben Kreis bewegt. Hinzuweisen ist ferner auf Feuchtwanger[3], der mit seinem Band den groß angelegten Versuch einer Kulturwirtschaftslehre skizziert und dabei auf Haftungsfragen eingeht, ohne jedoch auf entsprechendes Material verweisen zu können. Schließlich ist Levin[4] zu nennen, dessen Studie über die Überfüllung des Anwaltsstandes die einzige ist, die ihre Aussagen an Hand rechtstatsächlichen Materials gewinnt und überprüft. Mit diesen wenigen Titeln erschöpft sich in diesem Rahmen, was die Literatur überhaupt im Zusammenhang mit dem Anwaltsberuf behandelt hat. Es existiert nichts, das die Disproportionalität zwischen den heftigen Auseinandersetzungen über eine als unzumutbar empfundene Situation und den Nachweis ihrer Berechtigung milderte. Dem Schrifttum, das im Kapitel I zitiert ist (mit Ausnahme der Rechtsprechungszitate), sind auch nur vereinzelte, meist indirekte Hinweise zu entnehmen. In der Regel geben sie keine Quellen[5] an.

---

1 AnwBl 64, 229, vgl. auch *Feuchtwanger*, S. XIII, *Oppenhoff*, AnwBl 67, Heft 8, 9 zu dem Teilproblem der Anwaltsgemeinschaften.

2 Die Freien Berufe, 1956 (S. 130 ff.)

3 Die Freien Berufe, 1922.

4 Schutz der freien Rechtsanwaltschaft, 1930.

5 Z. B. *Eucken*, Rdnr. 180 zur Häufigkeit der Fristfehler, *Schweitzer*, S. 44 zu Haftungsbeschränkungen.

So muß in der Hauptsache auf die Entscheidungen der Gerichte[6] zurückgegriffen werden, die dominierenden Einfluß auf die Rechtsentwicklung genommen haben. Ihnen ist die Frage zu stellen, wie sie ihre Verantwortung für diese Entwicklung in Art und Umfang ihrer Entscheidung wahrnehmen. Dabei ist zu berücksichtigen, daß sie nur dann tätig werden können, wenn streitende Parteien ihnen ihren Fall unterbreiten. Es kommt verhältnismäßig selten vor. Das ergibt sich schon daraus, daß außerhalb von Regreßprozessen häufiger über Anwaltsfehler entschieden wird als innerhalb, nämlich in all den Fällen, wo es zunächst einmal um eine Wiedereinsetzung oder die Frage geht, ob eine Forderung verjährt ist, weil das Versehen des Anwalts etwa höhere Gewalt i. S. § 203 Abs. II BGB für den Mandanten ist. Im übrigen gelangt nur der kleinere Teil bis zu den Gerichten, wovon sich wieder ein Teil durch Vergleich erledigt.

Die Rechtsprechung auch nur in einem beschränkten regionalen Bereich zu erfassen, stößt auf erhebliche Schwierigkeiten.

Hier ist die Übersicht auf das KG beschränkt[7], da dort die Streitigkeiten aus Dienst- und Werkverträgen bei zwei Senaten konzentriert sind und Regreßsachen gegen Anwälte noch verhältnismäßig leicht aussortiert werden können. Selbst wenn man davon ausgeht, daß derartige Prozesse erfahrungsgemäß in die zweite Instanz getragen werden, fehlen doch alle, die das LG in letzter Instanz entscheidet, oder die erst in der zweiten Instanz beim KG verglichen werden. Aus der Generalprozeßliste beim LG läßt sich keine Zusammenstellung machen, da sie nach dem Kläger aufgebaut ist. Für den Fall, daß sie nach dem Beklagten ging, fehlten wieder alle Sachen, in denen mit Widerklage oder Einwendungen Schadensersatzansprüche geltend gemacht werden. Vollständig verzeichnet sind die Regreßsachen bei der Rechtsanwaltskammer. Sie wird von jedem Prozeß benachrichtigt, an dem ein Anwalt beteiligt ist. Diese Nachrichten werden nicht karteimäßig gesammelt, sondern zu den Personalakten genommen. Die Berliner Rechtsanwaltskammer sah sich auf Anfrage weder in der Lage, die Akten zugänglich zu machen, noch Auszüge der relevanten Aktenzeichen zu fertigen.

Da die Anwälte standesrechtlich verpflichtet sind, eine Berufshaftpflichtversicherung abzuschließen und sich folglich überwiegend danach richten, sind nicht nur Anwalt und Mandant, sondern auch die Versicherungen am Regreß beteiligt. Gerade die Versicherungen geben den gerichtlichen Entscheidungen Bedeutung über den Einzelfall hinaus, da sie andere Forderungen danach behandeln. So überrascht es nicht,

[6] Die in ihrem Inhalt bereits in Kapitel I berücksichtigt sind.

[7] Auch die folgenden Angaben beziehen sich auf Berliner Verhältnisse.

daß die wichtigsten Entscheidungssammlungen auf dem Gebiet der Anwaltshaftpflicht im Auftrage von Versicherungen zusammengestellt wurden[8]. Sie geben einen guten Überblick nicht nur der Grundsätze für den Regreßprozeß, sondern in erster Linie Hinweise für Quellen anwaltlichen Versagens. Ebenso wird die „Haftpflichtecke" des Anwaltsblattes von der Allianz-Versicherungs-AG betreut.

Das zeigt die wichtigste Quelle tatsächlichen Materials an, nämlich die Unterlagen der Berufshaftpflichtversicherungen. Nach § 5/2. der Allgemeinen Versicherungsbedingungen[9] ist dem Versicherer unverzüglich vom Versicherungsfall Kenntnis zu geben. Als Versicherungsfall ist der Verstoß definiert, der Haftpflichtansprüche zur Folge haben könnte. Das bedeutet, daß der Anwalt Anzeige machen muß, falls ihm ein eigenes Versehen auffällt, unabhängig davon, ob es zu einem Schaden geführt hat oder der Mandant Ansprüche daraus herleiten will. Die Versicherungen müssen also über ein nahezu lückenloses Material verfügen, da der Prozentsatz der Anwälte, die entgegen § 37 der Standesrichtlinien nicht berufshaftpflichtversichert sind, nur sehr gering sein wird. Wegen der zitierten Regelung werden nicht bloß echte Schadensfälle erfaßt, sondern überhaupt alle Anwaltsfehler, soweit sie entdeckt werden.

Eine der in Frage kommenden Versicherungsgesellschaften (im folgenden mit X bezeichnet) nimmt heute eine marktbeherrschende Stellung ein, soweit die Vermögensschadenversicherung der Anwälte in Frage steht. Ihr Anteil dürfte etwa 70 % oder mehr betragen. Es folgt die Y-Versicherungs-AG mit ca. 15 %, während sich der Rest auf die übrigen verteilt (zur Grundlage der Schätzung weiter unten).

Der Stuttgarter Verein hatte s. Z. Statistiken zusammengestellt, in denen Schäden und ihre Ursachen dargestellt waren, jedenfalls läßt sich das einem Hinweis bei Dittenberger[10] entnehmen. Dieses Material hätte für eine Auswertung wertvolle Dienste geleistet, da sich Aussagen von Wert nur auf einer breiten Basis, d. h. nach langjähriger Beobachtung und Gegenüberstellung von Vergleichsdaten machen lassen. Offenbar scheint dieses Material ebenso wie die anderen Unterlagen der Gesellschaft den Kriegsereignissen zum Opfer gefallen zu sein; denn Anfragen beim Deutschen Anwaltverein und dem Rechtsnachfolger haben keine Anhaltspunkte für ihre Existenz mehr liefern können. Danach scheint jede Möglichkeit verloren, die Lage und Ent-

---

8 *Eucken*, Grundriß der Anwalts- und Notarshaftpflicht, herausgegeben vom Stuttgarter Verein, *Scheffler*, Haftpflichtgefahr, herausg. v. d.Allianz-Vers.-AG.

9 s. Anwaltsverzeichnis für die BRD 1966, S. 151.

10 AnwBl 21, 211.

wicklung früherer Jahrzehnte einzubeziehen. Sie wären nicht nur zu Vergleichszwecken interessant, sondern zur vollständigen Erfassung der heutigen Entwicklung nützlich gewesen. So können nur noch einige Hinweise verwertet werden.

Stünden aber wenigstens Daten aus der Gegenwart zur Verfügung, wäre dieser Verlust noch leichter auszugleichen. Gerade an ihnen fehlt es. Die X-Versicherungs-AG., die, wie bereits betont, in dieser Branche als marktbeherrschendes Unternehmen anzusehen ist, hat auf Anfrage eine negative Antwort erteilt. Die Standesorganisationen könnten das Material auch nur mit Hilfe der Versicherungen zusammenstellen, haben es bisher jedoch unterlassen und keine Anregungen gegeben. Der Deutsche Anwaltverein, der im übrigen die Bemühungen in Haftpflichtfragen tatkräftig unterstützt[11], hat bisher keine Initiative ergriffen und scheint die Inangriffnahme von anderer Seite abzuwarten. Die X-Versicherungs-AG teilte auf Anfragen lediglich mit, daß sie statistische Unterlagen über die interessierenden Fragen nicht besitze, im übrigen zur Wahrnehmung des Geschäftsgeheimnisses sich nicht in der Lage sehe, sie zugänglich zu machen oder Akteneinsicht zu gewähren. Es soll jedoch bereits eine Kommission existieren, die prüfen soll, ob statistisch verwertbare Daten auf dem Gebiet der Schadensgruppen zu schaffen möglich ist. Die Erfahrungen des Stuttgarter Vereins sind offenbar mit den Unterlagen zugleich verloren gegangen; denn damals hatten entsprechende Arbeiten schon konkrete Ergebnisse erbracht[10].

Dennoch können Daten vorgelegt werden, weil die Y-Versicherungs-AG. weniger Bedenken hatte und die Auswertung ihrer Akten großzügig gestattete. Dieses Material ist aber sehr beschränkt und kann deshalb und besonders im Hinblick darauf, daß das sehr viel umfangreichere und damit verläßlichere der X-Versicherungs-AG nicht zur Verfügung steht, nur mit dem Vorbehalt mitgeteilt werden, daß es nicht als repräsentative Erhebung verstanden werden darf. Darauf wird im einzelnen noch Bezug genommen.

Eine weitere wichtige Quelle sind die Beschlüsse und Auskünfte der Standesorganisationen und -vertretungen, z. B. im Zusammenhang mit der Konzeption des Standesrechts, wie es sich in den Richtlinien spiegelt. Auch hier kann man beobachten, daß auch dann, wenn Einzelfragen in den Kreis der Erörterungen über Haftungsprobleme geraten[12], das Tatsachenmaterial fehlt und Anfragen stets negativ beant-

---

[11] Vgl. die Erörterungen auf dem Deutschen Anwaltstag 1965, AnwBl 65, 241 ff., Memorandum zur Frage der Wiedereinsetzung, AnwBl 65, 65.

[12] s. *Roesen,* AnwBl 62, 25, Mitteilungsblatt der Rechtsanwaltskammer Köln 1965/17.

wortet werden. Nicht einmal der Beschluß des BGH in der Sache IV ZR 231/63 (vgl. S. 69) führte zu Tatsachenerhebungen, obwohl unter der Nr. 2 die Frage nach dem *tatsächlichen* Verfahren gestellt war. Das Memorandum des DAV[13] berichtet dann auch von *Auffassungen* einiger Kammervorstände, in denen nicht zum Ausdruck komme, daß sie das Verfahren in ihren Bezirken richtig wiedergäben. Aber auch die anderen siebzehn Kammervorstände haben sich auf ihre Meinung verlassen, ohne daß sie die Gewißheit ausdrücken können, daß die Tatsachen ihnen entsprechen, und ohne den Versuch zu unternehmen, sich die Gewißheit zu verschaffen.

Weiter lassen Vorhandensein oder Fehlen von Formularen wichtige Schlüsse auf die Handhabung vertraglicher Abmachungen, Versicherungsbedingungen und Prämien hinsichtlich Risiko und Schadensabwicklung zu. Vergleichswerte verwandter Berufe wie des Steuerberaters oder des Wirtschaftsprüfers lassen sich nicht vorweisen, da Bemühungen bei der Versicherungsstelle für das wirtschaftliche Prüfungs- und Treuhandwesen ergebnislos blieben.

Zweiter Abschnitt

Rechtstatsachen

§ 1 Rechtsanwälte im freien Beruf

Die Tabelle I zeigt die Entwicklung der Zulassungen. Diese Zahlen sind aber zu reduzieren um diejenigen Anwälte, die nicht frei praktizieren, was auf unterschiedlichen Gründen beruhen kann: Entweder die Praxis ruht oder — und hier liegt das Hauptgewicht — es handelt sich um Rechtsanwälte in ständigen Dienstverhältnissen gemäß §§ 46, 47 BRAO. Ihr Anteil ist ständig gestiegen und beträgt heute etwa 40 %[1]. Zahlenwerte, die diese Gruppen nicht berücksichtigen, sind nur auf Umwegen zu erhalten und auch dann nur unter Einschluß weiterer Gruppen. So zeigt die Tabelle II die Werte der Arbeitsstättenzählung 1961, in denen Rechts-, Patentanwälte und Notare enthalten sind.

Nach der Umsatzsteuerstatistik von 1959[2] gab es in der Bundesrepublik 10 844, in Berlin 875 steuerpflichtige Rechtsanwälte und

[13] AnwBl 65, 65 (68).

[1] s. auch *Deneke*, S. 133.

[2] s. Statistisches Bundesamt Wiesbaden, Unternehmen und Arbeitsstätten. Die Kostenstruktur in der Wirtschaft IV. Ausgewählte freie Berufe 1959 Rechtsanwälte und Notare.

Tabelle I (entnommen AnwBl 58/57, 65/109): Zugelassene Rechtsanwälte

Jahr	1950	1952	1956	1960	1961	1962	1963	1964	1965
BGH	9	15	17	20	19	18	13	23	23
Bamberg	395	434	490	537	516	508	508	492	496
Berlin	914	1161	1231	1329	1306	1270	1232	1225	1239
Braunschweig	178	235	233	249	246	253	250	257	260
Bremen	249	260	271	301	300	291	278	295	305
Celle	725	965	1059	1154	1171	1173	1179	1169	1179
Düsseldorf	886	1094	1364	1622	1695	1727	1741	1766	1823
Frankfurt	1256	1406	1515	1721	1818	1892	1968	1998	2050
Hamburg	793	1004	1225	1401	1395	1407	1411	1450	1463
Hamm	1353	1643	1918	2235	2289	2339	2387	2395	2420
Karlsruhe	583	640	790	977	977	1007	1026	1039	1082
Koblenz	264	299	347	374	387	386	454	403	417
Köln	672	826	937	1090	1136	1214	1270	1307	1316
München	1367	1491	1770	2077	2140	2190	2225	2274	2303
Neustadt	128	184	226	269	261	262	256	253	253
Zweibrücken									
Nürnberg	517	599	690	741	728	706	648	701	697
Oldenburg	311	374	403	424	447	459	465	468	473
Saarbrücken	103	107	104	108	113	120	123	127	142
Schleswig	461	579	593	601	613	620	639	643	652
Stuttgart	767	837	940	1117	1143	1158	1160	1168	1205
Gesamt	11921	14135	16123	18347	18720	19000	19230	19453	19796

Tabelle II[a]) *(Arbeitsstättenzählung) 6. Juni 1961*

Baden-Württemberg	1878
Bayern	2916
Berlin	1008
Bremen	154
Hamburg	1122
Hessen	1350
Niedersachsen	1463
Nordrhein-Westfalen	3774
Rheinland-Pfalz	656
Saarland	125
Schleswig-Holstein	492
Gesamt	14538

a) Nach Statistisches Bundesamt, Unternehmen und Arbeitsstätten, Heft 5.

Notare, insgesamt also 11 719 (das Saarland ist dabei nicht berücksichtigt), im Jahre 1964 10 990. Für das Jahr 1956 ließ sich auch die Zahl der Nur-Notare mit 627 ermitteln[3], die 1961 auf 720 angestiegen war[4]. Eine annähernd genaue Zahl wird sich ermitteln lassen, wenn man von der Umsatzsteuerstatistik ausgeht, die Nur-Notare abzieht, einen gewissen Prozentsatz für die Gruppe der Anwälte hinzusetzt,

[3] s. AnwBl 58, 27.

[4] s. AnwBl 66, 55.

die die Umsatzsteuergrenze nicht erreichen und den Zuwachs einrechnet, wie er nach der Tabelle I deutlich wird (vgl. auch Tabelle III).

Tabelle III: Einkommensteuerpflichtige Rechtsanwälte

1955	12 275 a)
1956	12 426 a)
1957	12 600 a)
1958	10 566 b)
1959	10 844 b)
1960	11 159 b)
mit Berlin	12 127

a) Unter 8 000 DM mitenthalten.
b) Unter 20 000 DM mitenthalten.

Tabelle IV: Altersstatistik Berlin

	Anzahl
unter 30 Jahre	10
über 30 Jahre	275
über 40 Jahre	126
über 50 Jahre	340
über 60 Jahre	277
über 70 Jahre	135
über 80 Jahre	59
über 90 Jahre	1

Der umfassende Überblick über den Altersaufbau der Anwaltschaft in den einzelnen Kammerbezirken im AnwBl 66, 110 macht die ungünstige Struktur deutlich. Für das Berliner Beispiel ergibt sich, daß 38,6 % der im Jahre 1964 tätigen Anwälte über 60 Jahre alt waren, 16 % sogar über 70. Auch das Schaubild für das gesamte Bundesgebiet (Tabelle V) läßt eine ähnliche Struktur erkennen. Im gleichen Zeitpunkt zeigte die Kurve in den acht Kammerbezirken Berlin, Braunschweig, Celle, Hamm, Koblenz, Schleswig den höchsten Wert zwischen den Jahrgängen 1900—1905. Ob Zusammenhänge bestehen zwischen einer angeblich ungünstigen Schadensentwicklung (s. unten S. 114 ff.) und der Tatsache, daß der Kurvenscheitel sich weiter nach rechts bewegte, muß eine Vermutung bleiben; denn es ist nicht möglich, die Daten zum Alter der tätigen Anwälte mit den folgenden Fehler- und Schadensdaten zu kombinieren, da die Versicherungen derartige Angaben zur Person nicht aufnehmen.

§ 2 Haftungsfälle

Im folgenden werden Daten vorgestellt, die bei der Berliner Vertretung der Y-Versicherungs AG an Hand der Schadensakten gesammelt wurden. Sie betreffen die Jahre 1956—1966. Das bedeutet nicht,

Tabelle V

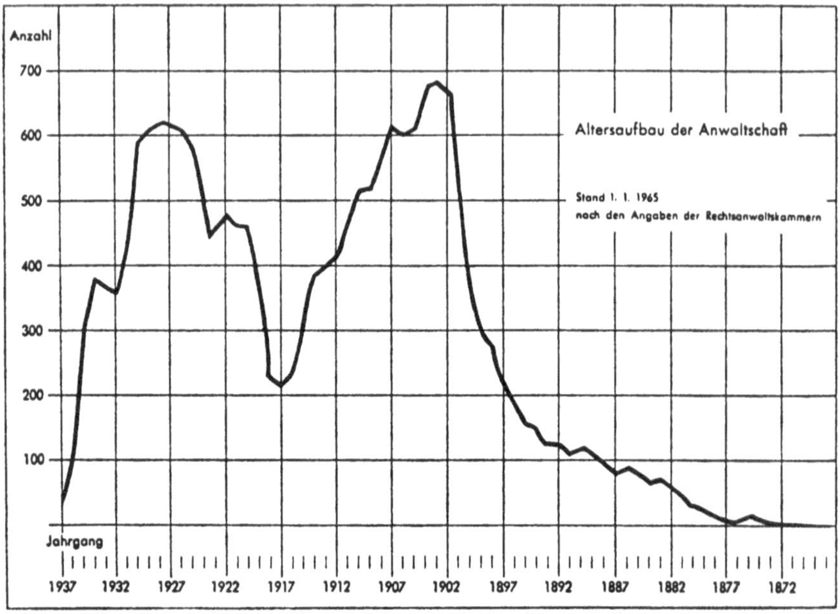

Quelle: AnwBl 65/203.

daß der Versicherungsfall erst nach 1956 eingetreten ist, sondern daß er erst dann angemeldet wurde. Das Material umfaßt etwa ein Sechstel der Berliner Anwaltschaft, das bei der Y-Versicherungs-AG versichert ist. Im Bundesgebiet soll der Anteil ungefähr gleich groß sein (darauf basiert die frühere Angabe, S. 105). Genaue Berechnungen sind deshalb unmöglich, weil die Kartei nur den aktuellen Stand erfaßt und Schwankungen durch Zu- und Abgang laufend eintreten, wie auch die absolute Zahl der Praxisinhaber (s. o.) nur annähernd zu ermitteln ist. Der Stand zur Zeit der Untersuchung belief sich auf 140 Versicherte, darunter 8 Fachanwälte und 21 Sozietätsanwälte. Syndikusanwälte blieben unberücksichtigt. Verglichen mit dem maximalen Stand im Jahre 1960: mindestens 860 Anwälte in Berlin ergibt sich die ungefähre Relation.

Die folgenden Daten können selbstverständlich nicht als repräsentativ gelten. Dazu muß abgewartet werden, ob sich die X-Versicherungs-AG einmal bereit findet, ihr Material zu veröffentlichen. Zum Vergleich sei darauf hingewiesen, daß das Statistische Bundesamt Wiesbaden ca. 11 % der Anwaltschaft für die Kostenstrukturstatistiken der Jahre 1959 und 1963 ausgewertet hat. Ob der gleiche Repräsentationsgrad für die Haftungsfragen ausreichen würde, kann hier nicht beantwortet werden. Es soll weiter darauf verzichtet werden, die vorhandenen Daten als für den engeren örtlichen Bereich als repräsentativ auszuweisen; denn daraus ließe sich nichts ableiten, da es hier nicht um örtlich gebundene Fragen geht. Wie weit die vorhandenen Angaben ausreichen — u. U. im Zusammenhang mit anderen Hinweisen, Tendenzen sichtbar zu machen oder die vorhandenen Anmerkungen in dem beschränkten Umfang zu bestätigen, soll dann im nächsten Abschnitt geklärt werden.

In dem elfjährigen Zeitraum waren 121 Vorfälle zu verzeichnen, von denen nicht alle echte Schadensfälle waren, nicht einmal alle überhaupt einen Anwaltsfehler erkennen ließen; denn zuweilen führt derjenige, der vor Gericht keinen Erfolg hatte, dies auf einen Fehler des Anwalts zurück, und zwar ebenso unberechtigt, wie auch sein Anspruch war. Da der Anwalt zur Anzeige verpflichtet ist, wenn nur die Möglichkeit einer Inanspruchnahme droht oder ein Mandant, vielleicht zu Unrecht, Ansprüche geltend macht, erscheinen auch diese Fälle in einer Akte.

25 solcher Fälle verteilen sich auf den Zeitraum zwischen 1954 und 1965. Vier haben angebliche Beratungsfehler zum Gegenstand, zwölf Fristversäumnisse, sechs Fehler bei der Prozeßführung und drei sonstige fehlerhafte Sachbehandlung. In vier Fällen beruhte die Fristversäumnis auf dem eigenen Verschulden des Mandanten, indem er z. B. das Mandat erst nach der Verjährung eines Anspruchs übertrug. In den übrigen acht Fällen wurde entweder Wiedereinsetzung gewährt (4 mal), oder es wurde gerichtlich geklärt, daß die angeblich versäumte Prozeßhandlung doch rechtzeitig erfolgt war (3 mal). Sechsmal wurden die Gerichte mit einer Klärung befaßt, in einem Fall entschied das KG endgültig erst nach Rückverweisung durch den BGH (negativ wegen Verjährung).

Die übrigen Vorfälle teilen sich in solche, in denen dem Anwalt ein Fehler unterlief, der auch zu einem Schaden auf Seiten des Mandanten führte, und andere, in denen ein derartiger Schaden fehlt.

Zweimal verursachten Vertreter des Anwalts die Verfahrensfehler, dreimal lag die Ursache in einem Büroversehen[5], bei den Fristversäumnissen entsprechend einmal und dreimal. Bei der Art der übersehenen Fristen handelt es sich in sieben Fällen um materielle (Ver-

---

[5] Es ist möglich, daß der Anteil der Büroversehen besonders bei der nächsten Gruppe höher ist, da die Schadensanzeigen die Vorgänge in der Kanzlei nicht immer eingehend darstellen; andererseits muß auf die Rechtsprechung zum Organisationsverschulden verwiesen werden, wonach in manchen Umständen, die zunächst auf ausschließliches Büroverschulden deuten, auch ein vorwerfbarer Organisationsmangel des Anwalts zu entdecken ist.

Tabelle VI: Schadensfälle

	Beratungs-	Verfahrens-	Fristfehler	Prozeß
1953		1		
1955			1	
1956			2	
1958	1+	1		1
1959			1	
1960			2	1
1961	1	5+—1[a)]	1	1
1962		1	3—1	
1963	1	1	2	
1964	1	1+	4+—1	3
1965		2	1	
1966			1	
Gesamt	4	13	20	6

(+ bezeichnet die Verbindung zwischen Fehler und gerichtlichem Vorgehen.)
a) Die ausgestellten Ziffern stehen für Fälle, die nicht ganz zweifelsfrei Schäden verursacht haben.

jährungs, und Ausschlußfristen) bei dem Rest um Verfahrensfristen (am häufigsten Einspruchsfrist [3 mal], Berufungs- und Berufungsbegründungsfristen u. a.). Bei der Auseinandersetzung vor Gericht wurden in vier Fällen Vergleiche geschlossen, in einer hat das KG der Klage stattgegeben.

Anwaltsfehler, die keine Schadensersatzforderungen begründen.

Tabelle VII

	Beratungs-	sonstige materielle	Verfahrens-	Fristfehler
1954	1			
1955	3			
1956				1
1957		1	3	2
1958			1	8
1959		1	1	4
1960			1	2
1961	1	1		2
1962		2		4
1963		1	1	5
1964		2		1
1965				6
1966				3
Gesamt	4	8	7	38

Dazu kommen zwei Fälle materieller Fehler aus den Jahren 1949 und 1952, in denen die Regreßfrage wegen der Verjährung nicht weiter verfolgt wurde. Bei den Fristversäumnissen, die in zwei Sachen auf

Vertreter, in einer auf Büroverschulden zurückgehen, rangieren bei der Versäumung materieller Fristen (13 mal) die Entschädigungssachen (Anmeldefristen) mit zehn an der Spitze, bei den prozessualen die Berufungs- (8) und Berufungsbegründungsfristen (8). Der Rest verteilt sich auf verschiedene verfahrensrechtliche Fristen. In drei Fällen wurde der Regreßkläger abgewiesen, zweimal vor dem LG, einmal in der Berufungsinstanz beim KG (einmal bei Frist). Die Gründe dafür, daß Fristversäumnisse nicht zum Regreß führten, liegen hauptsächlich darin, daß die Rechtsmittel aussichtslos wären und schon deshalb kein Schaden eintreten konnte (26), oder es fehlte an der Kausalität oder am Verschulden. Bei den materiellen Fehlern sind gleichermaßen fehlender Schade, Mangel von Kausalität oder Verschulden ursächlich. In drei Fällen brauchte wegen Verjährung nicht weiter ermittelt zu werden. Eine Reihe von Fällen bleibt auch unaufgeklärt, weil der möglicherweise Geschädigte die Sache überhaupt nicht entdeckt oder verfolgt (9 mal), in vieren sind Gründe nicht ersichtlich.

In der Statistik tauchen auch fünf Fachanwälte auf (3 Schäden, 6 Fehler ohne Schäden, allerdings in keinem Fall innerhalb ihres Fachgebiets, 4 mal weder Schaden noch Fehler). Von den insgesamt versicherten 21 Sozietätsanwälten sind nur einer mit einem Schaden, vier mit insgesamt fünf angeblichen Schäden in Erscheinung getreten.

Bei Addierung der beiden Gruppen von Fehlern mit und ohne Schaden sind 51 Anwälte mit einem einmaligen Versehen vertreten, das 27 mal ohne Folgen blieb. 31 Anwälte wurden nur einmal wegen Schadensersatzes in Anspruch genommen. Die restlichen 43 Fälle verteilen sich auf vierzehn Anwälte, darunter neun mit je zwei Fällen, drei mit je drei, einer mit vier und einer mit zwölf Fällen.

Tabelle VIII: Mehrfachversehen

mit 2	2	4 (1 : 1)	3
3		2 (1 : 2)	1
4		1 (2 : 2)	
12 Versehen		1 (1 : 11)	
	mit	mit/ohne	ohne Schäden

Rechtsangelegenheiten, die nacheinander oder nebeneinander von mehreren Rechtsanwälten fehlerhaft behandelt wurden, begegnen nicht. Nur in einem Fall führte die Versäumung einer Frist zu einem erheblichen Schaden, den der Anwalt des Regreßprozesses nur zu einem Teil einklagte, während der Rest verjährte.

Die Schadenshöhe läßt sich in den seltensten Fällen exakt ermitteln, zumal es nur in wenigen Ausnahmen zu einer gerichtlichen Entscheidung kommt, die auch die Höhe genau feststellt. So ist von unterschiedlichen Angaben auszugehen; der Berechnung des angeblich oder wirklich Geschädigten, der des Schädigers oder der beteiligten Versicherung. Die Zahlungen der Versicherungen geben kein zutreffendes Bild, da sie um den jeweiligen Selbstbehalt des Versicherten erhöht werden müßten und außerdem um die dem Anwalt entgangenen oder von ihm zurückzuerstattenden Gebühren und Kosten. Vielfach werden Vergleiche geschlossen, die den einen oder anderen begünstigen. Wenn sich der Anwalt seinen Mandanten erhalten will, ist er oft geneigt, auch dessen unberechtigte Wünsche zu befriedigen und sich entsprechend bei seiner Versicherung dafür einzusetzen. Die Versicherungen sind manchmal aus Kulanzgründen bereit, wenn der Vertrag lange Jahre ohne Leistungen gelaufen ist, entsprechende Wünsche zu honorieren, so daß in einer nicht unerheblichen Zahl von Fällen, in denen ein Schaden nicht eingetreten ist oder mindestens nicht auf den Fehler des Anwalts zurückgeht, dennoch Zahlungen geleistet werden, speziell wenn es sich um geringfügige Beträge handelt. Das geschieht vornehmlich dann, wenn die Frage — wie bei Fristversäumnissen — ob ein Schaden eingetreten ist, von der mutmaßlichen Endentscheidung eines Vorprozesses abhängt und die Bearbeitungskosten bei der Versicherung den zu zahlenden Betrag erreichen können und sie daher über einen längeren Zeitraum höhere Reserven stellen müssen. Es kommt sogar vor, daß der Anwalt von sich aus Leistungen auf die bloß angebliche Forderung seines Mandanten erbringt.

Tabelle IX: Schadenshöhe

Unter	500	1000	3000	5000	10000	20000
Zahlung	15	1	4	1		2
nach Vergleich	4	2		1		1
gerichtl. Vergleich	1			2		
gerichtl. Entscheidung				1	1	
Kulanzzahlung vergleichsweise	4	1	1			

Der einzige Fall, in dem der Schaden mehr als 20 000 DM betragen hätte (aber noch unter 30 000 DM) führte nicht zu entsprechenden Leistungen, da der Anwalt im Regreßprozeß den nicht eingeklagten Teil verjähren ließ. Er blieb dann mit dem Rest belastet (unter 20 000 DM).

Von 64 Anwälten, für die die Versicherungssumme ermittelt werden konnte — allerdings nur zum Verstoßzeitpunkt — ergab sich folgendes Bild:

Tabelle X

Versicherungssumme in Tausend	5	10	20	25	30	40	50	70	80	95	100	200
Einzelanwälte	2	7	4	3	10	1	15	1	2	1	4	
Sozietätsanwälte		1	1				2	2			7	1

Inzwischen sind häufig Erhöhungen vorgenommen[6], so daß der Prozentsatz der mit weniger als 50 000 DM versicherten Anwälte nur noch gering ist.

Früher wurde mehrfach betont, daß die Berufshaftpflichtversicherung den Anwalt einer untragbaren Belastung aussetze[7]. Deshalb sollen hier einige Zahlenwerte aus den Kostenstrukturstatistiken von 1959 und 1963 vorgestellt werden. Aus den Gegenüberstellungen mit den Prämienleistungen ergeben sich die Vergleichsgrößen. Die durchschnittlichen Aufwendungen für alle Versicherungsleistungen betrugen nach der Kostenstrukturstatistik 1963 0,95 % der Einnahmen, wobei jedoch nicht angegeben werden kann, welchen Teil die Berufshaftpflichtversicherung ausmacht.

Tabelle XI: Kostenstrukturstatistik 1959 und 1963

Einnahmen	Einzelpraxen		Sozietäten		Praxisinhaber	
— 10 000	82	60+		1+	82	62+
— 20 000	184	166	5	2	194	170
— 30 000	206	135	10	7	226	150
— 50 000	252	240	21	16	294	272
— 80 000	199	251	53	40	308	330
— 100 000	70	94	22	28	117	153
— 120 000		73		31		135
— 150 000	58	53	58	40	185	136
— 200 000	16	31	35	67	97	178
— 250 000	9	12	25	40	69	100
— 500 000	7	13	28	47	89	147
—1 000 000	1		12		44	
—2 000 000		3		26		88

Die erste Spalte gilt für das Jahr 1959 für die BRD ohne Berlin, die zweite für 1963. Enthalten sind Rechtsanwälte wie Rechtsanwaltsnotare, ausschließlich Rechtsanwälte bei den mit + gekennzeichneten. Die leeren Felder sind durch die Kombination unterschiedlich gegliederter Statistiken entstanden.

---

[6] Beeinflußt durch die Neufassung des § 37 der Richtlinien, nach dem 50 000,— DM Deckungssumme als angemessen bezeichnet sind.

[7] Vgl. *Dittenberger*, AnwBl 21, 211, *Fürst*, AnwBl 29, 329, *Sickinger*, AnwBl 32, 137.

Tabelle XII: Prämiengestaltung der X- und Y-Versicherungs-AGen

a) Tarife für Justizbeamte (Y-Versicherungs-AG 1966) monatlich in DM

	Richter, Rechtspfleger nach § 19 RPflG	Einzelrichter, FGG u. Vollstr.	Rechtspfleger	Gerichtsvollzieher
10 000	14,40	28,80	19,20	57,60
für jede weitere 10 000	je 2,40	4,80	3,20	9,60
100 000	36,—	72,—	48,—	144,—

b) Tarife für Rechtsanwälte (X-Versicherungs-AG 1967) jährlich in DM

30 000	256,—	175 000	648,—
40 000	288,—	200 000	704,—
50 000	320,—	250 000	800,—
+ je 10 000	32,—	300 000	896,—
125 000	536,—	400 000	1088,—
150 000	592,—	500 000	1280,—

Die X-Versicherungs-AG erhöhte Ende des Jahres 1966 die Tarife. Ob eine ungünstige Schadens- oder Kostenentwicklung der Anlaß war, oder zu welchem Anteil beides mitwirkte, konnte weder von der Gesellschaft noch vom DAV, dem die Gründe dargelegt wurden, um eine Intervention zu verhindern, in Erfahrung gebracht werden.

Die Angaben der Versicherung können für den Berliner Bereich ergänzt werden durch einen Überblick über die vom Kammergericht[8] entschiedenen Regreßsachen. Die Streitigkeiten, die durch Vergleich beendet werden, können nicht erfaßt werden, da die Akten des KG nur die Urteile enthalten. Dem Gericht wurden in den Jahren 1956—66 (einschließlich) 34 Sachen vorgelegt, eine davon nach Rückverweisung durch den BGH zweimal, eine andere verwies es selbst an die untere Instanz. Dabei sind auch die Rechtsstreitigkeiten enthalten, in denen sich der Beklagte mit eigenen Schadensersatzforderungen gegen Gebührenansprüche des Rechtsanwalts zur Wehr setzte. In fünf Fällen erkannte das Gericht, daß für Schadensersatzforderungen nichts Schlüssiges vorgetragen sei, zweimal wurde die Klage auf die Einrede der Verjährung abgewiesen. In den restlichen 26 Fällen entschied das KG neunmal zugunsten des Geschädigten, im übrigen wies es ab: fünfmal mangels Pflichtverletzung, dreimal wegen fehlender Kausalität, achtmal, weil das Anwaltsversehen keinen Schaden entstehen ließ. Eine Klage scheiterte an der Verwirkung des Schadensersatzanspruchs. Bei den sieben Fällen, in denen der Rechtsanwalt Fristversäumnisse verschuldete, entschied das Gericht drei positiv, vier wegen fehlenden Schadens negativ.

Aus dem bisher mitgeteilten Material ist bereits ersichtlich, welche Rolle Fristversäumnisse im Gebiet der Anwaltshaftung spielen. Ein

---

[8] Die Entscheidungen sind z. T. bereits in Kapitel I berücksichtigt.

zutreffendes Bild nach allen Seiten ließe sich erst dann gewinnen, wenn Daten über die Wiedereinsetzung (gewährte wie abgelehnte) vorhanden wären, zu denen allerdings noch diejenigen kommen müßten, in denen eine Wiedereinsetzung nicht einmal versucht wurde und die Versäumung auch sonst keinen Anlaß zu irgendwelchen Maßnahmen ergab. Eine exakte Übersicht läßt sich kaum gewinnen, weil auch nicht jeder Fristfehler bei den Versicherungen registriert wird. Da die Gerichte über Wiedereinsetzungen keine Statistiken führen, bleibt aber auch das übrige im Dunkeln. Der Tatsache, daß in der Zeit, wo das KG mit sechs Regreßklagen wegen Fristfehler befaßt war, dem BGH mindestens elf Beschwerden wegen Versagung der Wiedereinsetzung durch das KG (in VersR 57—64 veröffentlicht) vorlagen, läßt sich kaum mehr Klarheit über das Verhältnis von Fristversäumnissen und positiven oder negativen Wiedereinsetzungsbeschlüssen gewinnen; denn weder die bis zum BGH verfolgten Fälle, noch die vom KG negativ oder die positiv behandelten stehen überhaupt fest, ganz zu schweigen von den Fällen, die in den unteren Instanzen oder bei den anderen Gerichtszweigen beginnen.

Wie weit Regreßfälle existentielle Gefahren bedeuten, ist nicht festzustellen. Weder ist der vom AnwBl 58/188[9] zitierte Fall in dieser Hinsicht belegt, noch konnten weitere über den DAV ermittelt werden. Bei den Versicherungen dürften sich gerade dazu auch keine Anhaltspunkte finden lassen. Unter den hier vorgestellten Fällen findet sich keiner, der eine Schadenssumme von 20 000 DM oder die Versicherungssumme überhaupt überschritt. Die persönlichen Belastungen des Anwalts richteten sich daher nach dem jeweiligen Selbstbehalt. Für die Fälle, in denen höhere Schadenssummen relevant werden, ist weiter zu beachten, daß nach § 37 der Richtlinien nunmehr eine Haftpflichtversicherung empfohlen ist, die mindestens 50 000 DM Deckungssumme haben soll. Damit ist auch fraglich, ob Schäden über ein Mehrfaches der hier angetroffenen Summe derartige Auswirkungen haben können oder dafür nach der jetzigen Lage nicht einmal mehr solche von 50 000 oder 60 000 DM in Frage kommen.

§ 3 Haftungsbegrenzungen

Schon 1930 berichtete Schweitzer[10] davon, daß Haftungsbeschränkungen in zahllosen Fällen getroffen würden, wie er sie selbst auch ver-

[9] Es ist der durch BGH VersR 58, 860 = NJW 59, 141 = LM Nr. 8 zu § 276 BGB (Ci) entschiedene Rechtsstreit. Man muß die Entscheidung lesen, um zu sehen, welche Gefahren mit einem Zitat nach Zeitungsberichten verbunden sind.

[10] S. 47 ff.

einbarte. Die Entwicklung derartiger Klauseln begann nach dem ersten Weltkrieg im Zusammenhang mit der schwierigen wirtschaftlichen Lage, nicht zuletzt auch hervorgerufen durch eine gewisse Rechtsunsicherheit während der Inflationsjahre und Geldab- und -aufwertung.

Scherer[11] stellte die Frage der Haftungsbegrenzung 1921 erstmals zur Diskussion. Das veranlaßte örtliche Anwaltsvereine, entsprechende Beschlüsse zu fassen und damit an den DAV heranzutreten. Der Anwaltsverein Koblenz empfahl am 25. 4. 1921, beim DAV auf eine Haftungsbeschränkung bis zur Höchstgrenze von 10 000 DM zu dringen. Kurz darauf folgten ihm die Vereine Danzig und Stargard[12]. Noch im Jahre 1921 (26. 11.) beschäftigte sich der DAV[13] auf Grund statistischer Unterlagen des Allgemeinen Deutschen Versicherungsvereins Stuttgart mit den Haftungsfragen und faßte eine Reihe von Beschlüssen, mit denen vorwiegend Änderungswünsche hinsichtlich der Anwendbarkeit des § 839 Abs. I S. 2, Abs. III BGB, Abkürzung der Verjährung etc. vorgetragen wurden. Gesetzliche Haftungsbeschränkungen wurden nicht ins Auge gefaßt, ebensowenig vertragliche, weil man sich weder über die rechtliche Zulässigkeit noch die wirtschaftlichen Folgen klar war. Die örtlichen Anwaltsvereine wurden aufgefordert, sich eigener Maßnahmen zu enthalten, damit der Handlungsspielraum nicht von vornherein eingeengt würde. Dennoch gaben einzelne Anwaltsvereine Mandatsbedingungen mit Haftungsbeschränkungsklauseln heraus, so daß der DAV im Jahre 1925 erneut beriet. Ein Beschluß des Anwaltsvereins Königsberg[14] vom 3. 3. 1926 sprach sich deutlich gegen derartige Klauseln aus. Am 9. Juni 1927 beschäftigte sich der DAV[12] anläßlich des Anwaltstages wiederum mit den Fragen der Haftungsbeschränkungen, zumal im gleichen Jahre der Reichsverband der Industrie an ihn wegen der vom Anwaltsverein Mannheim herausgegebenen Mandatsbedingungen herangetreten war. Es wurden Beschlüsse[12] gefaßt, nach denen Haftungsbeschränkungen nur in besonders gestalteten Einzelfällen als zulässig angesehen wurden. Diese Meinung teilte der DAV den örtlichen Organisationen in einem Schreiben vom 23. Juli 1927 mit, in dem es heißt: „Der Vorstand des DAV hält Vereinbarungen über den Ausschluß oder die Beschränkung der Haftung für besondere Einzelfälle für unbedenklich, dagegen allgemeine Vereinbarungen dieses Inhalts, sei es durch den einzelnen Rechtsanwalt, sei es durch örtliche Anwaltsvereine für nicht standeswürdig." Zugleich sprach der DAV die Bitte aus, Mandatsbedingungen

---

[11] AnwBl 21, 93.

[12] s. *Selb*, AnwBl 30, 356.

[13] s. *Dittenberger*, AnwBl 21, 211.

[14] s. AnwBl 26, 133.

mit Beschränkungsklauseln zurückzuziehen. Zur Begründung verwies er auf die Unvereinbarkeit mit der Monopolstellung der Rechtsanwälte und ihre Aufgabe als Organ der Rechtspflege, sowie die Auffassungen des Publikums darüber.

Kurz darauf schlug sich diese Auffassung auch in den erstmals ausgearbeiteten Richtlinien[15] nieder, deren Nr. 45 lautete: „Die allgemeinen Vereinbarungen des Ausschlusses oder die Beschränkung der Haftung des Rechtsanwaltes ist unzulässig, und zwar sowohl wenn sie durch generelle Bedingungen von Anwaltsvereinen bestimmt wird, als auch, wenn die grundsätzliche Vereinbarung durch den einzelnen Anwalt für alle seine Mandate oder für bestimmte Kreise vor Mandaten getroffen wird.“ 46) „Haftungsbeschränkung durch Vertrag ist in Einzelfällen zulässig, z. B. dann, wenn bei besonders bedeutsamen und schwierigen Angelegenheiten die dem Rechtsanwalt zustehende Vergütung keinen hinreichenden Ausgleich für das hohe Risiko des Anwalts bietet oder wenn etwa dem Anwalt aus irgendwelchen Gründen die für die gründliche Bearbeitung der Angelegenheit an sich erforderliche Zeit nicht zur Verfügung gestellt werden kann (Terminsnähe, Fristablauf, Geltendmachung von Teilansprüchen).“ 47) „Die Aufnahme von Vereinbarungen über Haftungsbeschränkungen oder Haftungsausschluß in Vollmachten ist unter allen Umständen unzulässig.“

Der Karlsruher Anwaltsverein[16] stellte sich 1929 bewußt in Gegensatz dazu und beschloß, den Mandatsbedingungen in seinem Bereich folgende Fassung zu geben: „Eine Haftung des Rechtsanwalts für Verschulden seiner Angestellten ist ausgeschlossen. Die Haftung für einen durch eigene Fehler des Rechtsanwalts erwachsenen Schadens wird auf den achtfachen Betrag der im Rechtsstreit verdienten Gebühren und, falls dieser Betrag den gerichtlich festgesetzten Streitwert übersteigt, auf diesen beschränkt.“ Der DAV trug dieser Entwicklung Rechnung in der Neufassung der Richtlinien vom Juli 1930 (57): „Die allgemeine Vereinbarung des Ausschlusses oder die Beschränkung der Haftung des Rechtsanwalts wird nach der herrschenden Meinung für unzulässig gehalten . . .“

Auch 1931 war es noch einmal Thema von Ausschußberatungen bei dem DAV, in der die bisherige Einstellung aufrechterhalten wurde. Die Vereinigung der Deutschen Anwaltkammervorstände schloß sich ihr am 6. 3. 1932 an. In den folgenden Jahren änderte sich kaum etwas. Die Richtlinien, jetzt von der Reichsrechtsanwaltskammer herausgegeben, hatten in Nr. 31 wieder die ursprüngliche Fassung. Sie fand im wesentlichen Eingang in die Richtlinien der Bundesrechtsanwalts-

[15] s. Anlage zum Anwaltsblatt 1927.
[16] s. *Fürst*, AnwBl 29, 329.

kammer vom 11. 5. 1957: § 36 „1. Die allgemeine Vereinbarung des Ausschlusses oder der Beschränkung der Haftung des Rechtsanwalts ist nicht gestattet.“ 2. (s. S. 119 [46]) 3. Es ist jedoch unzulässig, sich in Auftrags- oder Vollmachtsformularen eine Beschränkung der Haftung oder sonstige Abänderungen des Auftragsverhältnisses gegenüber seinem gesetzlichen Inhalt zuungunsten des Auftraggebers auszubedingen.“

Zur Zeit gelten die Richtlinien vom 3. Mai 1963: § 38 „1. Die Vereinbarung des völligen Ausschlusses der Haftung des Rechtsanwalts für Berufsversehen ist nur in besonderen Ausnahmefällen zulässig. 2. Haftungsbeschränkungen durch Vertrag sind insoweit zulässig, als es sich um Schäden handelt, die ein Risiko von 50 000 DM übersteigen. 3. Die Haftungsbeschränkung soll nur schriftlich vereinbart werden, darf aber nicht in die Vollmacht aufgenommen werden.“

In welcher Weise sich die Mandatsbedingungen entwickelt haben, insbesondere ob örtliche Anwaltsvereine der Aufforderung Schweitzers[1], sich über die Beschlüsse des DAV hinwegzusetzen, gefolgt sind — möglicherweise auch noch über die Zeit hinaus, als die Richtlinien von der Reichsrechtsanwaltskammer autorisiert waren — läßt sich nicht mehr verfolgen. Nach Auskünften der Bundesrechtsanwaltskammer und des DAV kennt sie die Gegenwart jedenfalls nicht. Weiter ist darauf hinzuweisen, daß bisher kein Gericht eine Entscheidung zu diesen Fragen veröffentlichte[17]. Immerhin existiert neben dem Formular V 104 (Prozeßvollmacht) das Formular V 114 (Prozeßvollmacht und Mandatsbedingungen) der Hans-Soldan-Stiftung in der Fassung von 1964. Der DIN A 4-Bogen ist in der Mitte perforiert. Sein oberer Teil entspricht dem Formular V 104, der untere trägt die Überschrift „Mandatsbedingungen“ und hat folgenden Text:

„1. Bei Auftragserteilung ist ein angemessener Kostenvorschuß zu entrichten (§ 17 BRAGebO).

2. Die Kostenerstattungsansprüche des ...

3. Die Haftung des beauftragten Anwalts wird auf einen Betrag von 50 000 DM beschränkt.

4. ... (Handakten) 5. ... (Erfüllungsort und Gerichtsstand).

6. Soweit nicht gesetzlich eine kürzere Verjährungsfrist gilt, verjähren die Ansprüche gegen den beauftragten Anwalt zwei Jahre nach Beendigung des Auftrags.

7. ...“

---

[17] s. S. 94 Anm. 211.

Daß auch andere Verlage ähnliche Vertragsbedingungen formularmäßig vertreiben, kann nicht ausgeschlossen werden. Über die Verbreitung des zitierten Formulars können keine Angaben gemacht werden, da entsprechende Anfragen beim Hersteller und dem DAV ergebnislos blieben. Obwohl im Mitteilungsblatt der Rechtsanwaltskammer Köln ausdrücklich auf dieses Formular hingewiesen wird, war von dort nichts über die Verbreitung zu erfahren, im Gegenteil lautete eine Auskunft, daß Haftungsbeschränkungen unter Verwendung von Formularen unüblich seien.

In den Standesrichtlinien der Bundessteuerberaterkammer von 1964 heißt es zum gleichen Thema: § 16 „1. Die Vereinbarung des Ausschlusses der Haftung des Steuerberaters für Berufsversehen ist nur in besonderen Ausnahmefällen zulässig. 2. Eine vertragliche Beschränkung der Haftung auf eine bestimmte Zeitdauer ist zulässig, sofern die Zeitdauer nicht auf weniger als 3 Jahre bemessen ist. Eine Beschränkung der Haftung ist auch insoweit statthaft, als es sich um Schäden handelt, die ein Risiko von DM 50 000 übersteigen. 3. Es ist zulässig, mit dem Auftraggeber zu vereinbaren, die Haftung gegenüber Dritten in der Weise einzuschränken, daß der Steuerberater nur haftet, wenn er der Weitergabe seiner beruflichen Äußerung (...) an den Dritten schriftlich zugestimmt hat. 4. ..."

Zum Vergleich werden die einschlägigen Mandatsbedingungen der Wirtschaftsprüfer zitiert: 9. „(1) Der Umfang der Haftung des Wirtschaftsprüfers ist — soweit in gesetzlichen Sondervorschriften keine höhere oder niedrigere Summe festgesetzt ist — auf 100 000 DM für den einzelnen Schadensfall beschränkt, und zwar auch dann, wenn ausnahmsweise eine Haftung gegenüber einer anderen Person als dem Auftraggeber begründet sein sollte. Als einzelner Schadensfall ... (2) Ein Schadensersatzanspruch kann, soweit er nach gesetzlicher Vorschrift nicht bereits verjährt ist, nur innerhalb von sechs Monaten geltend gemacht werden, nachdem der Anspruchsberechtigte von dem Schaden und von dem anspruchsbegründenden Ereignis Kenntnis erlangt hat, spätestens aber innerhalb von fünf Jahren nach dem anspruchsbegründenden Ereignis. Der Anspruch erlischt, wenn nicht innerhalb einer Frist von sechs Monaten seit der schriftlichen Ablehnung der Ersatzleistung Klage erhoben wird. Besondere gesetzliche Bestimmungen über die Verjährung bei Pflichtprüfungen bleiben unberührt. 3. Gegenüber dem Dritten haftet der Wirtschaftsprüfer nur, wenn er der Weitergabe seiner beruflichen Äußerung (...) an diesen Dritten schriftlich zugestimmt hat."

Über Haftungsausschluß oder -beschränkung durch einzelvertragliche Vereinbarung, ihre Art und Form lassen sich keine Aussagen machen, da weder Gerichts- noch Versicherungsakten Anhaltspunkte liefern. Vergleichsweise ist anzumerken, daß die gemeinnützigen Rechtsberatungsstellen des Berliner Anwaltsvereins für die minderbemittelten Personen gewährte Beratung jegliche Haftung ausschließen. Hinsichtlich Verjährungsabkürzung oder Ausschlußfristen gibt das auf S. 120 erwähnte Formblatt V 114 das einzige Beispiel. Erstmals war im Jahre 1910 durch Novellierung der RAO die 30jährige Verjährungsfrist für Dienstverträge auf fünf Jahre abgekürzt worden. Die BRAO bestimmt in § 51 eine dreijährige Frist.

Zugleich mit dem Beginn der Diskussionen um Haftungsbegrenzungen fingen die Auseinandersetzungen über eine zwangsweise Berufshaftpflichtversicherung an[18]. Während die Standesrichtlinien in der einen Streitfrage sofort (s. o.) Stellung nahmen, dauerte es in der anderen noch Jahrzehnte. Voraufgegangen waren nicht nur die Entwicklung, daß sich die Anwälte nahezu ausnahmslos freiwillig versicherten, sondern auch gesetzliche Muster wie § 29 StBerG.

Die Richtlinien der Bundessteuerberaterkammer vom November 1964 bestimmen in § 17: „Der Steuerberater ist zum Abschluß einer Berufshaftpflichtversicherung gegen Vermögensschäden, die sich aus seiner und seiner Angestellten Tätigkeit ergeben können, verpflichtet. Der Steuerberater entscheidet nach pflichtgemäßem Ermessen unter eigener Verantwortung, welche Versicherungssumme für ihn angemessen ist. In der Regel soll eine Mindestversicherungssumme von DM 50 000,— für den Einzelfall und von DM 100 000,— für den Gesamtschaden im Jahr nicht unterschritten werden."

In den Richtlinien der Bundesrechtsanwaltskammer vom Mai 1963 heißt es nunmehr im § 37: „Es ist Standespflicht des Rechtsanwalts, für sich und seine Mitarbeiter eine Berufshaftpflichtversicherung in angemessener Höhe einzugehen und zu unterhalten. Als angemessen ist in der Regel eine Versicherungssumme über 50 000,— DM anzusehen."

Beobachtungen von Versicherungsverträgen haben ergeben, daß Rechtsanwälte ihre seit früherer Zeit bestehenden Versicherungsverträge in den letzten Jahren, zuweilen um den zehnfachen Wert, erhöht haben.

Abschließend ist darauf hinzuweisen, daß weder die Standesvertretungen noch die -organisationen Regreßprozesse beobachten. Das bedeutet allerdings nicht, daß sie in keinem Falle beteiligt waren, wofür man als augenfälligstes Beispiel auf die Entscheidung des BGH[19] zur

---

[18] s. *Dittenberger*, a.a.O.

[19] NJW 65, 102.

Fristenberechnung verweisen kann. Ob bei anderen Streitigkeiten Gutachten eingeholt wurden, ergeben die jeweils veröffentlichten Gründe nicht, ist damit aber auch nicht ausgeschlossen. Das OLG Celle[20] hat schon früher eine gutachtliche Äußerung der Rechtsanwaltskammer Celle zur Grundlage eines Erkenntnisses genommen. Es fällt immerhin auf, daß keines der berücksichtigten Verfahren vor dem KG eine Bezugnahme auf gutachtliche Äußerungen der Anwaltskammern durch den in Anspruch genommenen Rechtsanwalt enthält.

---

[20] NJW 59, 2064.

Kapitel III

Reform der Anwaltshaftung

Es hat in den letzten Jahrzehnten nicht an Forderungen und Vorschlägen zu Reformen gefehlt. Anstoß gab immer wieder die Rechtsprechung, die seit damals bis heute Vorwürfe hinnehmen mußte, die dann in zweiter Linie auch den Gesetzgeber treffen, besonders, wenn belastende Entscheidungen auf einer zutreffenden Auslegung gesetzlicher Bestimmungen beruhen[1], die dennoch anwaltliche Belange nicht gebührend zu berücksichtigen scheinen. Änderungswünsche und -vorschläge kommen stets aus der Reihe der betroffenen Anwaltschaft. Sie umfassen ein breites Spektrum, das seit einem halben Jahrhundert im wesentlichen aus den gleichen Linien besteht, abgesehen von den Auseinandersetzungen um Haftungsbegrenzungen in der Zeit von 1921—33. Weiter ist auffallend, daß sich auch die Argumente wenig geändert haben, wohl zuweilen mehr oder weniger stark akzentuiert werden, aber selbst dort Neuauflagen darstellen, wo sie als Zeichen unserer Zeit vorgestellt werden. Wiederholt weisen einige Autoren darauf hin, daß der Rechtsanwalt sich in einer Situation befinde, die er physisch und psychisch kaum mehr bewältigen könne[2]. Das aufreibende Hin und Her zwischen Terminen, Sprechstunden und den vielfältigen anderen Tätigkeiten, die eine unterbrochen durch die andere, schaffe eine Überbeanspruchung, der der Richter in seiner vergleichsweise ruhigen Atmosphäre nicht ausgesetzt werde und der die Gerichte aus diesem Grunde verständnislos gegenüberstünden. Das Schlagwort Tageshast — um die typischen heutigen Verhältnisse zu kennzeichnen — gebraucht Finger[3] schon in seinem Buch aus dem Jahre 1912, verbunden mit dem gleichen Hinweis auf die unvergleichlich ruhige Arbeit des Richters. Man muß also besonders kritisch sein, wo mit den speziellen Erfordernissen unserer Tage operiert wird.

Zuweilen verbinden sich die Reformgedanken mit den allgemeinen Bestrebungen, das Haftungsrecht aus der Starre, den Schädiger entweder in der ganzen Höhe des Schadens in Anspruch zu nehmen oder

---

[1] s. *Ostler*, Anm. zu BGH AnwBl 65, 118.

[2] s. *Ostler*, Anwaltshaftpflicht, AnwBl 65, 241, 259, *Scheffler*, Karlsruher Forum, S. 43 ff.

[3] s. S. 143 ff.

gar nicht, zu lösen und nach dem Vorbild anderer Rechtsordnungen denjenigen nicht mit ungewöhnlichen Folgen seines Handelns zu belasten, dem nur leichtes Verschulden vorzuwerfen ist[4]. Für andere harmonisiert die ausschließliche Anwendung vertraglicher Haftungsbestimmungen des BGH nicht mit der Stellung des Rechtsanwalts[5]. Sie fordern, seine Haftung an der der anderen Rechtspflegeorgane auszurichten oder mindestens, wenn beider Haftung in Frage kommt, Privilegien, die letztere haben, gegenüber dem Anwalt auszusetzen, gegenüber dem Geschädigten aber auch dem Anwalt einzuräumen und ihn gleichwertig unter die Rechtspflegeorgane einzureihen. Wo einerseits der Gesetzgeber aufgerufen wird, als ungerecht empfundene Gesetze zu beseitigen und Haftungsbegrenzungen einzuführen, erhofft man sich andererseits Wandlungen dadurch, daß die Rechtsprechung ihre Auffassungen zu Kausalitäts- und Fahrlässigkeitsbegriffen revidiert[6] oder auch Gedanken, die die Rechtsprechung in anderen Bereichen entwickelt hat, als übertragbar erkennt. Ein weiteres Anliegen richtet sich an den Gesetzgeber und die Judikatur gemeinsam, nämlich die Quellen fehlerhaften Handelns des Rechtsanwalts dadurch zu beseitigen, daß der eine unübersichtliche und uneinheitliche Regelungen beseitigt, klare und eindeutige Normen schafft, die andere in allen ihren Gerichtszweigen die Einheitlichkeit wahre. Seltener und schwächer sind die Bestrebungen, alle bestehenden gesetzlichen Möglichkeiten zu erkunden und standesrechtlich zu berücksichtigen. Meistens wird es nur als „Akt der Selbsthilfe“ oder Übergangslösung verstanden[7].

Erster Abschnitt

Ansatzpunkte für den Gesetzgeber

Es bedarf keiner Reform, wenn die gesetzlichen Vorschriften obsolet werden dadurch, daß sie im Rechtsleben keine Anwendung mehr finden und neue Regeln an ihre Stelle treten. Sie büßen ihre Effizienz ein und ihre Aufhebung ist nur ein Akt der Klarstellung, Bereinigung des Gesetzestextes. Ebensowenig bedeutet die Übernahme der angewandten Rechtsregeln in gesetzliche Vorschriften eine Reform; denn damit wird kein neues Recht geschaffen, sondern dem angewandten Gesetzesqualität verliehen.

---

[4] s. *Scheffler*, Haftpflichtgefahr, S. 1.

[5] s. *Bendix*, LZ 15, 952, *Finger*, a.a.O., *Holstein*, Rechtsanwendung, S. 59 ff., ders., Haftpflicht JW 38, 1930, *Ostler*, Anwaltshaftpflicht, AnwBl 65, 241 und Anm. zu BGH AnwBL 65, 118, *von der Trenck*, DR 44, 649.

[6] s. *Ostler*, a.a.O., *Scheffler*, a.a.O.

[7] s. *Feuchtwanger*, S. 116 ff., *v. d. Trenck*, a.a.O.

Im Bereich der Anwaltshaftung sind die vertragsrechtlichen Vorschriften des BGB das geltende Recht. Gleichzeitig ist es für die sozialen Gruppen: Rechtsanwälte — Publikum wirksam, und zwar nach dem generellen gesetzlichen Muster[1], weil die Beteiligten kaum Gebrauch machen von der gesetzlich eingeräumten Möglichkeit, besondere Vereinbarungen zu treffen. Mit einer Änderung werden daher wirklich Reformen angestrebt. — Man knüpft daran an, daß die vom Gesetz vorgenommenen Bewertungen der Interessen der beteiligten Gruppen falsch ist, entweder weil eine Gruppe überhaupt nicht oder ungenügend berücksichtigt wird oder allgemein die sozialen und rechtlichen Beziehungen keinen passenden Ausdruck in den für sie geltenden Normen gefunden haben. Entsprechend kann es notwendig werden, Gesetze den Rechtstatsachen anzupassen, um Fehlentwicklungen zu korrigieren oder zu verhindern, oder auch nur nützlich sein, wenn andere Bestimmungen eine bisher befriedigende Berücksichtigung der Rechtstatsachen verbessern.

§ 1 Randberichtigung des Haftungssystems

Die Interessen des Mandanten werden durch die Haftung in voller Höhe seines Schadens in jedem Falle schuldhaften Handelns des Rechtanwalts ganz und gar berücksichtigt, zumal er diese Rechtsstellung nicht durch besondere Aufwendungen erwerben muß. Bei der Frage unumgänglicher Änderungen braucht daher zunächst nur die Situation des Anwalts beleuchtet zu werden. Die Notwendigkeit, sich neu zu orientieren, wird darin gesehen, daß selbst ein leichtes Versehen, wie es der menschlichen Natur entspreche, ungewöhnlich hohe Schäden auslösen könne. Mit deren Ersatz würden dem Anwalt Verpflichtungen auferlegt, die ihn nicht nur um sein Vermögen, sondern auch um seine Existenz bringen könnten. Das geltende Haftungssystem bedeute damit für den Anwalt Existenzvernichtung oder existenzielle Gefahr[2].

Nicht nur im Bereich der Anwaltshaftpflicht stellt die Haftungsstrenge ein Problem dar, sondern sie ist seit Jahren als allgemeines erkannt und diskutiert worden, besonders eingehend auf dem 43. Deutschen Juristentag[3]. Diese Entwicklung findet Ausdruck in dem jüngst veröffentlichten Referentenentwurf eines Gesetzes zur Änderung und Ergänzung schadensersatzrechtlicher Vorschriften (Januar 1967) vom Bundesministerium der Justiz. Artikel I Nr. 2 sieht vor,

---

[1] Zu Geltung und Wirksamkeit vgl. *Hirsch*, S. 225, 332.

[2] s. *Ostler*, a.a.O., *Scheffler*, Karlsruher Forum, S. 43 ff.

[3] Verhandlungen des 43. Deutschen Juristentages.

einen § 255 a in das BGB einzufügen. Im Absatz I heißt es: „Ist der Schaden im Hinblick auf die die Ersatzpflicht begründenden Umstände außergewöhnlich hoch, so kann das Gericht die Ersatzpflicht insoweit einschränken, als sie für den Ersatzpflichtigen auch unter Berücksichtigung der berechtigten Interessen des Gläubigers zu einer schweren Unbilligkeit führen würde." Abs. II bestimmt, daß dies bei vorsätzlicher oder grob fahrlässiger Schädigung nicht gilt, Abs. III die Anwendung auf Gehilfen.

Die Begründung zu diesem Entwurf läßt deutlich die Verwandtschaft zu dem schweizerischen Obligationenrecht erkennen (Art. 43), betont zugleich aber die engere Fassung[4]. Sie verweist darauf, daß es für die große Masse der Entscheidungen bei den §§ 249 ff. BGB in der jetzigen Fassung bleiben wird, also dem vollen Ausgleich der auf Verschulden zurückführbaren Schäden. Im übrigen brauche man für die Rechtssicherheit nicht zu fürchten, da nicht etwa die Kausalitätsprüfung überflüssig werde und die Beschränkung auf außergewöhnliche Schadensfolgen keine Ergebnisse zeitige, die das Rechtsgefühl verletzten. Die Schweizer richterliche Praxis hat Fallgruppen entwickelt[5], in denen das Ermessen eine Reduktion zuläßt; z. B., wenn das leichte Verschulden unverhältnismäßig hohe Schäden hervorruft, wie etwa bei Prädisposition des Verletzten (physische wie wirtschaftliche) oder von Sachen, bei Gefälligkeitsverhältnissen oder konkurrierendem kausalen Zufall. Dort kann die finanziell schwierige Lage des Schädigers billigerweise berücksichtigt werden. Die Begründung des Entwurfs nimmt diese Gedanken auf und ergänzt sie dahin, daß der gewöhnlich zu erwartende Schadensumfang erheblich überstiegen sein müsse, was bei dem Eingreifen ungewöhnlicher Umstände möglich sei.

Nun ist weder der Entwurf Gesetz, noch die Begründung authentische Interpretation, und selbst wenn er Gesetz würde, bliebe abzuwarten, welchen Weg die Rechtsprechung einschlagen würde. Es muß aber bezweifelt werden, daß die Interpretation über die Rechtsprechung in der Schweiz hinausgehen würde. Dann erscheint es zumindest fraglich, ob mit dieser Neuregelung Gestaltungen der Anwaltshaftpflicht zu erfassen wären. Fälle leichten Verschuldens sind nicht zu leugnen, sogar leichtestes ist durchaus anzutreffen. Die schwer zu überspringende Klippe liegt in dem Merkmal „außergewöhnlich". Nach den Intentionen des Entwurfs[6] soll es eine Steigerung gegenüber dem Begriff „ungewöhnlich" in § 254 Abs. II BGB ausdrücken. Daher reicht es nicht aus, wenn der konkrete Schaden über dem statistisch zu ermittelnden Durchschnittswert von Schadensfolgen liegt, die mit glei-

4 Begründung zum Referentenentwurf 1967, S. 41 f.
5 Vgl. *Oftinger*, S. 244 ff.
6 s. Begründung, S. 43.

chen oder ähnlichen Verletzungshandlungen verbunden waren, sondern die gewöhnlich bei ungünstiger Entwicklung zu erwartenden Folgen müssen übertroffen werden. Das heißt nicht, daß jeder außergewöhnliche Schadensverlauf der erste seiner Art sein müßte, sondern er muß das, womit der Schädiger bei normalem Fortgang zu rechnen hat, um ein beträchtliches Maß übersteigen.

Der Rechtsanwalt kann sich ziemlich genaue Vorstellungen davon machen, welche — typischerweise ernste — Folgen für Unterhaltsansprüche oder -verpflichtungen durch Versäumnisse im Ehescheidungsprozeß entstehen, er weiß, welche Bedeutung die Vollstreckung in ein Grundstück eines sonst vermögenslosen Schuldners hat und daß der Ausfall kein außergewöhnlicher Schaden ist. Weiter könnte § 255 a (BGB) dann nicht angewandt werden, wenn für bestimmte Risiken Versicherungsschutz zu erlangen wäre und üblicherweise in diesem Bereich Versicherungen abgeschlossen werden[7]. Die Vermögensschadenhaftpflichtversicherung ist für Rechtsanwälte Standespflicht, und die üblichen Tarife sehen Versicherungssummen bis zu 500 000 DM vor (vgl. Tabelle XII). Außergewöhnliche Schadensentwicklungen müssen folglich selten sein, weil erstens die übertragene Rechtssache das Interesse des Mandanten an ihr erkennen läßt und es Aufgabe des Rechtsanwalts ist, es voll und richtig zu erfassen, und zweitens die Handlungen einen sicheren Schluß auf schädigende Folgen zulassen. Die Neuregelung ist für die Anwaltshaftung praktisch irrelevant. Beispiele, bei denen man an die Anwendung der Ermessensklausel denken könnte, sind weder unter den gerichtlichen Entscheidungen noch den untersuchten Versicherungsfällen zu finden. Sie müßten erst konstruiert werden.

Ein letztes Hindernis besteht darin, daß die Anwendung des § 255 a (BGB) im Ermessen des Gerichts liegen soll. Es gäbe also keine Sicherheit, daß in den extrem seltenen Fällen auch wirklich die angestrebte Entscheidung erginge. Fraglich muß auch erscheinen, ob die Anwaltschaft § 255 a (BGB) als ausreichende Lösung der für diesen Paragraphen bestimmten Sachverhalte ansehen würde, geht sie doch oft von der richterlichen Voreingenommenheit contra advocatum selbst dort aus, wo kein Ermessen eingeräumt ist[8].

Grund der gesetzgeberischen Initiative, die sich auf das Vertragsrecht ebenso wie auf das Deliktsrecht erstrecken soll, ist folgender Gedanke: Das Schadensersatzrecht ist des scheinbar pönalen Charak-

---

[7] s. Begründung, S. 45, BGHZ 27, 62; vgl. auch Berücksichtigung von Versicherungen bei Anwendung des Grundsatzes gefahrgeneigter Arbeit, *Rother*, S. 257.

[8] s. *Ostler*, Anwaltshaftpflicht, AnwBl 65, 248 ff.

ters, den es infolge der Wandlungen der modernen Wirtschaftsstruktur in extremen Fällen nach seinem bisherigen System anzunehmen geeignet war, wieder zu entkleiden und der Schädiger ist auch dann von existentiellen Gefahren zu befreien, wenn er im Rahmen der Vertragsfreiheit solche Überlegungen hätte einfließen lassen können, aber an sie zu denken keinen Anlaß hatte. Es soll nicht statt der Existenz des Geschädigten die des Schädigers vernichtet werden. Der eine wie der andere Beteiligte soll der Sozietät als soziables Mitglied erhalten bleiben, ohne ihrer Fürsorge zur Last zu fallen.

Diese Gedanken haben Relevanz auch im Bereich der Anwaltshaftpflicht. Die Tätigkeit des Rechtsanwalts ist nicht nur sozial notwendig, sondern durch das Recht als soziale Wirklichkeit ausdrücklich anerkannt und entsprechend dieser Wertung vom Gesetzgeber mit hohen Anforderungen ausgestaltet, und zwar nicht etwa, um von dieser Tätigkeit als einer sozial unerwünschten abzuschrecken, sondern weil es um qualifizierte Aufgaben geht. Ziel gesetzgeberischer Vorlagen muß es sein, für diese Aufgaben (man denke an Pflichtverteidigung, Armenrecht, Anwaltszwang), besonders Qualifizierte zu gewinnen, da es sich bei den von ihnen produzierten Gütern nicht um Wirtschafts- sondern um Idealgüter handelt, die mit Wirtschaftsgütern nicht erkauft werden können (deshalb nur honoriert werden)[9]. Bedroht man diejenigen, die sich haben gewinnen lassen, mit der Gefahr der Existenzvernichtung, indem man den Beruf mit außergewöhnlichen Risiken ausstattet, so werden sich die Ziele nicht mehr verwirklichen lassen. Hinzu kommt, daß dem Berufsbewerber versagt ist, den Beruf um des Erwerbes willen zu ergreifen, so daß statt der wirtschaftlichen Belange die Lebensgrundlage auf dem Spiel steht. Die Folge wäre so, wie sie Bader[10] bereits als reale Situation hinstellte: Während die Qualifizierten sich zurückziehen, kommerzialisieren Hasardeure die ihnen überlassene Tätigkeit. Es wäre ein Widerspruch, institutionalisierte der Gesetzgeber die Zerstörung seines Konzepts von der sozial anerkannten und geforderten Tätigkeit. Die Forderung, diesen Widerspruch zu beseitigen, drängt sich danach auf. Wie der Entwurf zu der oben erörterten Frage zeigt, ist er dazu in einem Bereich entschlossen, der die hier interessierenden Probleme allerdings nicht mit erfaßt. Bevor jedoch die technischen Möglichkeiten untersucht werden, ist die Richtigkeit der Prämisse: existentielle Gefahren nach der bisherigen gesetzlichen Regelung zu überprüfen.

Es fällt zunächst auf, daß diejenigen, die auf die Möglichkeit der Existenzvernichtung hinweisen, unterlassen, deren Kriterien — wenn

[9] s. *Deneke*, S. 223 ff.
[10] s. S. 21.

auch nur durch Beispiele — zu beschreiben. Der Rechtsanwalt verliert seine Zulassung, „wenn er in Vermögensverfall geraten ist, und dadurch die Interessen der Rechtsuchenden gefährdet sind" (§ 15 Nr. 1 BRAO). In der Ladung zum Offenbarungseid liegt in der Regel ein Indiz für den Vermögensverfall[11], wohl auch, wenn er von den Gebühreneinnahmen nicht mehr als die pfändungsfreien Beträge nach § 850 i. Abs. I ZPO behalten darf; aber ein Regreß wegen leichten Verschuldens mit dieser Wirkung wird gewöhnlich das Vertrauen in eine verantwortungsvolle Weiterführung der beruflichen Tätigkeit nicht erschüttern. Wenn der Anwalt allerdings gezwungen ist, seine Praxis aufzugeben oder zu verlegen, die Mandanten verliert, so kann man von Existenzverlust sprechen, während eine bloße, auch wesentliche Einschränkung des bisherigen Praxisumfangs nicht dazu rechnen kann.

Immerhin mutet es merkwürdig an, wenn in einer wichtigen Frage, die ernst genommen zu werden verdient, kein einziger verbürgter Fall das Argument stützt, sogar fraglich ist, ob ein solcher Fall angeführt werden kann. Das Zitat nach dem Hamburger Abendblatt im Anwaltsblatt[12] beweist nicht das Gegenteil; denn in dieser Hinsicht ist es nicht ausführlich genug und auf die Zweifel im Vergleich zur Entscheidung des BGH war früher bereits eingegangen. Die Verurteilung zur Unterhaltszahlung braucht keine existenzvernichtenden Folgen zu haben, denn sie könnte den Anwalt genauso zugunsten eines wirklich Unterhaltsberechtigten treffen, ohne daß man dann auf den Gedanken käme, Gleiches anzunehmen. Wenn weder Standesorganisationen noch -vertretungen entsprechende Hinweise geben können, spricht der erste Anschein gegen das Vorkommen existenzvernichtender Folgen. Auch bei den untersuchten Versicherungsfällen war kein einziger, in dem die Deckungssumme für die angemeldeten Forderungen nicht ausgereicht hätte, so daß für einen erheblichen übersteigenden Teil existentielle Folgen wahrscheinlich wären. Dabei wird nicht verkannt, daß wesentlich höhere Schäden als die ermittelten vorkommen können, was schon Eucken[13] berichtet. Verläßliche Mitteilungen müßten dann erst noch abgewartet werden.

Allerdings mag auch der Druck existentieller Gefahren, das während langer Berufszeit Erworbene wieder zu verlieren, denselben psychologischen Effekt haben und seine Wahrscheinlichkeit, sich irgendwann einmal zu realisieren, der oben beschriebenen Stellung gleichermaßen abträglich sein, vor allem, wenn der größere Teil der Arbeitskraft auf Vorsichtsmaßnahmen zu verwenden wäre. Die Wahrschein-

---

[11] s. *Kalsbach*, BRAO, § 15/3.

[12] AnwBl 58, 188.

[13] Rdnr. 213, die Tatsache der Erwähnung dürfte aber Indiz für die Ungewöhnlichkeit sein.

lichkeit solcher Gefahren hängt von verschiedenen Komponenten ab, die fast in jedem Einzelfall ein anderes Bild ergeben mögen. Es sind zu beachten: der Umfang der Praxis, die Art der einlaufenden Mandate — Allgemeinpraxis mit überwiegend geringen Streitwerten, Entschädigungs-, Verkehrs-, Steuer- und Wirtschaftssachen, Strafsachen etc. — überwiegende oder geringe Beratungstätigkeit, dann die Organisation des Büros, Zahl und Qualifikation der Mitarbeiter (Referendare, Anwälte), die Organisation der Praxis (Sozietäten), Art der Vertragsvereinbarungen (Haftungsbegrenzungen), Höhe der Berufshaftpflichtversicherung.

Das im Kapitel II für einen beschränkten, aber gemischten Personenkreis zitierte Beispiel zeigt, daß das Maximum eines angemeldeten Schadens nur 50 % der durchschnittlichen Deckungssumme der Tabelle X (ca. 47 000 DM) betrug. (Inzwischen ist bereits mehr als ein Drittel mit höheren Summen als der als angemessen bezeichneten 50 000 DM versichert, davon die meisten mit 100 000 DM, während nicht einmal mehr 20 % darunter liegen).

Dabei kann unterstellt werden, daß in den großen Wirtschaftszentren höhere Risiken bestehen und aktuell werden. Die Vermutung, daß die Relation zur Versicherung anders ist, läßt sich kaum begründen. Was allgemein über die versicherten Risiken hinausgeht, kann durch Haftungsbegrenzungen neutralisiert werden, wovon die Praxis mindestens in der Form einzelvertraglicher Haftungshöchstgrenzen tatsächlich Gebrauch macht. Die Vergleiche zwischen Prämienleistungen und Kostenstruktur zeigen auch nach der Anhebung der Prämien keine abnorme Gewichtsverteilung. Im Gegensatz zu früher redet heute niemand davon, daß die Prämien unerschwinglich wären[14]. Wenn sich aber die Regreßgefahren auf diese Weise auffangen lassen, muß die Wahrscheinlichkeit existentieller Gefahren durch Inanspruchnahme geschädigter Mandanten als äußerst gering bezeichnet werden, wenn nicht gar als fiktiv. Die Wirklichkeit mag außerhalb des begrenzten Materials anders sein, aber bis zum Beweis des Gegenteils stützt das vorhandene solche Annahmen nicht und ebensowenig die damit erhobenen Forderungen.

§ 2 Reduktion von Haftungsprivilegien Dritter

Auch gegen andere gesetzliche Regelungen wird mit dem Vorwurf des ungerechten Gesetzes für Änderungen plädiert. Wie bei der Einfügung eines § 255 a (BGB) laufen parallele Reformversuche, deren Gründe hier unbeachtlich sind; denn es kommt nicht darauf an, ob die

[14] s. *Fürst*, AnwBl 29, 329, andererseits *Schmitz*, NJW 63, 1284.

angegriffenen Gesetze auch aus anderen Gründen überholt sind, sondern allein darauf, ob die Struktur der Anwaltshaftung — bemessen nach den Interessen — eine derartige Umwandlung erfordert, die über bloße Nützlichkeit hinausgeht.

Das gilt besonders in dem Bereich der Amtshaftung, auf den sich die ersten Vorschläge richteten und der auch heute wieder in das Blickfeld geraten ist. Bei Scherer[15] beginnt sich diese Entwicklung klar abzuzeichnen. In der beiden Organen der Rechtspflege durch diese Stellung zuerkannten Qualität liege die Berechtigung dafür, daß der Rechtsanwalt unter denselben Umständen hafte wie der Richter. „Der Rechtsanwalt haftet für die Ausführung der ihm übertragenen Angelegenheiten nur insoweit, als eine gesetzliche Haftung bestehen würde, wenn er die ihm persönlich zukommende Tätigkeit als Spruchrichter vorzunehmen hätte; für alle Obliegenheiten, die nach den Gewohnheiten des Verkehrs durch das Büropersonal des Rechtsanwalts zu erledigen sind, haftet der Rechtsanwalt nur, wenn ihm ein Verschulden bei der Auswahl oder der im Verkehr erforderlichen Aufsicht des Personals zur Last fällt." Für den Teilbereich, in dem der Rechtsanwalt gemeinsam mit den Organen der Rechtspflege handelt, fordert auch Bendix[16] solidarische Haftung zwischen beiden. Eine Gleichstellung wünschen andere[17], ohne damit konkrete Vorstellungen und Vorschläge zu verbinden. Sehr früh betonte auch der Deutsche Anwaltverein[18], daß es den Geboten der Billigkeit entspreche, § 839 Abs. I S. 2, Abs. III BGB auf die Haftung des Anwalts in Anwendung zu bringen. Entsprechende Beschlüsse wurden gefaßt, während man gleichzeitig betonte, daß gesetzliche Haftungsbeschränkungen für die vertragliche Haftung überaus schwierig wären, da sie an die Grundlagen des Schuldrechts rühren müßten. Am weitesten gehen Finger[19] und Holstein[20], die die Staatshaftung für Anwaltsfehler befürworten, der eine in Analogie zu ähnlichen Vorstellungen für die Notarshaftung, der andere mit der Begründung, die gerichtliche Tätigkeit von Richter und Rechtsanwalt sei in der Zweckbestimmung und Zielsetzung gleichwertig. Neuerdings ist es Ostler[21], der zwar anerkennt, daß das Richterprivileg erhalten bleiben muß, und zwar als ausschließliches, aber im übrigen die Haftungsprivilegien von Amtsträgern gegenüber dem Anwalt nicht gelten lassen will, sondern einen gesamtschuldnerischen

[15] AnwBl 21, 93.
[16] LZ 15, 952.
[17] s. *Scholz*, Anm. zu RG DR 41, 864, *v. d. Trenck*, DR 44, 649.
[18] s. *Dittenberger*, AnwBl 21, 211.
[19] S. 143 ff.
[20] S. 59 ff. (Rechtsanwendung).
[21] AnwBl 65, 251 ff

Ausgleich unter den Beteiligten fordert, im übrigen die Annäherung der Anwaltshaftung an die Regelung des § 839 BGB.

Vergleicht man die Fülle der hier skizzierten Möglichkeiten mit den Reformgedanken, die Teil einer allgemeinen Neuordnung des Haftpflichtsrecht sind, wird man feststellen, daß keine in den Referentenentwurf 1967 eingegangen ist. Im wesentlichen enthält er Klarstellungen des Gesetzestextes, mit denen die Entwicklungen der Rechtsprechung berücksichtigt werden. Nur die Subsidiarität der Amtshaftung ist einer Revision unterzogen. Aber durch die Ersetzung des Merkmals „Beamter" durch den schon in Art. 34 GG bevorzugten Begriff „jemand" wird der Personenkreis für Amtspflichtverletzungen nicht erweitert, ebensowenig die von ihnen ausgeübten Amtstätigkeiten selbst.

An den zitierten Vorschlägen fällt auf, daß sie diametrial entgegengesetzt sind. Die einen wünschen nur die Einschränkung von Haftungsprivilegien Dritter, d. h. speziell der Rechtspflegeorgane, um dem Anwalt in dem Falle, daß beide an der schuldhaften Verursachung eines Schadens beteiligt sind, die Möglichkeit zu geben, bei den Mitverursachern wenigstens einen teilweisen Ausgleich zu finden. Die anderen wollen den Rechtsanwalt den Rechtspflegeorganen gleichstellen.

Außer den in Zeitschriften veröffentlichten und besprochenen Entscheidungen befindet sich unter den in Kapitel II aufgeführten Fällen von Verfahrensfehlern kein einziger, in dem das Verschulden eines Amtsträgers neben dem des Anwalts eine Rolle gespielt hätte, ebensowenig bei den anderen Fehlergruppen, mit Ausnahme der auf Seite 53 besprochenen Entscheidung des KG. Anders als für den Fall der Existenznot durch Haftung lassen sich hier also einige Beispiele finden, die aber an der Gesamtzahl der Regreßfälle oder auch der Anwaltsfehler überhaupt einen verschwindend geringen Anteil haben.

Schon diese Tatsache muß zu Zweifeln Anlaß geben, ob Änderungen im Bereich der durch § 839 BGB gewährten Haftungsprivilegien eine fühlbare Erleichterung bedeuten können. Unverändert soll nach dem Referentenentwurf das Richterprivileg bestehen bleiben, das seiner Konstruktion nach in Wahrheit ein Entscheidungsprivileg ist. § 839 Abs. II BGB beruht darauf, daß der Staat mit der Rechtsprechung die Aufgabe übernommen hat, den Rechtsfrieden zu sichern und zu wahren, indem er seinen Bürgern einen Justizanspruch einräumt. Dieses Ziel bliebe unerreichbar, wenn jedes Verfahren ein neues nach sich zöge, indem z. B. der durch ein Urteil Benachteiligte dieses in einem Regreßprozeß überprüfen ließe. Schließlich brauchte auch diese Entscheidung nicht das letzte Glied einer Kette zu sein. Deshalb stellt der Staat die Instanzen zur Verfügung, die dazu dienen sollen, daß das Verfahren auch mit einer richtigen Entscheidung abgeschlossen wird. Der Vortrag, das Urteil sei falsch, ist mit der Einlegung eines Rechtsmittels zu verbinden, nicht mit Forderungen gegen die entscheidenden Organe. Wäre es anders, hätte der Staat auch keinen wirksamen Schutz dagegen, daß die Parteien ein materiell falsches Urteil erwirken, um letzten Endes beide Streitbeteiligten zufriedenzustellen, den Unterlegenen dann im folgenden Regreßprozeß. Daneben treten personalpolitische Gründe, aber auch ohne sie darf es keinen Zweifel geben, daß Reformen des § 839 Abs. II BGB indiskutabel sind[22].

§ 3 Extension von Haftungsprivilegien

Damit ist eine Haftungsteilung in all den Fällen nicht möglich, in denen der Verfahrensfehler des Rechtsanwalts den gleichen Schaden verursacht wie ein richterliches Versehen bei einer Entscheidung. Es bleiben aber noch Fälle übrig, in denen das dort unerreichbare Ziel greifbar scheint, wenn zwischen dem Anwalt und einem Hoheitsträger gesamtschuldnerische Haftung nach Wegfall der Bevorzugung durch § 839 Abs. I S. 2 BGB in Frage kommt. Seit die Beamtenhaftung sich zur Staatshaftung entwickelt hat, war man sich in der Literatur[23] einig darüber, daß der Schutz, den der Beamte verdient, dem Staat im Verhältnis zu den übrigen Haftungssubjekten nicht zukommt. Der Referentenentwurf hat diesen Stimmen Rechnung getragen, indem er die Subsidiarität aufgibt, wo eine Haftung nach allgemeinen Vorschriften eintreten würde, wenn § 839 BGB nicht existierte. Die Subsidiarität bleibt erhalten, wo § 839 BGB die Haftung über die allgemeinen deliktsrechtlichen Vorschriften erweitert, nämlich für Vermögensschäden.

Danach stellt sich die Frage, ob die unabhängig von Rücksichten auf die Anwaltshaftung erarbeiteten Grundsätze und Änderungen dennoch diese Interessen mitbeobachten. Sie ist zu verneinen, weil es — wie hauptsächlich im Bereich der Amtspflichtverletzungen — hier wohl ausschließlich um beiderseitige Verursachung von Vermögensschäden geht, für die die angegriffenen Regelungen beibehalten werden sollen. Die Begründung dafür ist kurz[24]: Da dem Staat die Rückgriffsmöglichkeit erhalten bleibt, würde man dem für ihn handelnden Schädiger —

---

[22] *Bendix'* Vorschlag (s. Anm. 16), richterliche Rechtsanwendungsfehler durch ein besonderes Gericht prüfen zu lassen, hat niemals ein Echo gefunden. Eine Entwicklung zur Superrevisionsinstanz ließe sich voraussagen. Abgesehen von den technischen Vorbehalten stehen die genannten Gründe entgegen.

[23] s. *Bettermann*, DÖV 54, 299, *Friebe*, ZBR 57, 389, modifizierend *Schröers*, JZ 55, 308.

[24] Begründung zum Referentenentwurf 1967, S. 128.

abweichend von dem für alle anderen geltenden Prinzip — eine Haftung für Vermögensschäden auferlegen. Man könnte überlegen, ob der Staat in diesen Fällen auf sein Rückgriffsrecht verzichten muß. Daran ist schon deshalb nicht zu denken, weil dann die sorgfältige Wahrnehmung der übertragenen Aufgaben nicht mehr zu garantieren ist. Die Entfernung aus dem Dienst kompensiert den Schaden nicht, den der Fiskus jetzt wenigstens über Haftpflichtversicherungen einholen kann, zu deren Abschluß aber auch kein Anlaß mehr bestünde, wenn der Amtsträger nicht in Anspruch genommen werden kann.

Ehe man sich entschließt, sich über diese Bedenken hinwegzusetzen, ist zu überlegen, ob der Anwalt auf einem anderen, sachgerechten Weg zum Ziel gelangen kann. Im Kapitel I sind die Möglichkeiten eines Haftungsausschlusses ausführlich dargestellt. Das Ergebnis der Mithaftung des Staates oder besser einer Eigenhaftung mit der Quote, die im Falle gesamtschuldnerischer Haftung[25] nur auf ihn entfallen würde, kann der Rechtsanwalt durch vertragliche Vereinbarungen mit seinem Mandanten, dem potentiell Geschädigten, erreichen. Er kann den völligen Haftungsausschluß vereinbaren oder auch, daß er von vornherein nur in der Höhe der nach Gesamtschuldgrundsätzen auf ihn entfallenden Quote in Anspruch genommen werden darf, oder die eigene Haftung als subsidiäre[26]. Zwar hat das RG[27] entschieden, daß der Haftungsausschluß zu Lasten des Staates u. U. arglistig sein kann. Im konkreten Fall hat es das nicht angenommen. Viel weniger besteht eine solche Möglichkeit im Verhältnis zwischen Anwalt und Mandant, da bei Beginn des Mandats weder die weiteren Schritte feststehen müssen noch die Haftung des Dritten „herbeiführbar" ist.

Häufiger gehen die Vorstellungen allerdings dahin, die Haftung des Anwalts selbst grundlegend umzugestalten, und zwar nach dem Muster der für Rechtspflegeorgane geltenden Amtshaftungsbestimmungen, wobei einige soweit gehen, das Entscheidungsprivileg mit der Behauptung zu fordern, die Tätigkeit vor wie hinter der Gerichtsschranke sei gleich[28]. Selbst wenn man einmal diesen Gedanken aufgreift, gilt er

---

[25] Die äußerst streitigen Probleme der gesamtschuldnerischen Haftung (unechte oder scheinbare Gesamtschulden) können hier nicht dargestellt werden. Wenn i. d. R. zwischen dem Schuldner aus Vertrag und dem aus Delikt keine Gesamtschuld besteht, ist sie doch nicht in allen Fällen ausgeschlossen. Vgl. RGZ 92, 401 (408); BGHZ 6, 3 (24), *Blomeyer*, Schuldrecht, S. 306 ff., *Dilcher*, JZ 67, 110, *Erman - Drees*, § 840/2 b, *Larenz* I, S. 387 ff., II, 460, *Soergel - Siebert*, § 421/16; hier müßte sie vorliegen.

[26] Die Konstruktion eines „Haftungsverzichts zu Lasten Dritter" (s. BGHZ 12, 213; 35, 317, die der Referentenentwurf 1967 mit der Neufassung des § 840 berücksichtigt) besitzt keine Relevanz, da § 839 Abs. I S. 2 BGB die gesamtschuldnerische Haftung gerade ausschließt.

[27] Recht 27 / Nr. 31.

[28] s. *Finger*, a.a.O., *Holstein*, a.a.O.

doch nur für einen geringen Teil anwaltlicher Tätigkeit. Sieht man darüber hinweg und auch über die Tatsache, daß dadurch eine Spaltung der anwaltlichen Haftung nach Vertrags- und Amtshaftungsgrundsätzen einträte (möglicherweise sogar in ein- und derselben Sache: Der Anwalt läßt eine Teilforderung verjähren, den eingeklagten Rest durch Verfahrensfehler untergehen), so wird es noch merkwürdiger, wenn es von den Entschließungen des Gegners abhängen soll, nach welchen Grundsätzen der Anwalt seinem Mandanten haftet, je nachdem ob jener sich verklagen läßt oder nicht.

Auch dort, wo die Analogie zu § 839 BGB nahegelegen hätte, bei der Haftung des Schiedsrichters, hat es sich die Rechtsprechung[29] versagt, diesen Weg zu gehen und statt dessen unterstellt, daß zwischen den Schiedsvertragsparteien eine entsprechende Vereinbarung gelte.

Mag das alles noch nicht ausreichen, dem Anwalt begründeterweise das dem Spruchrichter gewährte Vorrecht vorzuenthalten, ist hinzuzufügen, daß man die Gleichwertigkeit richterlicher Tätigkeit und anwaltlicher bei Gericht unbedenklich als ethisches Prinzip anerkennen darf, ohne daß sich daraus auch die Gleichartigkeit ergibt, um ihre Haftung einander anzupassen. Die Entscheidung und der Zwang zur Entscheidung kennzeichnen den Richter: Verantwortlich ist er beiden Parteien, der Anwalt einseitig seinem Mandanten und das auch nur, solange er es will, d. h. mit der Möglichkeit, durch Auflösung des Vertrages die Verantwortung zurückzugeben. Diese Grundgedanken müssen genügen, da die Reihe derartiger Gegenüberstellungen fast beliebig fortgesetzt werden kann[30].

Bescheidener sind die Forderungen derjenigen, welche dem § 839 Abs. I S. 2, Abs. III BGB zugrunde liegenden Prinzipien auf die Anwaltshaftung übertragen möchten[31]. Dabei wird völlig übersehen, daß das Prinzip des § 839 Abs. III BGB bereits gilt; denn diese Norm ist nichts weiter als eine Ausformung des § 254 BGB. Wenn der Anwalt einen Fehler begangen hat, z. B. unwirksame Sachpfändung, so darf der Mandant sich wegen seiner Forderung nunmehr nicht an den Schädiger halten, wenn ihm noch der Weg der Forderungspfändung offensteht oder wenn er noch gegen den Bürgen vorgehen kann, soweit durch die Schuld des Anwalts bei dem Schuldner Befriedigung nicht erlangt wurde. § 254 BGB reicht auch weiter als der Wortlaut des § 839 Abs. III BGB (auch nach dem Referentenentwurf).

---

[29] HansOLG MDR 50, 480; BGHZ 15, 12 = NJW 54, 1763 wie weit es Fiktionen sind, braucht nicht untersucht zu werden.

[30] Ergänzungen folgen weiter unten.

[31] Vgl. Anm. 18 und 21 zu § 2.

Zu Recht hatte die Ausdehnung der Staatshaftung für Anwaltsversehen niemals eine Chance, realisiert zu werden; denn nicht einmal für alle mit einem öffentlichen Amt betrauten Personen haftet der Staat (z. B. Notar[32], § 19 Abs. I S. 4 BNotO). Aber auch der Wunsch nach Einführung der Subsidiaritätsklausel wird unbefriedigt bleiben, sollte der Referentenentwurf Gesetz werden; denn eine Änderung der BRAO ist nicht vorgesehen.

Ein Fall[33], der den Bestrebungen wieder neue Nahrung gab, hatte zur Schädigung eines Mandanten geführt, weil in einem Strafverfahren Richter, Staatsanwalt und Rechtsanwalt die Verjährung übersehen hatten und dem Angeklagten infolgedessen die Fahrerlaubnis entzogen wurde. Die Haftung des Anwalts sah der BGH als anderweitige Ersatzmöglichkeit gegenüber der Amtshaftung an.

Amtsträger und Rechtsanwalt würden aber nebeneinander haften, wenn für beide die gleiche subsidiäre Haftung bestimmt wäre, da jeder in Anspruch genommen werden könnte, wie es beispielsweise bei gleichzeitigen Versehen von Notar und Amtsträger vorkommt[34]. Das Verhältnis der beiden Schädiger richtet sich dort nach den Grundsätzen über Gesamtschulden. Derjenige, der den Geschädigten zuerst befriedigt, kann Ausgleichsansprüche gegen den anderen geltend machen. Nach der geltenden Regelung kommt der Ausgleich unter Gesamtschuldnern nicht in Frage, da entweder der Anwalt vertraglich haftet oder, falls seine Haftung ausgeschlossen ist, der Staat nach Amtshaftungsgrundsätzen.

Der Effekt einer wirtschaftlichen Besserstellung für die Fälle beiderseitiger Fehler bildet eine ersehnte Wirkung, aber nicht nur das; denn diese Fälle sind einfach zu selten, als daß darin der einzige Grund liegen könnte. Immerhin soll die Subsidiarität ja generell gelten, auch gegenüber anderen Mitschädigern, die nicht Amtsträger sind, dort sogar mit der Wirkung, daß die Haftung des Rechtsanwalts überhaupt ausgeschlossen wird, wenn der Dritte in der Lage ist, voll zu haften. Dasselbe wirtschaftliche Ergebnis läßt sich auch innerhalb des Vertragsrechts mit den dort vorgesehenen gesetzlichen Möglichkeiten erreichen.

Triebfeder bildet etwas anderes: Die Haftung nach Vertragsgrundsätzen wird als unpassend empfunden. Das zeigt sich auch in dem Vorschlag Scherers, mit § 831 BGB eine Vorschrift anzuwenden, die von

32 Ebensowenig für die amtlich bestellten Verwalter und Pfleger; zur Verfassungsmäßigkeit des § 19 Abs. I S. 4 BNotO vgl. BGH 9, 289.

33 BGH AnwBl 65, 118 mit Anm. *Ostler*.

34 s. RG DR 41, 864, *Seybold - Hornig*, § 19.

Anfang an, also auch damals stark umstritten war und die bei der Änderung des Haftpflichtrechts völlig umgestaltet werden soll[35]. Zur Begründung verweist man auf die Formeln einer Zweckgemeinschaft zwischen den Rechtspflegeorganen[36], die Tatsache, daß der Anwalt eine öffentlich-rechtliche Stellung innehalte, öffentliche Funktionen ausübe oder ein öffentliches Amt, was seine Bestätigung angeblich in § 1 BRAO finde[37]. All diese Formeln besagen negativ dasselbe: die vertragliche Haftung ist eine Fehlkonstruktion, ohne daß positiv annähernd genaue Vorstellungen damit verbunden werden.

Zweierlei ist zu beweisen, daß erstens die zitierte Zweckgemeinschaft nicht bloß eine Zweckkonstruktion ist und zweitens sie gerade auch die Haftung umfaßt. Früher wurde bereits erkannt, daß der Begriff des Rechtspflegeorgans mißverständlich ist und nicht dazu verleiten darf, die in dem rechtstechnischen Sinne organschaftlichen Beziehungen auch in § 1 BRAO normiert zu sehen. Wie der Arzt Organ der Gesundheitspflege, der Lehrer Organ der Bildungspflege, der Journalist Organ der Meinungspflege genannt werden können, bedeutet Organ der Rechtspflege nicht mehr als die soziale Funktion, an der für die Gesellschaft notwendigen Produktion von Ideal- oder Kulturgütern beteiligt zu sein. Wichtige darauf bezogene Tätigkeiten sind freien Berufen anvertraut, weil die geistige Leistung, die mit der Idealgüterproduktion verbunden ist, Risiko des geistig Leistenden bleiben soll und muß. Im freien Beruf verbinden sich geistiges und existentielles Risiko, um zu verhindern, daß mit der Kommerzialisierung des Idealgutes dieses selbst oder der Produzent korrumpiert wird[38]. Deshalb verpflichtet man den freiberuflich Tätigen zu seiner geistigen Leistung als sozialer Funktion. Seine Tätigkeit übt er als Interessenvertreter aus, d. h. nicht nach objektiven Kriterien, sondern nach den subjektiven seines Auftraggebers. Er ist kein gesellschaftliches Organ, an das sich der einzelne zu wenden hat in der Erwartung einer durch die Gesellschaft gewährten Gunst oder Entscheidung; denn wie sollte der Zwiespalt der Bindungen gelöst werden, wenn der einzelne gerade den Vertreter seiner Interessen gegenüber der Gesellschaft sucht. Im allgemeinen sucht er den Idealgüterproduzenten, der ihn selbst ersetzen kann, an seine Stelle zu treten in der Lage ist. Dieser darf dabei keinem anderen verpflichtet sein, und dessen wird der Mandant am sichersten sein, wenn er seinen Vertreter selbst verpflichtet. Auch vor Gericht wird dieses Verhältnis nicht durch eine Arbeitsgemeinschaft ersetzt (zwischen Rich-

---

[35] s. Referentenentwurf Begründung, S. 83 ff.

[36] s. *Ostler*, a.a.O. und Anwaltshaftpflicht, AnwBl 65, 251.

[37] s. Kapitel I, S. 105 ff.

[38] s. *Deneke*, S. 99 ff.

ter und Anwalt), die sich um die Verwirklichung materieller Gerechtigkeit bemüht, sondern jeder Anwalt bleibt seinem Mandanten verpflichtet, der Richter beiden insoweit, als er sich ihrem Anspruch auf sein Judiz nicht entziehen darf. Eine Zweckgemeinschaft fehlt deshalb, weil entweder der Rechtsanwalt seinem Mandanten nicht mehr voll und allein verpflichtet ist und umgekehrt die Verbindung mit den Interessen einer der Parteien dem Richter unmöglich ist. Die Teilhabe am sozialen Prozeß des Rechts allein kann die Zweckgemeinschaft nicht begründen, da innerhalb dieses Prozesses die Rollen durchaus verschieden verteilt sind[39]. Entsprechendes muß im Verhältnis zu den anderen Rechtspflegeorganen gelten. Man denke nur daran, wie sich die Zweckgemeinschaft zwischen Rechtsanwalt und Staatsanwalt begründen sollte (nach unserer Rechtsordnung).

Dahrendorf[40] glaubte in anderem Zusammenhang zu entdecken, daß die Anwaltschaft teilweise den Verhältnissen der Justizkommissare und Assistenzräte verhaftet sei. Ihre Forderungen im Zusammenhang mit der Anwaltshaftung weisen deutlicher als alles andere in diese Richtung. Zu leicht könnte mit der vertraglichen Haftung zugleich die vertragliche Bindung beseitigt werden. Daran bestehen aber auch innerhalb der Anwaltschaft keine Zweifel, daß der Anwalt nur einen freien Beruf ausüben kann und er dann zwangsläufig über vertragliche Vereinbarungen seine Leistungen austauschen muß[41]. Das Privileg der subsidiären Haftung kann der Rechtsanwalt daher nicht von dem Gesetzgeber erwarten, sondern im Rahmen seiner vertraglichen Möglichkeiten selbst bestimmen.

Die Rechtsprechung hat mit ihren Entscheidungen zur Haftung der Schiedsrichter unbewußt den richtigen Weg gewiesen. Nicht die Analogie zur Amtshaftung, sondern die den Parteien durch die Vertragsfreiheit überantwortete Möglichkeit, ihre Verhältnisse autonom zu regeln, bildet das Verfahren, um nicht nur die Interessen an den Beziehungen untereinander hinsichtlich Art und Umfang der Leistung zu bestimmen, sondern auch das unbefriedigte Interesse abzuschätzen[42].

§ 4 Institutionalisierung schadensgeneigter Tätigkeit als Haftungsgrenze

Immer wieder entdeckt man bei der Erörterung von Haftungsfragen Hinweise darauf, daß die Tätigkeit des Rechtsanwalts schadensgeneigt

---

[39] s. auch oben S. 136.

[40] s. AnwBl 64, 229.

[41] s. schon *Feuchtwanger*, S. 119.

[42] Von „großem Unrecht" durch § 839 BGB zu sprechen (*Ostler*, AnwBl 65, 118) erscheint danach unangebracht.

sei[43], ohne daß die Behauptung durch mehr als einige allgemeine Aussagen belegt und ohne daß konkrete und exakte Schlüsse daraus gezogen würden. Nehmen wir sie als Hypothese auf, bietet sich als nächster Gedanke von selbst die im Bereich des Arbeitsrechts anerkannte Freistellung von Schadensersatzansprüchen an, die der mit einer gefahr- oder schadensgeneigten Arbeit betraute Schädiger beanspruchen darf, soweit die übrigen Voraussetzungen vorliegen. Bei der Untersuchung von Haftungsgrenzen war deutlich erkennbar, daß das von der Rechtsprechung entwickelte Institut in der bestehenden Form ganz auf dem Boden des Arbeitsrechts steht und seine Übersetzung in das Dienstvertragsrecht nicht erlaubt. Die Frage, ob der soziale Tatbestand, der das Rechtsinstitut intendierte, sich auf eine Grundform reduzieren läßt, die dann nicht mehr auf das Arbeitsrecht beschränkt ist, blieb unbeantwortet. Falls dem sozialen Sachverhalt schadensgeneigter Tätigkeit die Modifizierung der Haftung als Ausdruck sozialen Ausgleichs entspricht und die weiteren Voraussetzungen des arbeitsrechtlichen Grundsatzes nur Kriterien für besondere Modalitäten im Arbeitsrecht sind, gilt es nur noch, die Hypothese als richtig zu erkennen.

Schadensgeneigte Tätigkeit kann schon deswegen nicht generell mit Freistellung von der Haftung korrespondieren, weil die Gesellschaft, die ihren einzelnen Gliedern Erhalt und Erwerb von Gütern (Lebens- und Wirtschaftsgütern) erlaubt, darauf Bedacht nehmen muß, den Bestand des Erworbenen zu sichern, indem derjenige seinen Verlust kompensieren kann, den er durch schuldhaftes (nur das ist zu untersuchen) Handeln eines anderen erleidet. Dann ist es ein ungeeignetes Mittel, um die Konzeption zu erhalten, wenn mit steigender Wahrscheinlichkeit für den Eintritt eines solchen Falles die notwendigen Konsequenzen nicht gezogen werden. Die Rechtswirklichkeit enthält auch keine derartigen Widersprüche. Es existieren keine Anzeichen, daß die Gesellschaft desto größere Bereitschaft zeigt, Schäden des einzelnen als unvermeidbar hinzunehmen, je eher mit deren Eintritt zu rechnen ist. Dagegen verlangt sie besondere Qualifikationen von dem, der entsprechende Tätigkeiten auszuüben gedenkt, und legt ihm besondere Verpflichtungen auf. Wo die Gesellschaft bereit ist, schadensgeneigte Tätigkeiten zuzulassen, weil sie zu ihrer Entwicklung nicht darauf verzichten kann, werden im Gegenteil noch die Haftungsvoraussetzungen reduziert. Ein Beispiel ist die Gefährdungshaftung. Wo gegenüber einer hohen Wahrscheinlichkeit des Schadenseintritts mit der Gefährdungshaftung zwar die Möglichkeit des Ausgleichs geschaffen ist, die Wahrscheinlichkeit seiner Realisierung aber durch die Verpflichtung dazu nicht annähernd ebenso groß ist, verlangt die Gesellschaft sogar die

---

[43] s. *Ostler*, a.a.O., *Scheffler*, Haftpflichtgefahr, S. 10 ff., ders., Karlsruher Forum, S. 43.

vorherige Bereitstellung der Mittel (durch Zwangshaftpflichtversicherung). Eine degressive Haftung nach steigender Schadensgeneigtheit wäre das Gegenteil von der erforderlichen proportionalen Ordnung.

Unterstellt man, daß auch das Arbeitsrecht einer solchen Konzeption folgt, müssen weitere oder andere Voraussetzungen die dort entwickelte Konstruktion tragen. Dabei stellt sich wieder die Frage, ob der damit erfaßte soziale Sachverhalt allen Dienstverhältnissen gemeinsam ist. Rother[44] macht in seiner Übersicht deutlich, daß die Schadensdisposition einer Arbeit gar nicht der soziale Sachverhalt ist, den das Rechtsinstitut anzuerkennen vorgibt, sondern nur deshalb zum Anlaß wurde, weil er die Erfordernisse des wirklichen transparent machte.

Es gehört wenig Vorstellungskraft dazu, um einzusehen, daß mit unterschiedlichen Tätigkeiten ungleiche Risiken verbunden sind. Das zeigt der Vergleich zwischen den Berufen des Piloten, Gerüstbauers, Sprengmeisters mit denen einer Stenotypistin, eines Pförtners oder Ladenangestellten. Die Arbeit eines Piloten ist nicht schon deswegen gefahrgeneigt, weil er eine große Verantwortung trägt und es denkbar ist, daß ein kleiner Fehler unterläuft und schweren Schaden verursacht; denn seine Ausbildung, die Überwachung, der einsatzbereite Kopilot verhindern oder erschweren den Eintritt von Fehlern und Schäden. Umgekehrt kann es mit der Arbeit der Stenotypistin zusammenhängen, wenn sie eine wertvolle Schreibmaschine beim Transport von einem Zimmer ins andere zerstört. Der Begriff „gefahrgeneigt" deutet auf die Wahrscheinlichkeit des Schadenseintritts. Eine gefährliche Tätigkeit kann durch umfangreiche Gegenmaßnahmen in dieser Hinsicht neutralisiert werden und doch einmal einen ganz unwahrscheinlichen Schaden verursachen, während bei einer weit ungefährlicheren die Schadenshäufigkeit höher sein kann, weil man der Verhütung weniger Aufmerksamkeit widmet, etwa weil es sich wirtschaftlich nicht rechtfertigt.

Rother[45] stellt auf das zwischen Arbeitnehmer und Arbeitgeber bestehende Dauerverhältnis ab, bei dem die Einzelleistung als Teil der Gesamtleistung für die Frage der Schlechterfüllung betrachtet werden müsse. Nuancierter ist wohl an die Tatsache anzuknüpfen, daß der Arbeitnehmer seine *ganze* Tätigkeit dem Arbeitgeber widmet, der damit alle Vorteile der Arbeitsleistung zieht und daher weiß, daß sich ein eventueller Nachteil gerade bei ihm auswirken muß. Wer alle Vorteile einer sonst einwandfreien Handlungsweise genießt, der mag auch gelegentliche Fehler hinnehmen, die für ihn kalkulierbar sind. Man kann daran denken, dem Syndikusanwalt die gleiche Interessenlage

[44] S. 251 ff.
[45] S. 266 ff.

zuzubilligen; aber im übrigen steht der Rechtsanwalt zu dem Klienten nur in einem Gelegenheitsverhältnis, das keineswegs seine ganze Arbeitskraft beansprucht. Die Gefahr, die Wahrscheinlichkeit von Fristversäumnissen oder Beratungsfehlern bildet sich erst mit der Addierung aller Sachen, besteht für alle gleichmäßig und wird nur in der einen Sache aktuell. Der betroffene Mandant trüge die ganze Last, während sich die Vorteile auf alle außer ihm verteilten. Ihm gegenüber summierte der Anwalt die Gefahren aller Mandate, nicht aber ihre Vorteile. Es bestehen daher keine Besonderheiten, die eine Korrektur der gesetzgeberischen Bewertung der sozialen Verhältnisse, wie sie sich oben als zutreffend darbot, erfordern.

Diese Auffassung wird nicht etwa dadurch in Frage gestellt, daß der Gesetzgeber mit § 168 Abs. II AktG eine Vorschrift schuf, die dem verwandten Beruf des Wirtschaftsprüfers Haftungshöchstgrenzen einräumt. Während bei dem nach dem Referentenentwurf geplanten § 255 a (BGB) dem Richter in bestimmten Fällen, die sich der abstrakten Regelung entziehen, rechtsgestaltende Aufgaben übertragen werden, hat der Gesetzgeber hier selbst einen „außergewöhnlichen" Sachverhalt wegen seines konstanten Erscheinungsbildes regeln können[46]. Die Risiken der Unternehmens- und Konzernprüfungen, die dem Prüfer auch als Pflichtprüfungen begegnen können, sind so hoch, daß sie dem Berufsangehörigen, der kein entsprechendes Entgelt erhält, unzumutbar wären, zumal sie durch besondere Maßnahmen kaum mehr reduzierbar und in dem die Höchstgrenze übersteigenden Volumen nahezu unbegrenzt und durch eine normale Versicherung kaum abzudecken sind.

Auf die Zweifel, außergewöhnliche Gestaltungen zu entdecken, wurde bereits hingewiesen. Ehe der Gesetzgeber zu einer analogen Regelung aufgefordert wird, müßten aber die analogen Voraussetzungen dargetan werden. Der bloße Hinweis auf eine schadensgeneigte Tätigkeit, ohne daß konkrete Anhaltspunkte ihn bestätigen, reicht nicht aus. Besondere Bedenken ergeben sich weiter daraus, daß der Gesetzgeber vermieden hat, die Haftung für alle vom Wirtschaftsprüfer geübten Tätigkeiten abweichend von der generellen vertraglichen Haftung zu normieren, sondern eine bestimmte, exakt umschriebene auswählte, der auf seiten des Rechtsanwalts keine vergleichbare gegenübersteht. Geht es aber allgemein um die anwaltliche Tätigkeit, so wird ihr die generelle Norm des § 255 a (BGB) genügen, deren Grundgedanke mit dem des § 168 Abs. II AktG als identisch anzusehen ist. Darüber hinaus bestehen

[46] Gewöhnlich deckt sich ein Fall schadensgeneigter Arbeit nicht mit den „außergewöhnlichen Schäden", aber ein Zusammentreffen ist nicht ausgeschlossen.

auch Zweifel, ob anders als das Risiko der Unternehmensprüfung die Risiken anwaltlicher Tätigkeit von den Berufsangehörigen selbst in dem möglichen Umfang reduziert werden. Zwei Wege bieten sich an: Rationalisierung und Spezialisierung, d. h. Arbeitsteilung durch Assoziierung der einzelnen Berufsangehörigen und Förderung des Fachanwalts. Beides kann sich miteinander verbinden, wenn die Sozien nach fachlichen Gesichtspunkten aufteilen.

Sozietäten sind keine Seltenheit mehr. Sie haben sich durchgesetzt, obwohl auch sie einmal als mit dem Anwaltsberuf unvereinbar galten[47]. Ihr Anteil an der Zahl der Gesamtpraxen ist auch in letzter Zeit noch gestiegen (vgl. Tabelle XI, danach beträgt die Steigerung von 1959 zu 1963 24 %). Viele Nachteile, die die Arbeit des Anwalts gefahrgeneigt machen sollen, können sie vermeiden durch Einteilung der Termine und Sprechstunden und Gewährung der für die rechtliche Bearbeitung notwendigen Zeit. In schwierigen Sachen läßt sich durch Hinzuziehung des Kollegen eine sichere Entscheidung treffen. Bearbeitet jeder Sozius bestimmte Fachgebiete, wird er in diesen größere Erfahrungen und mit der größeren Routine wieder Zeit gewinnen[48]. Leider läßt sich aus dem beschränkt verfügbaren Material nicht ersehen, ob der Fehleranteil der Sozietätsanwälte relativ größer oder geringer als der der Einzelanwälte ist. Das wird sich nur an Hand von umfassenden Erhebungen ergeben. Bevor sie nicht vorliegen, bleibt es bloße Behauptung, daß dieser Weg die Lage der Anwaltschaft nicht zu verbessern vermöge.

Bedeutsamer ist das Problem der Fachanwälte, da die Spezialisierung innerhalb der Sozietäten nur den kleineren Teil der Anwaltschaft erreichen kann. Zweifel an der Notwendigkeit zur Beschränkung können ernsthaft nicht bestehen, da die Zunahme der Rechtsmaterien gerade in der einschlägigen Literatur[49] die Begründung dafür liefert, daß es dem einzelnen Rechtsanwalt unmöglich geworden ist, sie universell zu beherrschen. Falsch ist es nur, daraus zu schließen, daß der Zuwachs gestoppt oder rückgängig gemacht werden muß; denn er ist eine Erscheinung, die auf das engste mit der Differenzierung sozialer Verhältnisse zusammenhängt. Der Progression sozialer Gruppierungen und ihrer Äußerungen sozio-kultureller, -technischer und -politischer Art folgt proportional die Rechtsentwicklung, weil Recht als soziale Wirklichkeit Funktion der anderen sozialen Wirklichkeiten ist, die Balance sich also nur erhalten läßt, wenn beide Schalen der Waage belastet

[47] s. *Kraft*, S. 22.

[48] Vgl. *Oppenhoff*, AnwBl 67 Heft 8, 9.

[49] s. *Oppenhoff*, AnwBl 67 Heft 8, 9, *Ostler*, Anwaltshaftpflicht, AnwBl 65, 248, *Scheffler*, Haftpflichtgefahr, S. 10 ff. (zugleich einzige Stellungnahme, die ihre Behauptung belegt), *Voss*, AnwBl 56, 40.

werden[50, 51]. Wo sich der Umfang des Rechtsstoffes der Erfassung durch den einzelnen entzieht, das Quantitätsproblem nicht zusätzlich ein Qualitätsproblem werden soll, bleibt nur der Weg der Spezialisierung wie in anderen beruflichen Bereichen. Emotionale Argumente verlieren demgegenüber an Gewicht[52].

Tatsächlich bestehen auch längst eine große Zahl von Einzelpraxen, die vorwiegend Entschädigungs-, Straf- oder Verkehrssachen, Gewerbe- oder öffentlichrechtliche Angelegenheiten etc. bearbeiten[53]. Daneben führt der Anwalt in den meisten Fällen eine mehr oder minder große Allgemeinpraxis, so daß reine Spezialpraxen Ausnahmen bilden. Die Behauptung, daß die Aufgliederung richterlicher Tätigkeit bei der anwaltlichen keine Parallele finden kann[54], wird durch die Tatsachen bereits widerlegt. Dennoch wird die Entwicklung von den Standesvertretungen praktisch ignoriert. In § 67 der Richtlinien heißt es nämlich: Die Bezeichnung „Fachanwalt für ..." darf ein Rechtsanwalt nur führen, wenn es sich um Sondergebiete handelt, die die Bundesrechtsanwaltskammer bestimmt hat und wenn die zuständige Rechtsanwaltskammer es ihm gestattet hat. — Der Fachanwalt für Steuerrecht ist dann auch praktisch die einzig gebräuchliche Ausnahme eines generellen Verbots. Der Grund dieser Regelung liegt in dem ängstlich gehüteten Werbeverbot, um die Gleichheit der Chancen unter den Berufsangehörigen nicht zu beeinträchtigen[55]. Damit ist das Eingeständnis verbunden, daß entgegen Ostler[56] längst nicht die Möglichkeiten der Spezialisierung ausgeschöpft sind; denn offenbar soll jeder Anwalt Gelegenheit erhalten, auch andere Spezialmaterien neben seiner eigenen bearbeiten zu können. Der Stand dient so dem eigenen Interesse der Egalität seiner Angehörigen, nicht aber dem des Publikums, das sich für die jeweilige Sache den geeigneten Anwalt wünscht, nicht den weniger versierten, wenn es einen Spezialisten beauftragen kann[57].

---

[50] Wer mit Generalklauseln auskommen zu können glaubt, wird sich bald über das Anwachsen der Kommentare (s. *Staudinger*, § 242 BGB) beschweren müssen.

[51] Vgl. *Hirsch*, S. 36, 322, 335 ff.

[52] Vgl. *Neuhäuser*, AnwBl 56, 54 „Wider die Todsünde der Fachanwaltschaften".

[53] Im Berliner Anwaltsverzeichnis finden sich detaillierte Hinweise auf die Spezialkenntnisse der Anwälte.

[54] s. *Ostler*, a.a.O.

[55] s. *Kalsbach*, BRAO, zu § 67 (Richtlinien); dagegen schon *Feuchtwanger*, S. 290 ff.

[56] Vgl. *Scheffler*, Haftpflichtgefahr, S. 11.

[57] Wer auf den Einfall kommt, sich bei den Rechtsanwaltskammern nach einem Fachmann zu erkundigen, erhält immer befriedigende Auskunft (vgl. *Kalsbach*, a.a.O.). Nur haben die wenigsten Klienten Kenntnis davon, und dem Mandanten zuzumuten, sich auf das zu verlassen, was sich herumspricht (s. *Kalsbach*, a.a.O.), ihn im übrigen auf den Zufall zu verweisen, kann man nur als standesunwürdig bezeichnen (s. *Feuchtwanger*, S. 292). Die (offiziellen) Umgehungsversuche desavouieren das Verbot und seine Gründe.

Umgekehrt wird wieder jeder „Fachanwalt" gezwungen, nebenbei eine Allgemeinpraxis zu führen, weil ein wesentlicher Teil seiner Materie in den Allgemeinpraxen der anderen bearbeitet wird. Der anerkennenswerte Grundsatz der Chancengleichheit verlangt nicht mehr, als daß jeder Bewerber die Möglichkeit hat, sich zu spezialisieren. Auch hier können die Aussagen über die Häufigkeit von Regressen nur an Hand eines umfangreicheren Materials gemacht werden, das auch nach den verdeckten Fachanwälten aufgeschlüsselt sein müßte.

Da bei den Versicherungen solche Angaben fehlen, müßten Erhebungen vorausgehen, wenn man nicht ausschließlich die Fachanwälte für Steuerrecht einbeziehen will. Aus dem vorliegenden Material geht nur hervor, daß letztere nicht mit Fehlern aus ihrem „Fachgebiet" vertreten sind.

Theoretisch läßt sich kaum etwas dagegen einwenden, daß die Wirkung der Spezialisierung auf die Regresse nur günstig sein kann. Behauptungen, daß die Spezialisierung weder über das jetzige Maß hinausgehen könne, noch die theoretisch günstigen Aussichten sich in der Wirklichkeit bestätigen würden, können erst dann zur Grundlage für die Forderungen an den Gesetzgeber werden, die Haftungsvoraussetzungen zu ändern, wenn sie sich durch Tatsachen stützen lassen.

§ 5 Beseitigung fehlerbegünstigender Normen

Eucken[58] stellte in seinem Band die von der höchstrichterlichen Rechtsprechun damals bereits behandelten Fehlersituationen dar, bei denen zuweilen die Nichtbeachtung entlegener oder ungewöhnlicher Vorschriften zu Anwaltsversehen führte. Handelt es sich bei derartigen Fehlern um typische Erscheinungen (z. B. unterlassene Verteilung einer Zwangshypothek auf mehrere auf einem Grundbuchblatt eingetragene Grundstücke, § 847 Abs. II ZPO), so liegt der Gedanke nicht allzu fern, die Fehlerquelle durch Abänderung der Norm zu beseitigen. Aber schon die Art der Zusammenstellung bei Eucken und Scheffler[59] zeigt, daß man die Änderung der gesetzlichen Bestimmungen, die ja alle einen genauen Zweck verfolgen, nicht in Erwägung zieht, zumal wegen der Seltenheit der Verletzung die Abänderung außer Verhältnis zu dem mit der Norm verknüpften Zweck stünde. Anderes gilt für Bestimmungen gesetzlicher Fristen, die nicht zur Fehlerquelle werden, weil sie entlegen sind, sondern nach Meinung der Autoren wegen ihrer

[58] Anwalts- und Notarshaftpflicht, 1927.
[59] Haftpflichtgefahr, S. 10 ff.

verwirrenden Vielfalt und unsachgerechten Regelungen. Tatsächlich sind die Fristen eine Hauptfehlerquelle, so daß hier Reformgedanken paradigmatische Bedeutung gewinnen.

Die ZPO führte mit ihrem § 232 Abs. II die Zurechnung von Vertreterverschulden bei der Entscheidung über die Wiedereinsetzung in den vorigen Stand ein. Derselbe Grundsatz gilt in den anderen Verfahrensordnungen[60]. Bereits Finger[61] empfahl eine Änderung, da sie nach seiner Ansicht niemandem schaden würde, ohne sie für den Anwalt bei einem Versehen aber immer die Gefahr eines Regresses bestehe. In seinen Beschlüssen vom Jahre 1921 betonte der Deutsche Anwaltverein[62] sein Interesse an der Beseitigung des § 232 Abs. II ZPO. Nachdem Scheffler[63] auf die unübersichtliche Fristensituation und eine ihr unangemessene Rechtsprechung aufmerksam gemacht und energisch Reformen verlangt hatte, um den Anwalt nicht zum „Prügelknaben der Rechtsentartung“[59] werden zu lassen, liegt jetzt der Bericht der Kommission zur Vorbereitung einer Reform der Zivilgerichtsbarkeit[64], die ihre Arbeit im Jahre 1955 aufgenommen hatte, aus dem Jahre 1961 vor. Die Mehrheit der Kommission schlägt darin vor: „Bei der Wiedereinsetzung in den vorigen Stand ist — wie in § 60 Abs. 1 der Verwaltungsgerichtsordnung — auf das Verschulden abzustellen; dabei ist ein strenger Maßstab anzulegen. Der Grundsatz des § 232 Abs. 2 ZPO ist aufrechtzuerhalten[65].“ Die Fristen selbst sollen so gestaltet werden, daß das Verfahren beschleunigt wird, und sie für andere Verfahrensgesetze übertragbar werden, während ihre Verlängerung begrenzt werden soll. Petersen[66] drückt in dem Bericht seine Auffassung aus, daß § 232 Abs. II ZPO dort zurücktreten müsse, wo Anwaltszwang herrsche. Schließlich hat Ostler[67] als Fazit einer eingehenden Untersuchung einen Katalog erforderlicher Maßnahmen durch Rechtsprechung und Gesetzgebung aufgestellt, unter denen zunächst nur die letzteren dargestellt werden. Er erkennt zwar an, daß der § 232 Abs. II ZPO seine Berechtigung habe, „da der Prozeßbevollmächtigte echter Vertreter ist, dessen Verschulden Verschulden des Vertretenen ist, ... (weshalb) auch Verschuldenshaftung im Verfahren und gegenüber dem Auftraggeber systemgerecht sein (wird)“[68]. Zunächst

---

60 Vgl. oben S. 58 ff.

61 Die Kunst des Rechtsanwalts, S. 143, ähnlich *Breit*, JW 20, 859.

62 s. *Dittenberger*, AnwBl 21, 211.

63 s. Anm. 59 und Wiedereinsetzung, NJW 64, 993, Karlsruher Forum, S. 43 ff.

64 Herausgegeben vom Bundesjustizministerium 1961.

65 S. 237, 231.

66 S. 237.

67 Anwaltshaftpflicht, AnwBl 65, 251 ff. = NJW 65, 1785 ff., 2081 ff.

68 a.a.O., S. 252.

müßten dann aber alle Verfahrensordnungen einheitlich darauf festgelegt werden, daß nur grobes Verschulden (nach dem Begriff des § 276 Abs. I S. 2 BGB) die Wiedereinsetzung hindere. Weiter müßte die Wiedereinsetzungsmöglichkeit auch gegenüber Fristen gegeben werden, für die sie bisher nicht bestehe, z. B. bei der Versäumung der Frist aus § 234 ZPO oder für den Widerruf eines Prozeßvergleiches. Schließlich habe der Gesetzgeber dafür zu sorgen, daß die Unterschiedlichkeiten der Rechtsmittelformalien beseitigt werden und die einmal gewährte Wiedereinsetzung für sämtliche Instanzen bindend sei.

Es kann kein Zweifel bestehen, daß Rechtszersplitterung eine Fehlentwicklung darstellt, der es zu steuern gilt. Auf dem Gebiet des Verfahrensrechts ist sie bereits eingetreten, da es keine einheitliche Verfahrensordnung für alle Gerichtszweige gibt; diese Zersplitterung ist auch an zahlreichen Beispielen nachzuweisen, nicht zuletzt an Hand der Fristvorschriften. Es braucht nicht betont zu werden, welch wesentliche Bedeutung sie haben, da innerhalb eines einzigen Prozesses eine Fülle fristgebundener Handlungen vorkommen kann. Für alle, die solche Handlungen vornehmen oder prüfen, ist eine übersichtliche Gestaltung mehr als wünschenswert. Arbeitserleichterungen sind aber keine Aspekte, die es in erster Linie zu berücksichtigen gilt, sondern diesen Platz nimmt der Gesichtspunkt ein, die günstigste Synthese zwischen Gewährung sorgfältiger Überlegung und Vorbereitung für die Prozeßhandlung und der Beschleunigung des Prozesses zu finden. Danach sind der Typisierung Grenzen gesetzt, die nur dadurch gemildert werden können, daß die einzelnen Verfahrensordnungen harmonisiert werden[69]. Welche Typenskala Einheitlichkeit und Übersichtlichkeit wahren kann, hängt davon ab, welche gleichartigen oder ungleichartigen Prozeßvorgänge bestehen. So sind es Sacherfordernisse, nicht solche der Anwaltshaftung, die Änderungen und Überarbeitung notwendig machen. Es wird daher richtig gesehen, daß die Probleme der Anwaltshaftung auf Grund von Fristversehen nur zu lösen sind, indem die Folgen von Fristfehlern modifiziert oder ihre Beseitigung reformiert werden, da mit dem notwendigen Bestehen einer Typenskala die Ursache selbst nicht aufzuheben ist.

Die einfachste und globale Lösung ist die Aufhebung des § 232 Abs. II ZPO und aller gleichlautenden Vorschriften. Die Folge wäre, daß in weiten Bereichen Fristen die ihnen zugedachten Funktionen nicht mehr erfüllen könnten, in anderen (wo kein Anwaltszwang besteht) das Prozeßrisiko aber zu Lasten nicht vertretener Parteien verschieben müßten; denn sie hätten — wie es an dem Beispiel der Regelung im FinVertrG ablesbar ist — keine Bedeutung, wo ein Anwalt auftritt[70].

---

[69] s. Kommissionsbericht, S. 228 ff.
[70] s. S. 58 Anm. 83.

Da sich niemand mehr für eine derartige Reform einsetzt, bedarf es keiner weiteren Erörterung. Immerhin sieht Petersen[66] sie in einem Teilbereich als angemessen an, nämlich soweit der Anwaltszwang herrscht. Seinen Argumenten darf man nicht folgen, da er dort, wo die Verfahrensordnung unter den Antinomien von Gerechtigkeits- und Friedensordnung letztere verwirklichen will, Postulate der ersten vorträgt[71]. Soweit er sich auf eine Entscheidung des RG[72] zum Verschulden eines Armenanwalts bezieht, kann auf die Stellungnahme in Kapitel I verwiesen werden. Unrichtige Urteile werden auch sonst aufrecht erhalten und die Tatsache, daß es durch ein anderes konstatiert wird, kann Petersens Forderung nicht stützen, da dieses den Ausgleich bringt und sich nicht gegen das Rechtspflegeorgan, sondern den vertraglich bestellten Vertreter richtet. Selbst wo der Schadensersatz keinen vollen Ausgleich bedeuten kann (Ehesachen), muß man es wegen der großen Zahl betroffener Entscheidungen hinnehmen, für die der Wegfall des § 232 Abs. II ZPO eine schwere Hypothek bedeutete, während die falschen Urteile in Ehesachen nur den geringsten Teil bilden.

Auch sonst ist es einfach falsch zu behaupten, man brauche auf die Gegenpartei keine Rücksicht zu nehmen; denn es geht nicht um moralische Anwartschaften, sondern um Rechtsstellungen, die zu Recht oder Unrecht erworben sind. Dabei stellt sich nicht ausschließlich die Frage nach der materiellen Gerechtigkeit. Die Gegenpartei hat ein Interesse daran, den Streit, auf den sie sich nun einmal eingelassen hat, so schnell wie möglich beendet zu sehen, Ruhe vor dem Gegner zu finden, und das, was ihr materiell zwar nicht zustand, nunmehr aber zugesprochen ist, behalten zu dürfen. Außerdem ist es der säumigen Partei eher verständlich, daß sie sich wie im Positiven auch im Negativen mit den Handlungen ihres Vertreters identifizieren muß, als dem Gegner begreiflich, daß es für ihn keine Rechtssicherheit gibt, weil der Anwalt (als Organ der Rechtspflege)[73] sich nicht mit seinem Auftraggeber identifizieren läßt[74].

---

[71] Zum Sinn der Fristen vgl. oben S. 58 ff., RGZ 96, 322; BGHZ 2, 205; 17, 203; NJW 57, 989; *Fenn*, AcP 163, 165, *Wieczorek*, § 232 B II a 2.

[72] RGZ 115, 411, vgl. dazu S. 59.

[73] Das ist mehrfach erörtert und wird nicht wiederholt.

[74] *Petersen*, a.a.O. (wie auch andere z. B. *Ostler*) sieht einseitig aus der Sicht des materiell Benachteiligten und das Behalten des Vorteils mit einem moralischen Vorwurf verbunden. So klar und eindeutig lassen sich Recht und Unrecht nicht einmal verteilen, auch nicht in Ehesachen, wenn beiderseitige Ehewidrigkeiten die Ehe zerrüttet haben, nur ein Partner an ihr festhalten will, sich u. U. noch auf Verzeihung beruft etc. Von ideellen Schäden zu reden, ist mindestens fragwürdig, wo es nicht einmal um das Festhalten an der Ehe aus moralischen Gründen (wie meistens) geht, sondern allein um die Schuldfrage wegen der damit verbundenen materiellen Schäden. Fragwürdig auch dort, wo es sich um den bloß rechtlichen Bestand der Ehe, nicht den Bestand ihrer Idee handelt.

Wie Ostler[75] damit zu argumentieren, daß absolute Rechtskraft erst nach Ablauf der Wiederaufnahmefrist eintrete, gibt ein falsches Bild; denn die Beseitigung der Rechtskraft ist an bestimmte Voraussetzungen gebunden. Liegen sie nicht vor, so gibt der bestehende Titel ein Recht, den erreichten Grad bestehen zu lassen. Es sind bloße Behauptungen, daß Rechtssicherheit und -frieden durch Fortführung des eigentlichen Rechtsstreits keinen Schaden erleiden könnten. Die Formulierungen bei Ostler zeigen eine bedenkliche Auffassung an, nach der das Durchlaufen der Instanzen als Regelfall erscheint, jede Nichtausschöpfung schon als prozessuale Rechtsverkürzung. Das läßt sich statistisch widerlegen[76].

Daneben sieht er nur den Fall, wo tatsächlich ein materiell unrichtiges Ergebnis fixiert ist. Das verkürzt den Blickwinkel; denn auch für die richtig entschiedenen Fälle fiele die Schranke: Jeder Unterlegene könnte trotz Versäumung die Nachprüfung verlangen. Es steht also das Interesse der materiell zu Recht Begünstigten in einer ungleich größeren Zahl von Fällen auf der gleichen Seite wie das des nur zufälligen Siegers. Nicht nur der letzte müßte sich die Fortsetzung des Rechtsstreits gefallen lassen, der ja erst klären wird, zu welcher Gruppe der durch die Fristversäumung Begünstigte gehört.

Die Auffassung Petersens läßt sich ad absurdum führen: Sind etwa sämtliche Fristen überflüssig, wenn sich der Gesetzgeber entschließt (was nicht undenkbar ist), in sämtlichen Verfahren Anwaltszwang einzuführen? Petersen selbst leugnet ja nicht, daß mit seinem Vorschlag Gefahren verbunden sind, glaubt sie aber ausreichend gebannt durch Einführung von Kostenvorschriften. Um die Kosten des Rechtsmittels kann es nicht gehen, da diese unter den Parteien verteilt werden (weshalb sollte der unterlegene Gegner nur deshalb frei werden, weil das Rechtsmittel erst nach Wiedereinsetzung Erfolg hatte?). Es bleiben dann besondere Kosten für die Wiedereinsetzung; da sie mit dem eingelegten Rechtsmittel verhandelt wird, verursacht sie keine besonderen. Man kann dann nur noch an eine Vorschrift analog § 102 ZPO denken, die gerade erst als systemwidrig auf Drängen der Anwaltschaft beseitigt ist. Das scheint auch die Vorstellung Schefflers[77] zu sein, der die Gefahren für die Rechtssicherheit mit einer zusätzlichen Gerichtsgebühr abfangen will. Mit dieser Gebühr würde die Möglich-

---

[75] a.a.O., das Beispiel der Widerklage hat keinen Beweiswert, da das laufende Verfahren den Streit brachte und es den Umfang bestimmt, ohne daß an Rechtskraft in diesem Stadium zu denken ist.

[76] s. Anhang zum Kommissionsbericht; von den gewöhnlichen Prozessen beim AG kommen nur ca. 5 % in die Berufung, von denen beim LG (wo von Anfang an Anwälte beteiligt sind) ca. 25 %.

[77] NJW 64, 997 ff., Wiedereinsetzung.

keit neuen Streits geschaffen, nämlich darüber, wer sie im Verhältnis aller Beteiligten zueinander zu tragen hätte. Hier erheben sich sogleich Zweifel, ob die Fortsetzung des Rechtsstreits gegenüber der geltenden Regelung nach der Behauptung Ostlers[67] wirklich den kürzeren Weg der Rechtsverwirklichung darstellt.

Die vorgetragenen Bedenken bestehen auch gegenüber Ostlers Vorschlag, die Wiedereinsetzung nur bei grober Fahrlässigkeit zu versagen. Hinzukommt, daß die Grenze zwischen Verschulden und Zufall klarer zu ziehen ist, als zwischen den Verschuldensgraden. Sie ist für die Zurechnung auch besser einzusehen. Während nach der geltenden Regelung der Anwalt vielfach von einem Wiedereinsetzungsantrag absieht in genauer Einschätzung seines Verschuldens, würde er andernfalls stets die Wiedereinsetzung in der Hoffnung versuchen, daß das Gericht auch grobes Verschulden eventuell milder beurteilt[78].

Dem Verlangen Ostlers, die Verfahrensordnungen hinsichtlich der Verschuldensvoraussetzungen (d. h. § 233 ZPO) zu harmonisieren, kann man unbedenklich zustimmen. Darin liegt nicht mehr als eine redaktionelle Berichtigung, da materiell in allen Verfahren gleichermaßen Verschulden für die Versagung der Wiedereinsetzung vorausgesetzt wird[79] (vgl. S. 58 ff.).

Rechtstechnische Bedenken[80] gilt es zu überwinden, wenn Unzuträglichkeiten der Rechtswirklichkeit es gebieterisch fordern. Mindestens müssen Wege gesucht werden, die diese vermeiden, jene aber berücksichtigen.

Für den umfangreichen Katalog von Reformen stützt sich Ostler allein auf einige Entscheidungen. Das reicht schon deshalb nicht aus, weil er nur den geringeren Teil vorstellt und zum Teil unrichtig referiert oder interpretiert (vgl. S. 66 ff.). Schließlich kann auch bei größerer Vollständigkeit nichts anderes gelten; denn es bleiben Ent-

---

78 Besonders wenn er der weit verbreiteten Ansicht folgt, daß Rechtsverwirklichung mit Inanspruchnahme aller formellen Möglichkeiten gleichzusetzen ist.

79 Das gilt auch gegenüber *Scheffler*, a.a.O. und zur Einführung des objektiven Verschuldensbegriffs.

80 Die übrigens auch gegenüber den anderen Vorschlägen ergänzt werden könnten: So kann man die Wiedereinsetzung gegenüber der Versäumung der Widerrufsfrist für einen Prozeßvergleich doch nur zulassen, wenn das materielle Rechtsgeschäft (der materiell-rechtliche Vergleich) diese Möglichkeit berücksichtigt (in Form einer Bedingung); denn materielle Rechtsgeschäfte können nicht durch Prozeßhandlungen beseitigt werden. Frage ist, ob derartig bedingte Vergleiche überhaupt noch geschlossen würden. Wo weniger Bedenken bestehen oder keine, wird es darauf ankommen, ob die Tatsachen für Änderungen sprechen, was im folgenden untersucht wird, weshalb weitere rechtstechnische Argumente zurückgestellt bleiben.

scheidungen in Einzelfällen, die Typisches und Symptomantisches enthalten mögen, aber in der Hauptsache für die Wiedereinsetzungspraxis. Für die Anwaltshaftung kommt es auf die Fristfehler als Ursache und den Schadensersatz als Wirkung an. Zwischen beide schaltet sich in einem Teilbereich das Relais der Wiedereinsetzung, die nur potentiell generelle Zwischenstation ist. Wenn man wie Ostler nur die Fälle betrachtet, in denen sie wirklich versucht wird oder gar, wo ihre Versagung eine materiell unrichtige Entscheidung fixiert, müssen sich zwangsläufig Verzerrungen ergeben, weil er das Fazit nicht in gleicher Weise beschränkt; denn die abstrakt generelle Norm, die er anvisiert, bringt nun wieder für alle Fälle strukturelle Veränderungen. Diesen Mangel gleicht er nicht dadurch aus, daß er sich gelegentlich auf Tatsachen bezieht, die den gesamten Komplex betreffen; denn er begnügt sich mit unbelegten Behauptungen.

Bei unserer Untersuchung kommt es nicht darauf an, ob die Fristenregelung die Akzente zwischen Rechtssicherheit und -frieden und materieller Gerechtigkeit richtig setzt, und zwar auch mit den richtigen Mitteln, ohne abträgliche Nebenwirkungen zu erzielen. Maßgebend ist allein, ob sich Vermutungen bestätigen lassen, daß die bisherige Regelung eine insgesamt unerträgliche Situation im Bereich der Anwaltshaftung schafft und dieser Lage gegenüber den anderen Aspekten ein selbständiges Gewicht verleiht.

Dazu reicht es nicht aus, lediglich zu konstatieren, daß die Unübersichtlichkeit und Uneinheitlichkeit der Fristen und Formalitäten zu ihrer Wahrung zahlreiche Anwaltsfehler verursachen, wenn diese nicht gegenüber denen, die auf anderen Gründen beruhen, überwiegen oder wenigstens unerheblich zurückbleiben — vorausgesetzt, sie fallen überhaupt ins Gewicht. Dasselbe gilt, wenn nur in einem Bruchteil dieser Fälle der Regreßprozeß oder -versuch der versagten Wiedereinsetzung folgt. Hinzutreten muß weiter eine gewisse Schadenshäufigkeit, die mit der neuen Regelung erheblich herabgesetzt werden könnte. Eine Reform wird umso leichter zu vertreten sein, wenn es sich bei der Inanspruchnahme des Anwalts um wesentliche oder existentielle Gefahren für ihn handelt.

In dem letzten Punkt kann der frühere Hinweis, nach dem sich kein Beispiel für einen Regreß als Existenzfrage fand, insofern ergänzt werden, daß die durch Fristfehler verursachten Schäden keineswegs über dem Durchschnitt der anderen Fehlergruppen liegen. Diese Tatsache gewinnt Bedeutung in Verbindung mit einer weiteren: Bei der Art der versäumten Fristen geht es fast ausschließlich um Routinefristen: die gängigen Rechtsmittelfristen der Zivilgerichtsbarkeit. Die Gründe ihrer Versäumung liegen nicht etwa darin, daß der Rechtsanwalt Opfer eines Rechtsirrtums, gesetzlicher Sondervorschriften oder undeutlicher Gerichtsentscheidungen wurde, sondern in Organisations- und meist technischen Eigenfehlern. Die veröffentlichten Entscheidungen zeigen dasselbe Bild. Organisationsmängel führen die Liste an, während die Probleme im Zusammenhang mit dem Inkrafttreten neuer Verfahrensordnungen (z. B. VwGO und SGG) durch die Rechtsprechung geklärt sind und die dazu vereinzelt ergangenen Entscheidungen mit ihrer Veröffentlichung weitere Fälle gleicher Art verhindern. So sehr also eine übersichtliche Neugestaltung aus anderen Gründen wünschenswert ist, Verbesserungen für die Anwaltshaftung darf man sich nicht davon erhoffen[81]. Eher darf man erwarten, daß dort, wo die erforderliche besondere Aufmerksamkeit augenblicklich noch Fehler verhindert, diese später auch auftreten, wenn die zu bearbeitenden Sachen in den Kreis der Routineangelegenheiten einbezogen werden.

Eine positive Beurteilung der Reformen, die die Fehlerquelle mit der weitgehenden Möglichkeit der Heilung zu beseitigen versuchen, legt die Tatsache nahe, daß unter den Fehlergruppen Versäumnisse prozessualer Fristen nach den Tabellen VI und VII mit 40,4 % an der Spitze stehen[82] und der nicht enthaltene Teil, in dem die Folgen der Säumnis durch Wiedereinsetzung beseitigt werden, der kleinere ist (nach den veröffentlichten Entscheidungen der Rechtsprechung ca. ein Drittel). In der Mehrzahl führen Fristfehler zur Verschlechterung der prozessualen Situation für die betroffene Partei.

Falsch ist es aber, bei der Frage der Notwendigkeit gesetzgeberischen Handelns den Blick auf die Häufigkeit irreparabler Anwaltsfehler zu richten, wenn man sich darüber klar ist, daß die Haftung dafür doch nur eintreten kann, soweit ein materiell falsches Ergebnis unumstößlich ist, d. h. mit dem Unrecht argumentiert werden kann, das darin liege, daß der Prozeßgegner zu Lasten des Anwalts begünstigt werde. Falls man in der Anwaltshaftpflicht den zwingenden Grund sieht, spielen allein Schadenshäufigkeit und -umfang eine Rolle. Sie lassen sich nicht an der Zahl der Regreßprozesse messen, die sich an eine Versagung der Wiedereinsetzung anschließen, schon gar nicht, wenn man — wie Ostler[10] — eine verkehrte Vorstellung davon hat. Entgegen seiner Behauptung sind sie sehr selten. Schon bei einer Gegenüberstellung der Entscheidungen in Regreßsachen mit denen über Wiedereinsetzung, kommt man darauf, da letztere unverhältnis-

---

[81] In der Auslese sind keine Fälle von Schäden wegen versäumter Wiedereinsetzungs- oder Widerrufsfrist beim Prozeßvergleich aufgetaucht.

[82] Während der Anteil echter Schäden erheblich unter 30 % liegt, also unvergleichlich geringer als bei anderen Gruppen ist.

mäßig häufiger sind. Die Mandanten sind keineswegs immer der Ansicht, daß erst die höhere Instanz gerecht und richtig entscheide. Während bei der Mehrzahl der Fristfehler Wiedereinsetzung versucht wurde, folgte in einer einzigen Sache ein Prozeß. Dazu muß man noch die Fälle rechnen, die nicht einmal der Versicherung angezeigt werden, weil der Mandant, der zwar weiter prozessieren wollte, das rechtskräftige Urteil als richtig anerkennt. Unterstützung finden diese Indizien darin, daß das KG im Vergleichszeitraum nur sechs Regreßprozesse nach versagter Wiedereinsetzung zu entscheiden hatte (vier davon negativ), wobei diese Angabe nicht nur für das bei den Tabellen berücksichtigte Sechstel, sondern für alle Berliner Anwälte gilt.

Als der Deutsche Anwaltverein diese Fragen diskutierte, ging er nach dem ihm vorliegenden Material ebenfalls davon aus, daß Fristfehler nur in seltenen Fällen zu einem Schadenseintritt führen, und benutzte dies expressis verbis für die Begründung seiner Forderungen[83]. Dann kann man auch heute nicht die Notwendigkeit eines gesetzgeberischen Eingreifens zur Abwendung eines auf andere Weise unabwendbaren Unrechtszustandes einsehen, da nur in jedem dritten Fall, also erheblich seltener als in den anderen Fehlergruppen, die Versäumung einer Frist auch zu einem Schaden führt. Dabei wird schon von den ungünstigsten Umständen ausgegangen. Das muß jedenfalls uneingeschränkt gegenüber einer so weitgehenden Forderung wie der Aufhebung des § 232 Abs. II ZPO gelten, da die mit der Einführung von Fristen verbundenen — allgemein anerkannten — Vorstellungen unerreichbar wären, wenn die Fristen irrelevant würden.

In Einsicht dessen werden die Wünsche erheblich reduziert. Mit der Beschränkung, § 232 Abs. II ZPO im Bereich leichten Verschuldens zu beschneiden, wird nun der Kreis der Fälle, das Maß des Unrechts, die die Tätigkeit des Gesetzgebers als dringend erscheinen lassen sollen, noch kleiner; denn in einem erheblichen Teil führte grobes Verschulden zur Fristversäumung. Zwar läßt sich nicht mit Gewißheit sagen, wie die Gerichte urteilen würden, müßten sie zwischen den Verschuldensgraden differenzieren. Gerade bei der größten Gruppe, den Organisationsfehlern, kann man Situationen feststellen, die den Vorwurf grober Fahrlässigkeit rechtfertigen, z. B. wenn nicht für Vertretung bei Abwesenheit gesorgt, dem jungen Lehrmädchen die Fristenberechnung überlassen wird oder Fristen vor der Vorlage gelöscht werden. Oft genug muß außerdem die Wiedereinsetzung wegen Mängel in der Glaubhaftmachung versagt werden. Im übrigen täuscht der Glaube, daß ausgerechnet dort, wo grobes Verschulden vorliegt, seltener ein

[83] s. *Dittenberger*, AnwBl 21, 211. Besser läßt sich aber für Reformen streiten, je mehr auch quantitativ davon abhängt.

Schaden eintritt. Jedenfalls ergeben sich aus den Versicherungsakten, die nicht immer den genauen Hergang schildern, keine Anhaltspunkte dafür. Im Gegenteil: Es kommt vor, daß die Versicherung ihrem Versicherungsnehmer von dem Versuch der Wiedereinsetzung abraten muß, weil ein deutliches Verschulden eine positive Entscheidung von vornherein ausschließt (ohne daß in diesen Fällen auch stets ein Schaden liquidiert wird).

Die Zahl der für die Reform relevanten Tatbestände schrumpft weiter dadurch, daß in manchen neben den Fristfehlern ein Verfahrensfehler tritt, der genausogut den Grund für einen Schadensersatzanspruch abgeben kann (nur ist der Fristfehler leichter zu erkennen)[84].

Der Besserung für einen Bruchteil der Haftpflichtfälle stehen gewichtige Nachteile für die mit der Fristenstrenge verfolgten Ziele in allen Rechtsstreitigkeiten gegenüber. Wie die Richterschaft nicht darauf spekulieren kann, daß die bisherige Wiedereinsetzungsregelung eine Arbeitserleichterung für sie bedeutet, obwohl das tatsächlich so ist, da i. d. R. sich der Rechtsstreit nach Versagung der Wiedereinsetzung nicht im Regreßprozeß fortsetzt, kann die Anwaltschaft nicht damit rechnen, daß ein indirekter Anwaltszwang dadurch eingeführt wird, daß der Mandant über ihn zu einer Besserstellung wegen der Fristen gelangt.

Zweifel daran, ob die Erfordernisse der Anwaltshaftung seine Forderungen stützen, scheint Ostler[67] selbst zu haben, wo es ihm um die „Rechtswohltat" für das Organ der Rechtspflege geht, da man ihm kaum unterstellen kann, er erkenne zwischen Haftung und „Organeigenschaft" eine Idiosynkrasie.

Das Bild der Tatsachen bleibt dasselbe, und, wo es um ihre normverändernde oder normerzwingende Kraft geht, lassen sie sich als Argument nicht ersetzen oder ergänzen, zumal schon früher auf die mißverständliche Auslegung des § 1 BRAO hingewiesen werden mußte.

Zweiter Abschnitt

Reform der Rechtsprechung

Häufiger noch als an den Gesetzgeber wendet man sich an die Rechtsprechung mit Änderungswünschen, fast jedesmal, wenn die Kritik an

---

[84] Vgl. BGH NJW 59, 141; KG Urteil vom 31. 10. 61 — 7 U 131/59 (Beratungs- neben Fristfehler).

einer Entscheidung wirklich oder scheinbar dazu herausforderte. Angesichts der Darstellung in Kapitel I geht es hier nur noch um Ergänzungen.

Die allgemeinen von der Lehre und der Rechtsprechung entwickelten Rechtsinstitute, die für die vertragliche Haftung gelten, finden auch im Bereich der Anwaltshaftung Anwendung. Was darüber hinaus nicht anerkannt ist, man denke etwa an einen Interessenausgleich durch Richterspruch trotz Verschuldens[1], ist auch hier irrelevant; denn wie im allgemeinen bedarf es eines solchen Institutes nicht, wenn die vertraglich aneinander gebundenen Parteien ihre Interessen durch die Vereinbarung berücksichtigen können, durch die sie sich binden und mit der sie also den Interessenausgleich selbst vornehmen können. Daran ändert sich nichts, wenn das Risiko des Vertrages mit der Angelegenheit des Mandanten einseitig in die vertraglichen Beziehungen gelenkt wird. Die Rechtsprechung kann sich nicht praeter oder contra legem entwickeln, wenn es Sache des Gesetzgebers ist, seine Entscheidung zu revidieren, wozu er sich auch nach dem Referentenentwurf im Rahmen des § 255 a (BGB) anschickt.

Wie die Beziehungen zwischen Anwalt und Mandant als vertragliche richtig eingeordnet sind, ist es folglich die Anwaltshaftung im System der vertraglichen. Die von der Rechtsprechung erhofften Wandlungen können sich daher allein in dessen Grenzen vollziehen, und zwar nur in der Weise, daß die Basis unverändert bleibt. Ihre Strukturelemente Kausalität und Verschulden sind in ihrer Konzeption konstant; denn die Bewegungen der Kausalitätslehre haben gezeigt, daß auf die Theorie der adäquaten Kausalität nicht verzichtet werden kann und allein für Grenzfälle, die im Bereich der Anwaltshaftung noch keine Parallelen haben, differenziertere Aussagen erforderlich werden. Unzweifelhaft muß auch der abstrakte Fahrlässigkeitsbegriff beibehalten werden. Ansatzpunkte für Überlegungen bilden dann die Verfahrensweise und die Produktion und Anwendung mehr oder minder strenger Maßstäbe für die einmal konzipierten Begriffe.

Bevor man nach der Antwort auf die Frage sucht, ob die Haftpflichtsituation andere Maßstäbe der Rechtsprechung erfordert, gilt es, möglichst exakt die Verantwortung der Gerichte für die Anwaltshaftung zu bestimmen. Wie einerseits Verschulden als Voraussetzung vertraglicher Haftung zu erklären in die Verantwortung des Gesetzgebers fällt, erstreckt sich andererseits die Verantwortung des Richters zutreffend auf das Formulieren von Pflichten, z. B. sich die nötige Rechtskenntnis anzueignen, den sicheren Weg zu wählen, Büro und Praxis

---

[1] s. *Enneccerus - Lehmann,* S. 621.

ausreichend zu organisieren. Diese Art der Verantwortung sieht auch die heftigste Kritik im Bereich materiellen Verschuldens in sachgerechter Weise gelöst. Verfolgt man die Skala Norm — abstrakte Subsumtion (Grundsätze der Rechtsprechung) — konkrete Subsumtion, so bezieht sich der Vorwurf unverantwortlicher Aussagen nicht auf die Spitze, sondern ausschließlich auf das Ende, wo im konkreten Fall die eine oder andere Handlung als fahrlässig oder schuldlos gekennzeichnet wird. So verdichtet sich das Reformstreben in bezug auf die Rechtsprechung dahin, die Schuldfeststellungen in den Fällen a bis x, deren Summierung als Maßstab genommen wird, großzügiger zu handhaben.

Je näher die richterliche Verantwortung den Besonderheiten des Einzelfalles steht, desto weniger exemplarische Bedeutung beansprucht sie für die ihr nicht vorgelegten Sachen. Sie verringert sich weiter, je unausgeglichener die Relation zwischen entschiedenen und anderweitig ohne Mithilfe des Gerichts erledigten Angelegenheiten ist, weil die Wahrscheinlichkeit steigt, daß einige Gestaltungen der letzten Gruppe in der ersten nicht repräsentiert sind. Die Untersuchung des vorhandenen Materials zeigt, daß noch in jeder siebenten Regreßsache (Fehler mit oder ohne Schaden) um gerichtliche Klärung nachgesucht wurde, die aber nur in jeder zehnten dann erfolgte (die anderen endeten durch Vergleich). Für den Anwalt negative Urteile ergeben sich auf die Gesamtzahl der Regresse in ca. 2 %, auf die der echten in ca. 5 %. (Dieses Verhältnis 2 : 5 bestätigt sich übrigens für die Entscheidungen des KG nach Abzug der Verfahren, in denen sich ein Mandant nur gegenüber den Ansprüchen seines Anwalts mit eigenen Schadensersatzforderungen wehrte.) Bedenken dagegen, der Rechtsprechung für den Rahmen der Fahrlässigkeit eine ungeteilte Verantwortung aufzubürden, sind danach nicht zu übersehen, besonders solange nicht der Beweis dafür erbracht ist, daß die Versicherungen Auseinandersetzungen vor Gericht deshalb vermeiden, weil sie von der präjudiziellen Bedeutung ungünstiger Urteile ausgehen.

Die zweite Frage, ob die Rechtsprechung den an sie zu stellenden Anforderungen gerecht wird, läßt sich nicht dadurch beantworten, daß der Blick ausschließlich auf Grenzfälle gelenkt wird, die den Maßstab nicht repräsentieren können. Globale Vorwürfe bedürfen einer breiteren Grundlage. Da man annehmen darf, daß in den höheren Instanzen grenznähere Fälle häufiger sind, sind dabei auch die Entscheidungen der Instanzgerichte heranzuziehen. Aus Kapitel I ergibt sich, daß keineswegs zu strenge Maßstäbe, wohl aber vereinzelte Fehlentscheidungen auftauchen, von denen auch Scheffler[2] sagt, daß sie

---

[2] Wiedereinsetzung, NJW 64, 997.

letzten Endes unvermeidbar sind. Obwohl das Beispiel der KG-Rechtsprechung ein Verhältnis von positiv und negativ entschiedenen Regreßsachen zeigt, das dem von regulierten Schäden zu Anwaltsfehlern nach den Versicherungsakten entspricht, versagen die quantitativen Beobachtungen für die gewünschten qualitativen Aussagen, da zu viele Nebenaspekte berücksichtigt werden müssen, insbesondere solche, die den Entschluß des Mandanten zu klagen beeinflussen.

Ebensowenig lassen sich Hinweise auf eine Voreingenommenheit zuungunsten des Anwalts entdecken, eher eine Zurückhaltung, die sich z. B. auch darin äußert, daß selbst dann nur von Fahrlässigkeit gesprochen wird, wenn sogar grobe Fahrlässigkeit (Übergehen von Hinweisen seitens des Gerichts und des Mandanten, Vorgehen gegen den Mandanten aus sittenwidriger Honorarabrede) vorliegt, und das KG in einem Fall bereit war, einen unzweifelhaft entstandenen, unverjährten Schadensersatzanspruch als verwirkt anzusehen[3]. Als zu streng kann man die Rechtsprechung nur betrachten, wenn man davon ausgeht, Leistungs- und Haftungsanforderungen müßten sich umgekehrt reziprok zueinander verhalten, während sie proportional verlaufen. Der höhere Standard der Idealgüterproduktion findet keinen Ausgleich in einem niedrigen der Haftung; denn die Leistungen des Anwalts tragen nicht die Züge des Benefiz[4], sondern erfolgen im Rahmen von Austauschverträgen, die im übrigen die Möglichkeit der Haftungsvereinbarung bieten. Man muß davor warnen, diesen Weg abzulehnen. Wie Scheffler[5] den gesetzlichen Haftungsausschluß mit der Begründung zu verwerfen, es sei doch nicht einzusehen, weshalb der Mandant die Folgen der Anwaltsfahrlässigkeit tragen solle, dasselbe Ziel aber durch Manipulierung der Maßstäbe von Verschulden und Nichtverschulden erreichen zu wollen, führt in eine Sackgasse. Der Richter kann allein die gesetzlich bestimmten Merkmale berücksichtigen und sie nicht dadurch verändern, daß er dem Rechtsanwalt auf Grund der Organeigenschaft konzediert, was das Gesetz ihm bewußt versagt; denn bei Schaffung der BRAO wurde die Anwaltshaftung berücksichtigt, aber gerade nicht verändert. Die Organeigenschaft muß im Haftungsprozeß auch deshalb unbeachtlich bleiben, weil die Positionen beider Parteien gleich sind und auch der Anschein einer Solidarität zwischen den „Rechtspflegeorganen" einen größeren Vertrauensverlust zum Nachteil der Anwaltschaft bedeuten würde als die Tatsache, daß Fehler vorkommen.

---

[3] Urteil 7 U 753/57.

[4] Vgl. *Deneke*, S. 19 (anders im alten Rom).

[5] Haftpflichtgefahr, S. 13.

Dritter Abschnitt

Reform des Standesrechts

Das Standesrecht kann nur dann Ansatzpunkt für Neuordnungen sein, wenn es Verbindungen zur Anwaltshaftung aufweist. Da nach § 43 S. 2 BRAO die Berufspflicht sogar auf die Stellung des Rechtsanwalts außerhalb seiner Berufstätigkeit wirkt, Berufspflichten aber auch Standespflichten sind, umgreifen letztere mindestens alles mit der beruflichen Tätigkeit Zusammenhängende, also auch die Haftung. Tatsächlich hat das Standesrecht, von dem nur die Grundsätze in die jeweiligen Gesetze eingegangen sind, während seine Ausformungen gewohnheitsrechtlich wachsen — seit die Standesrichtlinien es annoncieren — zu Teilfragen Stellung genommen, eben indem es Haftungsbegrenzungen nur in allerengstem Rahmen zuließ. Nachdem sich anfänglich die entgegengesetzte Auffassung durchzusetzen schien und ihr Bestehen den Deutschen Anwaltverein vorübergehend zu Einschränkungen in der Formulierung der Richtlinien veranlaßt hatte[1], hat die strengere standesrechtliche Norm — auch in ihrer aktuellen weicheren Prägung — doch bis heute ihre Wirksamkeit bewiesen[2]. Allgemeine Mandatsbedingungen, soweit sie bereits existierten, wurden zurückgezogen und haben keine Neuauflage erlebt, so daß es nicht verwundert, daß gerichtliche Entscheidungen zu Haftungsbegrenzungen nie bekannt geworden sind. Wie weit man sich über das Standesrecht durch die Vereinbarung einzelvertraglicher Klauseln hinwegsetzte, läßt sich auch nur indirekt und dann negativ beantworten mit den gleichen Indizien und der Tatsache, daß formularmäßige Haftungsbeschränkungsklauseln erst mit der Modifizierung der Standesrichtlinien auftauchen[1]. Es steht außer Zweifel, daß es die Wirksamkeit der Standesregel war, die die Entwicklung hemmte; denn die Auffassung, daß Haftungsbegrenzungen zivilrechtlich unzulässig seien, etwa wegen Sittenwidrigkeit oder Verstoßes gegen Treu und Glauben, setzte sich niemals durch.

Entgegen der früheren strengen Auffassung drücken die Richtlinien in der Fassung 1963 eine Wandlung des Standesrechts aus, da Haftungsbeschränkungen für zulässig erachtet werden, die als untere Grenze 50 000 DM respektieren. Ursprüngliche und aktuelle Regelung gehen von bestimmten Sachverhalten aus, letztere möglicherweise davon, daß die normerzeugenden Tatsachen früherer Jahrzehnte nicht mehr existieren.

---

[1] s. Kapitel II § 3.

[2] Zum Verhältnis zwischen Norm und Richtlinien s. S. 90.

Es waren die schwierigen wirtschaftlichen Verhältnisse der Nachkriegs- und Inflationszeit, verbunden mit der Neuorientierung von Staat und Gesellschaft, die die Haftungsfrage für die Anwaltschaft akut werden ließen. Da heute wieder wirtschaftliche Belastungen oder Gefahren Argumente abgeben, liegt es nahe zu folgern, die einmal gefundene Lösung müsse erhalten bleiben. Nur ist es auf den ersten Blick doch merkwürdig, daß eine Maßnahme als standeswidrig bezeichnet wird, mit der der untragbaren Situation gesteuert werden soll. Die Erklärung lag zunächst in den weitergehenden Zielen, die sich der DAV steckte, als durch das Vorgehen örtlicher Anwaltsvereine die Haftung und ihre Begrenzung in sein Blickfeld traten. Ihm ging es nicht darum, ein Instrument zur Beseitigung von Schadensfolgen zu stützen, über dessen zivilrechtliche Zulässigkeit noch keine rechten Vorstellungen bestanden, sondern er wollte den Gesetzgeber zu umfassenden Reformen veranlassen: Anwendbarkeit des § 839 Abs. I S. 2, Abs. III BGB auf die Anwaltshaftung, Erweiterung der Wiedereinsetzung und Aufhebung des § 232 Abs. II ZPO, sowie Verkürzung der Verjährung von Schadensersatzansprüchen gegen Rechtsanwälte auf 3 Jahre[3]. Da er seine Forderungen mit der gespannten Haftungssituation begründete, wollte er kein Vorgehen zulassen, das die Dringlichkeit des eigenen in Frage stellen konnte, wenn sich etwa herausgestellt hätte, daß Haftungsbegrenzungen zu befriedigender Besserung geführt hätten.

Es waren also zunächst rein taktische Erwägungen, mit denen der DAV gegen Haftungsbegrenzungen auftrat und die er mit dem Hinweis verband, daß eine sachliche Entscheidung zurückgestellt werde. Da die ursprünglichen Forderungen unerfüllt blieben, in jüngster Zeit aber eine Renaissance erlebten, mag man daran denken, daß die standesrechtliche Regelung aus ähnlichen taktischen Erwägungen aufrecht erhalten würde; denn auch als den ersten Beschlüssen des DAV die Sachentscheidung seiner beratenden und beschließenden Gremien nachgefolgt war, wonach die bereits existierenden Klauseln als standeswidrig, nämlich standesunwürdig und -schädlich erkannt wurden, behielten die älteren Gedanken ihre Relevanz. Der starke Widerspruch in der Literatur[4] und seitens der örtlichen Organisationen hinderte nur partiell Geltung und Wirksamkeit des Begrenzungsverbots, bis es sich kurz darauf endgültig durchsetzte[1]. Sickinger[5] umriß die Tatsachen, denen sich der Stand und seine Angehörigen gegenübersahen. Die Anwaltschaft befinde sich in einer wirtschaftlich schlechten Lage, die nicht geeignet sei, das Vertrauen des Publikums zu fördern, sie

---

[3] s. *Dittenberger*, AnwBl 21, 211.
[4] s. *Schweitzer*, S. 45 ff., *Fürst*, AnwBl 29, 329.
[5] AnwBl 32, 137.

aber um so stärker zwinge, um das Publikum zu werben. Haftungsbegrenzungsklauseln könnten nur scheinbar wirtschaftliche Erleichterung bedeuten, in Wahrheit aber einen circulus vitiosus beginnen. Sie würden den potentiellen Mandanten von einer Beauftragung des Anwalts abschrecken, so daß sich das Auftragsvolumen verringere, da der Anwaltszwang nur für einen Teil der ausgeübten Tätigkeit bestehe. Gleichzeitig aber würden ungeeignete Elemente angezogen, da die Sorglosigkeit gegenüber Fehlern ohne Folgen bleibe. Das Standesniveau werde also sinken. Das Resultat sei ein weiterer Vertrauensschwund und Folge davon, daß sich mehr Standesangehörige in die ungenügenderen Erwerbsquellen teilten. Es gebe im übrigen kein Mittel, eine solche Entwicklung aufzuhalten, da eine Zwangsversicherung auf tatsächliche Schwierigkeiten stoße. Auch Selb[6], der in rechtlicher — vor allem standesrechtlicher — Hinsicht keine Bedenken gegen Begrenzungsklauseln hegt, da der Anwalt immer zu sorgfältiger Leistung verpflichtet bleibe, hält sie letzten Endes doch für unzweckmäßig, da er nicht an ihre Verwendbarkeit glaubt und dafür auf das Vorgehen des Industrieverbandes gegen die Mannheimer Mandatsbedingungen verweist[1]. Erhaltung des Vertrauens als wirtschaftliche Notwendigkeit für den Stand mache Bestrebungen, die es gefährden, standesschädlich[7].

Die tatsächlichen Voraussetzungen schienen die Konzeption der Standesnorm zu rechtfertigen. Damals war die wirtschaftliche Situation der Anwaltschaft durch Überfüllung des Standes, Bestehen eines Anwaltsproletariats und das Unvermögen, sich im Bereich der Haftung durch eigene Aufwendungen wirtschaftlich zu sichern, gekennzeichnet. Sie war um so schwieriger, als eine Interdependenz zwischen den aufgezählten Umständen bestand. Die Erwerbsbasis war schmaler — schon weil inzwischen die Rechtsentwicklung neue Bereiche erschlossen hat (Verkehrs- und Entschädigungsrecht z. B.) — ganz besonders im Bereich prozessualer Tätigkeit; denn die Armensachen, die damals einen relativ größeren Anteil an der Gesamtzahl hatten[8], wurden unentgeltlich erledigt, da die Erstattung der Kosten durch die Staatskasse erst mit dem Gesetz betreffend die Erstattung von Rechtsanwaltsgebühren in Armensachen vom 20. 12. 1928 eingeführt wurde. Diese schmale Basis wurde weiter dadurch eingeengt, daß eine große Zahl von Rechtskonsulenten, die der der heutigen Rechtsbeistände unvergleichbar ist, mit den Rechtsanwälten in Wettbewerb stand, den sie nicht selten durch Gebührenunterbietungen zu ihren Gunsten ent-

---

[6] AnwBl 30, 356.

[7] Vgl. *Dettmer*, S. 45 ff., *Friedlaender*, Exkurs II zu § 28/15, *Schliebner*, S. 38 ff.

[8] s. *Feuchtwanger*, S. 273, Kommissionsbericht, Anhang.

scheiden konnte[9]. Einen durchgreifenden Wandel brachte das Rechtsberatungsmißbrauchsgesetz erst im Jahre 1935, das gleichzeitig die (inzwischen beseitigte) Bedürfnisprüfung einführte. So hat Levin[10] den Versuch gemacht, die Überfüllung des Anwaltsstandes nachzuweisen. Man kann den Nachweis schon deshalb nicht als mißlungen betrachten, weil ein breites Anwaltsproletariat ihn bestätigte[11]. Der Abschluß einer zureichenden Berufshaftpflichtversicherung lag daher schon außerhalb der wirtschaftlichen Möglichkeiten vieler, so daß an eine zwangsweise Einführung nicht zu denken war[12].

Das Standesrecht hat aus der grundlegenden Veränderung dieser Verhältnisse Konsequenzen gezogen[13], aus denen hervorgeht, daß sich die ursprünglichen Folgerungen der Standesschädlichkeit nicht aufrecht erhalten lassen, da sie im sozialen Bereich keine Stütze mehr finden. Obwohl ausreichend Gelegenheit bestand, auf Grund der Erfahrungen, die einige OLG-Bezirke mit Haftungsbegrenzungen gemacht haben mußten, den konkreten Nachweis für die Richtigkeit der durch die Standesnorm vorgenommenen Wertung sozialer Umstände zu führen, hat man es nie versucht. Der Hinweis auf das Vorgehen des Industrieverbandes im Jahre 1927 bildet keinen Ersatz, da die Motive nicht zu fixieren sind und möglicherweise nur darin bestanden, den DAV zur Stellungnahme zu bewegen.

Wie sich aus der Kostenstrukturstatistik[1] ergibt, liegen die Einkommen heute so, daß sie den Berufsangehörigen wirtschaftliche Sicherung bieten. Das Gegenteil ist nicht zu beweisen, indem man die an der unteren Grenze liegenden betont. Es bedarf dort einer Aufschlüsselung, wie groß der Anteil der Praxen neu zugelassener Rechtsanwälte in dieser Gruppe ist oder der Anwälte, die nach ihrem Ausscheiden aus anderen Berufen mit einer entsprechenden Versorgung sich bewußt mit einer kleinen Praxis begnügen und schließlich der Praxen, die aus Altersgründen auf geringeren Umfang zurückgehen. Tatsache ist weiter, daß fast jeder Rechtsanwalt eine Berufshaftpflichtversicherung abgeschlossen hatte, bevor es die Standesrichtlinien zur Pflicht machten. Seither haben zahlreiche die Versicherungen erhöht. Die Aufwendungen dafür nehmen in der Kostenstruktur den geringsten Posten ein.

---

[9] s. *Feuchtwanger*, S. 146 ff., *Levin*, S. 48 ff.

[10] Schutz der freien Rechtsanwaltschaft, 1930.

[11] s. *Feuchtwanger*, a.a.O.

[12] s. *Sickinger*, a.a.O., *Fürst*, a.a.O.

[13] Nach den Vorstößen von *Roesen*, AnwBl 62, 25 und *Taeger*, AnwBl 62, 133, während *Mittelstein*, MDR 58, 743, *Scheffler*, Karlsruher Forum 59, S. 43 ff., den Weg noch für ungangbar hielten, a.A. *Thier*, S. 47 ff.

Ebensowenig läßt sich noch von einer Überfüllung des Standes sprechen, da nur der geringere Teil am absoluten Zuwachs auf das Konto der frei praktizierenden Anwälte entfällt[14]. Im übrigen ist eine solche Auffassung auch kaum mit den häufigen Hinweisen auf die drückende Geschäftslast vereinbar[15].

So bleibt die weitere Frage zu stellen, ob andere Gründe für die Standesschädlichkeit bestehen bleiben. Das Nachgeben des Standesrechts selbst verneint es; denn schädigende Wirkungen könnten nur über die Reaktion des Publikums eintreten, die die Haftungsbeschränkung ebensogut wie der Ausschluß auslösen kann. Immerhin betrifft die Beschränkung sogar die grob fahrlässig verursachten Schäden, während der Ausschluß sie unberührt ließe, mindestens der in Allgemeinen Mandatsbedingungen, aber der einzelvertragliche aus wirtschaftlichen Gründen wohl gleichfalls. Außerdem verzichten die Richtlinien auf eine Relation zu den Risiken, obwohl von ihr abhängt, ob die Regeln über den Ausschluß eingreifen, etwa wenn die Größenordnungen von einer halben Million aufwärts erreicht sind[16]. Andererseits geht das Standesrecht nicht davon aus, daß Schäden unterhalb der durch die Berufshaftpflicht gedeckten Grenze und Vereinbarungen für den darüberliegenden Bereich ohne Wirkungen auf Publikum und Stand bleiben; denn dann wären Haftungsbeschränkungen überflüssig und aus diesem Grunde auch die Norm, die nur Verwirrung auslösen würde.

Hat der Stand deutlich gemacht, daß das Merkmal der Standesschädlichkeit irrelevant ist, kann er andererseits nicht Bestimmungen aufrecht erhalten, die es voraussetzen. Das Verbot anderer Haftungsbegrenzungen findet in den sozialen Verhältnissen keine Stütze mehr. Die Berufshaftpflichtversicherung bietet für die überwiegende Anzahl der Schäden Deckung[17], zumal viele Anwälte höhere als die standesrechtlich vorgesehenen Versicherungen abschließen. Das Vertrauen des Publikums wird sich daher konsolidieren, wenn es in entsprechendem Umfang befriedigt zu werden gewiß ist.

Das andere Merkmal der Standeswidrigkeit: Verletzung der Standeswürde war von jeher ohne sachliche Grundlage. Es kann gar nicht der Würde des Standes entsprechen, sich für verpflichtet zu halten, für Fehler in unbegrenzter Höhe einzustehen, wenn man dazu tatsächlich nicht in der Lage ist. Eher wird der den Ansprüchen seines

---

14 „Syndikuszulassungen" überwiegen, s. *Deneke*, S. 13.

15 s. *Ostler*, Anwaltshaftpflicht, AnwBl 65, 249 ff.

16 s. Kapitel I § 4 des 2. Abschnitts.

17 In unserem Beispiel betrug sie 100 %.

Standes gerecht, der sich offen zu dieser Situation bekennt[18]. Wenn es anders wäre, darf der Gesetzgeber ebensowenig daran rühren, wenn er nicht eine dem sozialen Ausgleich widersprechende Regelung fixieren will. Sie anzustreben, sah sich der Stand allerdings nie gehindert.

Die Handhabung in den Rechtsberatungsstellen, in denen jede Haftung ausgeschlossen wird, spricht ebenfalls dagegen: Wenn die Haftung integrierender Bestandteil anwaltlicher Leistungen ist, kann nicht ausgerechnet das Honorar das über die Standeswürde entscheidende Kriterium abgeben, weil auch die Leistung nicht Funktion des Honorars, allenfalls das Honorar umgekehrt eine Funktion der Leistung ist, falls es sich um Leistungshonorare handelt[19].

Außerdem darf man sich den Wandlungen nicht verschließen, die im Zusammenhang mit der Haftpflichtversicherung eingetreten sind. Konnte Friedlaender[20] noch sagen, daß der Rechtsanwalt einen Fehler von sich aus zugeben, anerkennen und wiedergutmachen müsse, kann es jetzt kaum gelten, nachdem ihn aus dem Verhältnis zur Versicherung bestimmte Obliegenheiten treffen (s. §§ 5, 6 Allgemeine Versicherungsbedingungen). Darüber hinaus belastet es den Mandanten nicht über Gebühr, wenn man ihm die Entscheidung überläßt, ob und in welcher Weise er gegen seinen Anwalt vorzugehen gedenkt.

Das Standesrecht, das in den Richtlinien insoweit richtig wiedergegeben wird, geht also noch von Tatsachen aus, deren Existenz es durch die eigene Modifizierung bereits leugnete. Um seiner Verantwortlichkeit als Standesgesetzgeber zu genügen, muß der Stand diesen Widerspruch beseitigen und die Norm nach den tatsächlichen Erfordernissen reformieren. Eine Regelung, die die zivilrechtlichen Grenzen auch als standesrechtliche anerkennt, bleibt nicht auf bloß formale Geltung beschränkt, sondern kann sie mit der Wirksamkeit verbinden. Wenn das für das geltende Standesrecht zweifelhaft war, weil nach unserer Auslese kein Schadensfall eine Größenordnung erreichte, in dem eine ihm entsprechende Haftungsbeschränkung Relevanz entwickeln konnte, erheben sich derartige Zweifel gegenüber der veränderten Norm nicht; denn sie läßt Begrenzungsformen zu, die in verschiedener Weise auf die unteren Bereiche wirken können.

Eine Möglichkeit, die wegen ihrer Flexibilität schon den Vorzug verdient vor der jetzt zu praktizierenden, ist die Abstufung nach den

---

18 s. *Roesen*, a.a.O.

19 s. *Deneke*, S. 223 ff. zu dem Verhältnis von Kosten-, Mindest-, Leistungshonorar zu Gebührenordnungen.

20 Exkurs II zu § 28/14.

Verschuldensgraden. Dem Mandanten kommt es in erster Linie darauf an, sich die sorgfältige Leistung des Anwalts zu sichern. Ob er sich dessen so gewiß ist, wenn der Anwalt nur in Höhe des Selbstbehalts für grobe Fahrlässigkeit einstehen muß, ist fraglich.

Jedenfalls wird es sein Vertrauen stärken, wenn er mit der Haftung in voller Höhe bei grobem Verschulden rechnen darf. Umgekehrt kann der Mandant kein Interesse daran haben, die Entscheidungsfreudigkeit seines Vertreters zu lähmen, dessen Einsatz gegenüber dem Risiko durch allzu viele Bedenken zu hindern wegen der Möglichkeit, mit aller Strenge zur Verantwortung gezogen zu werden. Er kann also den Ausschluß der Haftung für leichte Fahrlässigkeit als vernünftigen Ausgleich betrachten.

Der DAV hat von Anbeginn eine solche Lösung verworfen und begründete seine Haltung damit, daß die Rechtsprechung den Erfolg mit höheren Anforderungen bei der Ablehnung grober Fahrlässigkeit zunichte machen würde[21]. Obwohl dieses Mißtrauen gegenüber der Rechtsprechung unter den Anwälten verbreitet ist, ist es bisher nicht gelungen, ein Beispiel derartig unmittelbarer Beziehungen zwischen Aktion und Reaktion zu nennen. Bei der untersuchten Rechtsprechung begegneten sie ebensowenig wie etwa Entscheidungen, mit denen die Vorstöße einzelner Anwaltsvereine vor 1930 gebremst worden wären.

Denkbar ist auch die Kombination zwischen Ausschluß und Beschränkung, um das spezielle Risiko einer Angelegenheit interessengemäß unter Einbeziehung der verschiedenen Gesichtspunkte wie Honorarhöhe, Beitrag zur Erhöhung der Haftpflichtversicherung etc. zu verteilen. Befürchtungen, daß Haftungsbegrenzungen zu einem Instrument des Wettbewerbs werden, lassen sich nicht durch Vermutungen, sondern nur durch eingehende Untersuchungen nachweisen. Tatsache ist, daß ohnedies unterschiedliche Praxen existieren, zunächst was den absoluten Umfang betrifft, wie auch die Größenordnungen der einzelnen Mandate. Andererseits haben sich keine Anhaltspunkte dafür ergeben, daß die Handhabung der Haftungsbeschränkungen Verschiebungen im Wettbewerb zur Folge haben oder den leistungsorientierten Wettbewerb ablösen. Das wird sich um so weniger ändern, als es ja gar nicht um *Frei*zeichnung geht, sondern in mancher Beziehung (volle Haftung bei grober Fahrlässigkeit) um Geringeres als z. Z. bereits zulässig ist.

---

[21] Die Rechtsprechung zu § 102 ZPO hatte sich mit den Fragen groben Verschuldens auseinanderzusetzen und diese Aufgabe ohne Vorwürfe der Literatur wahrgenommen, die sich um so nachdrücklicher gegen die Norm selbst richteten, vgl. BGH VersR 58, 382; 59, 645; 60, 235; 64, 164; 627; BVerwG DVBl 65, 88; BAG NJW 55, 200; *Arndt*, NJW 63, 348, *Ostler*, Verschulden, NJW 62, 896.

Unbestreitbare Bedeutung gewinnt der Haftungsausschluß dort, wo der Anwalt Risiken eingeht, die über den üblichen liegen und nicht durch die Berufshaftpflicht gedeckt sind. Das wichtigste Beispiel bietet die Anwendung ausländischen Rechts (vgl. § 4 Allg. Vers. Bedingungen). Damit ist nicht nur auf Grund der zunehmenden internationalen wirtschaftlichen Verflechtung zu rechnen, sondern schon heute bildet es eine häufige Erscheinung im Zusammenhang mit der Beschäftigung vieler hunderttausend Gastarbeiter, deren personen- und vermögensrechtlichen Verhältnisse in ihrer rechtlichen Beurteilung vom Rechtsanwalt erfordern, sich in das jeweilige nationale Recht einzuarbeiten. Die Tatsache, daß Versicherungsschutz nicht zu erlangen ist, macht mehr als alles andere das erhöhte Risiko deutlich[22]. Deswegen wird der Mandant aber nicht auf die anwaltliche Leistung verzichten wollen und können. Wie durch die Zulässigkeit der Beschränkung — orientiert an der Haftpflichtsumme — anerkannt ist, daß der Rechtsanwalt von Schadensersatzleistungen aus seinem Vermögen verschont bleibe, ist es auch hier erforderlich, aber nur über den Ausschluß zu erreichen. Ob diese Fälle nach der geltenden Regel als die besonderen Ausnahmefälle i. S. § 37 der Richtlinien anzusehen sind, dürfte bei Heranziehen der früheren Formulierung zur Auslegung sehr fraglich sein, zumal wenn ein Rechtsanwalt seine Praxis auf die Bearbeitung solcher Sachen spezialisiert hat, sie also zu seinen gewöhnlichen Fällen gehören.

Während sich aus den Versicherungsakten keine Anhaltspunkte ergaben, tauchen in der Rechtsprechung Fälle auf, in denen ein Schaden nicht allein durch den Rechtsanwalt verschuldet ist. Wenn ein Amtsträger daran beteiligt ist, ist ein Ausgleich durch Verteilung auf beide Schädiger nur so zu erreichen, daß der Anwalt seine Haftung quotenmäßig beschränkt oder als subsidiäre vereinbart. Obwohl die Auslese keine derartigen Fallgestaltungen enthielt, kann das Erfordernis einer Begrenzung nicht ausgeschlossen werden, wo Unternehmen bei Schäden, die ein Syndikusanwalt und der Prozeßvertreter in gleicher Weise verschuldet haben, sich vornehmlich an den letzteren halten, um den eigenen Mitarbeiter zu schonen.

Ein Erfordernis mit indirekter Wirkung auf die Haftung sind Ausschlußfristen, sowohl für die Schadensanmeldung als auch Klageerhebung. Tatsache ist, daß manche Schadensakten monatelang oder mehr als ein Jahr bei der Versicherung laufen, ehe sie geschlossen werden, weil der angeblich Geschädigte nicht erkennen läßt, ob er seine Ansprüche weiter verfolgen oder nach Ablehnung klagen will. Manchmal

---

22 U. U. kann sich einmal eine Gestaltung ergeben, die nach dem geplanten § 255 a (BGB) zu beurteilen wäre. Vgl. 1. Abschnitt § 1.

muß die Versicherung die Schließung der Akte wieder aufheben. Abgesehen davon, daß eine umgehende Bereinigung eines Haftungsfalles im beiderseitigen Interesse liegt, verursacht ihre Verzögerung weitere Kosten, schon deshalb, weil die Versicherung Reserven in Höhe der angemeldeten Ansprüche bereithalten muß. Die X-Versicherungs-AG erhöhte im Jahre 1966 die Versicherungsprämien. Das braucht nicht ausschließlich auf eine ungünstige Schadensentwicklung zurückzugehen, zumal sie durch das vorgelegte Material nicht bestätigt wird. Es kann möglich sein, daß nur der Gesamtüberblick solche Tendenzen sichtbar machen kann. Wenn die Kosten an der Erhöhung beteiligt waren, woran bei den allgemeinen Kostensteigerungen zu zweifeln kein Anlaß besteht, liegt es im Interesse der Anwaltschaft, über die Kostensenkung eine Ermäßigung der Prämien oder eine Erhöhung des Versicherungsschutzes bei gleichbleibender Leistung zu erreichen.

Was für Art und Umfang von Haftungsbegrenzungen gilt, erfährt unter standesrechtlichen Aspekten gegenüber zivilrechtlichen Schranken keine Änderung durch die Form der Vereinbarung. Das Erfordernis einer veränderten Haltung des Standesrechts gegenüber Allgemeinen Mandatsbedingungen ergibt sich weniger daraus, die Solidarität unter den Anwälten zu sichern, d. h. den Wettbewerb zu vermeiden, der schon deshalb ohne Bedeutung ist, weil ein absolutes Werbeverbot für Anwälte besteht. Andererseits können keine durchgreifenden Bedenken entgegenstehen. In dem Augenblick, wo eine zulässige Regelung Eingang in Formulare findet, wird mit einer entsprechenden Verbreitung derselbe Effekt gemeinsamen Vorgehens erzielt. Ein Beispiel für eine derartige Erscheinung bildet das Formular V 114 der Hans-Soldan-Stiftung.

Angezeigt ist eine generelle Regelung wegen der Armenrechtsmandate; denn nicht in allen Fällen, in denen ein Armenanwalt beigeordnet wird, geschieht dies auf Antrag des Anwalts, der also bereits bei Vertragsschluß und vor der Beiordnung Gelegenheit zu Haftungsvereinbarungen hat. Wenn der Vertragsschluß nachfolgt, hat der Rechtsanwalt keine Möglichkeit, sich dem Kontrahierungszwang zu entziehen, wenn die arme Partei auf seine Mandatsbedingungen nicht eingeht und er nicht gleichzeitig darauf verweisen kann, daß sie damit eine Privilegierung gegenüber den anderen beansprucht.

Kapitel IV

Ergebnis und eigener Vorschlag

Die Überlegungen, die Haftung des Rechtsanwalts zu reformieren, lassen die Art der Beziehungen zwischen Anwalt und Mandant unberührt. Seit Gneist den Anstoß gab, die freie Advokatur[1] in Preußen nach dem Muster anderer, auch deutscher Länder einzuführen, was mit der RAO 1878 für das Deutsche Reich geschah, bestehen keine Zweifel, daß nur die Staatsunabhängigkeit der Anwaltschaft erlaubt, die Interessen ihrer Klienten als Sachwalter wahrzunehmen. Um die Belange eines anderen vertreten zu können, darf der Anwalt keine Bindungen unterhalten, die Interessenkonflikte auslösen oder das zwischen Anwalt und Mandant erforderliche Vertrauensverhältnis dadurch beeinträchtigen können, daß auch andere als dessen Interessen für den Anwalt maßgebend sind. Das Modell anwaltlicher Tätigkeit im klassischen Rom: Bindung der Klienten an den Inhaber hoher staatlicher Ämter, die ihn zu dieser Aufgabe verpflichten, ist daher unübertragbar[2]. Demjenigen, dessen Interessen der Anwalt vertreten soll, muß es möglich sein, sie zu formulieren und ihre Beobachtung durch den Anwalt mit Weisungen durchzusetzen, um nicht der Willkür seines Vertreters ausgesetzt zu sein. So besteht auch daran kein Zweifel, daß die vertraglichen Beziehungen zwischen Anwalt und Klient das adäquate Mittel sind, ersteren an die Interessen des letzteren zu binden. Das gilt nicht anders für die arme Partei, deren Armut nicht dazu führt, daß der Beigeordnete ihr im öffentlichen Interesse als Organ oder „Vormund" gegenübertritt, sondern kein anderes als das vertragliche Verhältnis macht auch hier den Anwalt zum Sachwalter der Partei.

Abgesehen von dem durch das Gericht ausgesprochenen Kontrahierungszwang erlaubt diese Gestaltung dem Rechtsanwalt, über Vornahme und Ablehnung seiner Tätigkeit frei zu entscheiden, wie auch der Mandant die gleichen Möglichkeiten behält.

Wie die beiderseitig auszutauschenden Leistungen integraler Bestandteil des Vertrages sind, ist es gleichermaßen die Haftung für deren Mängel. Sie darf nicht abgelöst und zum Gegenstand von Dritt-

---

1 Freie Advokatur, 1867.

2 s. *Deneke*, S. 19 ff.

beziehungen werden, die das lineare Verhältnis vom Mandanten zum Vertreter aufheben. Aus diesem Grunde ist eine Staatshaftung für Anwaltsfehler undenkbar. Da der Anwalt als Vertreter der Interessen eines Klienten nicht tätig werden darf, wenn er sie nicht ausschließlich zum Maßstab seines Handelns nehmen kann oder will, darf er sich bei der Haftung auch nicht auf das Bestehen anderer Beziehungen berufen. Die vertragliche Haftung in Frage zu stellen, hieße an Modellen anknüpfen, die wie die Justizkommissare in Preußen durch die moderne Entwicklung überholt sind.

Das vertragliche Haftungsrecht nach dem BGB läßt den Beteiligten alle Möglichkeiten, die beiderseitigen Interessen in ihrem Verhältnis zueinander zu berücksichtigen, das des Rechtsanwalts an Erleichterungen wegen hoher Risiken, das des Mandanten, sich einem Anwalt nicht ausliefern zu müssen, auf zuverlässige und verantwortungsvolle Tätigkeit vertrauen zu können und notfalls darauf, die mehr oder minder schweren Folgen von Fehlern nicht allein tragen zu müssen.

Diesen Wegen nachzugehen, ist man nicht deshalb enthoben, weil die Situation in der Haftungsfrage sich derart zugespitzt haben soll, daß die Unmöglichkeit, Regresse einer befriedigenden Lösung zuzuführen, nicht mehr auf Einzelfälle beschränkt und die Lage mit den vorhandenen Mitteln nicht zu meistern ist. Das vorhandene Material läßt derartige Verhältnisse unbestätigt. Aus ihm ergibt sich weder eine absolute noch relative Zunahme der Regresse[3], was wegen des beschränkten Umfangs auch nur schwer erkennbar wäre. Für diejenigen, die Reformen anraten, hat diese Tatsache allerdings geringere Bedeutung, da sich die schwierige Lage nicht erst im Laufe des untersuchten Zeitraums entwickelt haben, sondern bereits davor bestanden haben soll.

Die vorgelegten Daten enthalten dafür keine Anhaltspunkte. Die Prämiengestaltung der Versicherungen zeigt, daß das Risiko der Anwaltshaftung im Vergleich zu dem der Richter, Rechtspfleger oder gar Gerichtsvollzieher am unteren Ende der Skala eingestuft wird, obwohl der Kreis der Tätigkeit weit umfangreicher als bei den anderen Berufen ist. Der Versicherungsschutz deckte in den untersuchten Fällen alle Schäden in voller Höhe. Die wirtschaftliche Belastung für den Anwalt beschränkt sich daher auf das Prämienaufkommen und den Selbstbehalt im Schadensfall, der 5.000,— DM nicht übersteigen kann. Die Erhöhungen der Prämien im letzten Jahr sind noch keine Bestätigung für eine unhaltbare Situation, da die Gründe der Revision unbekannt blieben und auch andere als die der Schadensentwicklung sein können.

[3] Niedrigere Zahlen zu Beginn und Ende der Tabellen können darauf zurückzuführen sein, daß sie nach dem Schadenszeitpunkt, nicht nach dem der Anmeldung bei der Versicherung gehen, die u. U. erheblich später nachfolgt.

Generelle Vorwürfe gegenüber der Rechtsprechung, sie lege in Anwaltsregreßsachen unzumutbare Maßstäbe an das Verhalten des Rechtsanwalts, sind unbegründet, wenn auch allgemein richtige Maßstäbe vereinzelte Fehlentscheidungen ebensowenig ausschließen wie die Sorgfalt der Anwaltschaft gelegentliche Fehler. Wenn sich die Vorwürfe noch mit einer unrichtigen Einschätzung der Haftungssituation und der gerichtlichen Entscheidungen erklären lassen, fehlen Beispiele oder sonstige Hinweise für die Behauptungen, die Rechtsprechung würde die Bemühungen der Anwaltschaft, die Haftungsvoraussetzungen und -folgen zu mildern, durch Anhebung der Sorgfaltsanforderungen paralysieren. Das gilt für den Bereich der Regreßprozesse wie für die Verfahren, die in Vorfragen, z. B. prozessualen Verschuldens, bedeutsam sind.

Ausgehend von dem vorgelegten Tatsachenmaterial bleiben die Prämissen derjenigen unbestätigt, die die Anwaltshaftung geändert sehen wollen, so daß (bis zur Vorlage widersprechender Daten) Tatsachen die erhobenen Forderungen nicht rechtfertigen. Regresse und ihre Behandlung durch die Rechtsprechung bedrohen oder gefährden die berufliche Existenz des Anwalts nicht.

Die Notwendigkeit gesetzgeberischen Eingreifens aus diesen Gründen ist in Frage gestellt, nicht aber seine Nützlichkeit für die Verbesserung der sozialen Beziehungen, an denen der Anwalt beteiligt ist. Bedenken erweckt hier die Wahl der Mittel, da sie teilweise von Tatsachen ausgeht, die hypothetisch bleiben oder deren Wirkung auf die Gestaltung der tatsächlichen Verhältnisse verkannt wird. Vorstellungen über eine generelle Ausdehnung der Amtshaftungsvorschriften darf man nicht folgen: denn die soziale Funktion braucht keine amtliche zu sein und in diesem Fall darf sie es nicht sein, wenn die vertraglichen Bindungen zwischen Anwalt und Mandant, die Bindung des ersteren an die Interessen des letzteren nicht ausgehöhlt werden soll.

Anwaltliche Tätigkeit durch den Gesetzgeber allgemein als schadensgeneigt anzuerkennen, setzte den Nachweis von Risiken voraus, die über das zumutbare und versicherbare hinausgehen. Nach der Auslese ist die Berufshaftpflichtversicherung, die sich selbst im Rahmen des Zumutbaren hält, geeignet, Risiko und Schäden zu decken. Darüber hinaus fehlt es an konkreten Tatsachen, daß mit einer fortschreitenden Spezialisierung die Gefahren der Haftung nicht zu mindern wären, und weiter, daß der bisher erreichte Grad der Spezialisierung die maximale Grenze darstelle.

Für partielle Reformen sind die Probleme des allgemeinen Haftungsrechts unbeachtlich. Die Frage, ob im engeren Bereich der Anwaltshaftung Gründe evident und relevant sind, muß für die geplante

Einführung eines § 225 a (BGB) negativ beantwortet werden, da das untersuchte Material keine entsprechenden Sachverhalte enthielt und im übrigen die Forderungen der Anwaltschaft wegen der allenfalls punktuellen Bedeutung unbefriedigt blieben.

Dieser Gesichtspunkt gilt auch für die Einschränkung von Privilegien der Amtsträger gegenüber dem Rechtsanwalt.

Die Auslese hat gezeigt, daß Veränderungen im Bereich prozessualen Verschuldens, soweit sie nicht bloß Entwicklungen der Rechtswirklichkeit deklaratorisch offenbarten, auf Grund des knappen Spielraums geringe Möglichkeiten eröffneten, weil die Bedeutung prozessualer Fehler für Regresse schon gering ist. Ein Bruchteil von Fällen wäre anders zu entscheiden, ohne daß sich schwerwiegende Nachteile für eine größere Gruppe vermeiden ließen.

Die mit den Forderungen verbundenen Ziele lassen sich auch mit vertraglichen Vereinbarungen über Haftungsbegrenzungen erreichen. Ihre Zulässigkeit endet erst bei dem Verstoß gegen die guten Sitten oder gegen Treu und Glauben. Andere zivilrechtliche Schranken bestehen nicht, so daß sowohl Haftungsausschluß wie -beschränkung, in weitem Umfang sogar durch Allgemeine Geschäftsbedingungen, möglich sind.

Das geltende Standesrecht steht einer Lösung in dieser Richtung noch entgegen. Die Standeswidrigkeit resultiere daraus, daß weitergehende als die ausdrücklich zugelassenen Begrenzungen standesunwürdig und -schädlich seien. Die Tatsache der standesrechtlichen Zulassung von Haftungsbeschränkungen negiert die Standesunwürdigkeit auch im übrigen, soweit sie nicht mit Verstößen gegen Treu und Glauben oder gegen die guten Sitten zusammenfällt; denn gerade in dem Bereich, wo Begrenzungen wirksam und daher auch vereinbart werden, d. h. für die die Versicherungssumme übersteigenden Beträge, können die standesrechtlich zugelassenen Vereinbarungen den Mandanten mehr als der Gebrauch anderer Klauseln benachteiligen. Was außerdem Gegenstand von Forderungen an den Gesetzgeber ist, contraindiziert dadurch die Standesunwürdigkeit. Vollends fehlt es an Rechtstatsachen, die die Standesschädlichkeit begründen könnten; denn die Auslese zeigt, daß die Rechtsanwälte möglichen Regressen durch Wahl angemessener Haftpflichtversicherungen vorbeugen, wozu sie auch standesrechtlich verpflichtet sind.

Weil es an Interessen fehlt, die durch die Barriere des Standesrechts zu schützen sind, darf diese Barriere nicht dazu dienen, durch Normen im Haftungsrecht ein Tätigkeitsbild des Anwalts aufrechtzuerhalten, das durch die tatsächliche Entwicklung abgelöst wird.

Das vorhandene Material skizziert keine für den Anwalt unerträgliche Situation, die erst durch gesetzgeberisches Eingreifen tragbar werden könnte. Die Aufhebung standesrechtlicher Schranken setzt die Anwaltschaft in die Lage, mit Hilfe der unberechtigt vorenthaltenen Instrumente die Haftungsfragen so zu gestalten, daß sie auf weitergehende Forderungen verzichten kann. Das gilt solange, als es nicht gelingt, Tatsachen nachzuweisen, die ein konträres Bild entwerfen.

Dann muß der Standesgesetzgeber tätig werden und die Vorbehalte gegen Haftungsbegrenzungen beseitigen. Die Änderung ist durch eine neue Formulierung des § 38 der Richtlinien deutlich zu machen. Folgender Wortlaut wird vorgeschlagen:

„(1) Haftungsbegrenzungen sind zulässig, soweit bürgerlich-rechtliche Vorschriften nicht entgegenstehen.

(2) Die Haftungsbegrenzung soll nur schriftlich vereinbart, darf aber nicht in die Vollmacht aufgenommen werden.“

Damit wird der Weg frei, die nach dem BGB zulässigen Formen auszunutzen, vertraglich Einfluß zu nehmen, worin kein Mittel minderer Qualität und Wirksamkeit gegenüber gesetzlichen Einzelregelungen, kein bloß übergangsweiser Akt der Selbsthilfe bis zur Unterstützung von außen liegt.

Es ist Aufgabe des Anwalts, mit dem Mandanten zusammenzuwirken, um die Haftung nach den beiderseitigen Interessen zu regeln, Aufgabe des Standes, darüber zu wachen, daß kein unzulässiger Wettbewerb entsteht. Vermutungen in dieser Richtung sind unbegründet, da die geltende parallele Regelung der Haftungsbeschränkungen keine Anhaltspunkte für den Beginn eines unzulässigen Wettbewerbs erkennen läßt.

Die Verantwortung des Standes geht weiter: Generelle Haftungsbegrenzungen kann nicht der einzelne Rechtsanwalt erarbeiten, sondern der Stand muß Allgemeine Mandatsbedingungen zur Verfügung stellen. Orientierungshilfe können die Allgemeinen Auftragsbedingungen des Instituts der Wirtschaftsprüfer sein. Schadensanmeldungs- und Klageerhebungsfristen sollten normiert werden, sowie die kürzere Verjährungsfrist, die schon das Formular V 114 der Hans-Soldan-Stiftung enthält. Haftungsbeschränkung und -ausschluß sind so zu gestalten, daß sie den Anforderungen unterschiedlicher Mandate genügen (u. U. Zusammenstellung mehrerer Möglichkeiten) und die Berufshaftpflichtversicherung berücksichtigen. Die Haftung gegenüber Dritten, speziell bei Erteilung von Rat und Auskunft, muß im Interesse klarer Verhältnisse nach dem genannten Muster abgegrenzt werden.

Das Tatsachenmaterial läßt keine Umstände erkennen, die dieses Instrumentarium als unzureichend enthüllen und die Verantwortung des Standes auf den staatlichen Gesetzgeber übergehen lassen. Innerhalb der Möglichkeiten verdienen Allgemeine Mandatsbedingungen vor einzelvertraglicher Vereinbarung den Vorzug, nicht zuletzt wegen der Revisibilität in einem eventuellen Regreßprozeß.

Literaturverzeichnis

Bader, Karl Siegfried: Die deutschen Juristen, 1947.

Baumbach - Lauterbach: Zivilprozeßordnung mit Gerichtsverfassungsgesetz und anderen Nebengesetzen, begründet von Adolf Baumbach, fortgeführt von Wolfgang Lauterbach unter Mitarbeit von Jan Albers, 29. durchgesehene Auflage 1966 (zit.: Baumbach - Lauterbach).

Baumgärtel, Gottfried: Wiedereinsetzung in den vorigen Stand, Überwachungspflicht des Rechtsanwalts, in Monatsschrift für Deutsches Recht 1958, S. 300.

Baur, Fritz: Der Beseitigungsanspruch nach § 1004 BGB, Archiv für die civilistische Praxis Bd. 160, S. 465 ff.

Bayerwaltes, Maximilian: Das Vertragsverhältnis zwischen Anwalt und Klienten, 1917.

Bendix, Ludwig: Die Haftung des Rechtsanwalts für richterliche Fehlsprüche, in Leipziger Zeitschrift für Deutsches Recht 1915, S. 952 ff.

Bettermann, Karl-August: Rechtsgrund und Rechtsnatur der Staatshaftung, in: Die öffentliche Verwaltung 1954, S. 299 ff.

Blomeyer, Arwed: Allgemeines Schuldrecht, 3. Auflage, 1964.

— Zivilprozeßrecht, 1963.

Brangsch, Heinz: Aufhebung der Beiordnung und „Fürsorgepflicht" des Armenanwalts, in: Neue Juristische Wochenschrift 1961, S. 110 ff.

Breit, James: Formalismus und Zivilprozeß, in Juristische Wochenschrift 1920, S. 859 ff.

Bühring, H.: Steuerberatungsgesetz, 1961.

Bülow, Arthur: Bundesrechtsanwaltsordnung, 1959.

Bulla, Gustav Adolf: Schadensausgleich im Arbeitsverhältnis, in: Deutsches Arbeitsrecht 1942, S. 19 ff.

v. Caemmerer, Ernst: Bereicherungsansprüche und Drittbeziehungen, in: Juristenzeitung 1962, S. 385 ff.

Cohn, L.: Haftet der Rechtsanwalt für richterliche Fehlsprüche?, in: Juristische Wochenschrift 1916, S. 93.

Dahrendorf, Ralf: Soziologie juristischer Berufe, in: Anwaltsblatt 1964, S. 229 ff.

— Homo Sociologicus, 5. Auflage, 1965.

Deneke, Volrad: Die Freien Berufe, 1956.

Dettmer, Karl: Haftung des Rechtsanwalts für Rat, 1933.

Deutsch, Erwin: Fahrlässigkeit und erforderliche Sorgfalt, 1963.

Dilcher, Gerhard: Zu Begriff und Funktion der Gesamtschuld, in: Juristenzeitung 1967, S. 110 ff.

Dittenberger, Heinrich: Die Haftungsbeschränkung, in Anwaltsblatt 1921, S. 211.

Dunz, Walter: Wesen und Grenzen des eigenen „Mitverschuldens", in: Juristenzeitung 1961, S. 406 ff.

Ehlers, Heinrich: Über den Sinn des Anwaltsberufes, 1953.

Enneccerus - Kipp - Wolff: Lehrbuch des Bürgerlichen Rechts, Erster Band: Allgemeiner Teil des Bürgerlichen Rechts, Ein Lehrbuch von Ludwig Enneccerus, Fünfzehnte, neubearbeitete Auflage von Hans Carl Nipperdey, 1. und 2. Halbband, 1959, 1960 (zit.: Enneccerus - Nipperdey); Zweiter Band: Recht der Schuldverhältnisse, Ein Lehrbuch von Ludwig Enneccerus, Fünfzehnte Bearbeitung von Heinrich Lehmann, 1958 (zit.: Enneccerus - Lehmann).

Erman, Handkommentar zum Bürgerlichen Gesetzbuch, in zwei Bänden, herausgegeben von Dr. Walter Erman, 4. neubearbeitete Auflage, 1967 (zit. Erman).

Esser, Josef: Schuldrecht, 2. Auflage, 1960.

Eucken, Heinrich: Anwalts- und Notarshaftpflicht, 1932.

Eyermann, Erich, *Fröhler*, Ludwig: Verwaltungsgerichtsordnung (zit. Eyermann - Fröhler), 4. Auflage, 1965.

Fenzl, Friedrich: Die Haftung der rechtsberatenden Berufe im Spiegel der neuesten Rechtsprechung, in: Österreichische Juristenzeitung 1962, S. 309.

Feuchtwanger, Sigbert: Die freien Berufe, 1922.

Finger, Richard: Die Kunst des Rechtsanwalts, 1912.

Friedlaender, Adolf und Max: Kommentar zur Rechtsanwaltsordnung, 3. Auflage, 1930.

Friebe: Vorschläge für die Neuordnung des Amtshaftungsrechts, in: Zeitschrift für Beamtenrecht 1957, S. 389.

Forsthoff, Ernst: Lehrbuch des Verwaltungsrechts I. Bd., 9. Auflage, 1966.

Fürst, Friedrich: Haftungsbeschränkung der Rechtsanwälte, in: Anwaltsblatt 1929, S. 329 f.

Geigel, Robert: Versäumung von Rechtsmittelfristen durch Rechtsanwälte, in: Der Betrieb 1959, S. 251.

Gneist, Rudolf: Freie Advocatur, 1867.

Goertz, Otto: Nochmals die Schadensersatzpflicht verbundener Rechtsanwälte, in: Juristische Wochenschrift 1912, S. 629 f.

Habscheid, Walter J.: Die Unabhängigkeit des Rechtsanwalts, in: Neue Juristische Wochenschrift 1962, S. 1985 ff.

Heimerich, H.: Die neue Bundesrechtsanwaltsordnung und die soziale Stellung der Rechtsanwälte, in: Der Betriebsberater 1959, S. 785.

Heins, Valentin: Die Bundesrechtsanwaltsordnung, in: Neue Juristische Wochenschrift 1959, S. 1345 ff.

Helm, Johann Georg: Der arbeitsrechtliche Freistellungsanspruch bei schadensgeneigter Arbeit und seine Auswirkungen auf die beschränkte Unternehmerhaftung, insbesondere im Verkehrsrecht, in: Archiv für die civilistische Praxis, Bd. 160, S. 134 ff.

Hirsch, Ernst E.: Das Recht im sozialen Ordnungsgefüge, Beiträge zur Rechtssoziologie, Schriftenreihe des Instituts für Rechtssoziologie und Rechtstatsachenforschung, Bd. 1, 1966.

Holstein, Kurt: Unrichtige Rechtsanwendung als Verschulden, 1938.

— Richterliche und anwaltliche Haftpflicht für Rechtsanwendungsfehler, in: Juristische Wochenschrift 1938, S. 1430 ff.

Homans, George Caspar: Theorie der sozialen Gruppe, 2. Auflage, 1965.

Hueck, Alfred, *Nipperdey*, Hans Carl: Lehrbuch des Arbeitsrechts, I. Band, 7. Auflage, 1963.

Jansen, Paul: Freiwillige Gerichtsbarkeit, Handkommentar, 1959.

Josef, Eugen: Die Schadensersatzpflicht verbundener Rechtsanwälte, in: Juristische Wochenschrift 1912, S. 511 f.

Kalsbach, Werner: Standesrechte des Rechtsanwalts, 1956.

— Bundesrechtsanwaltsordnung, 1960.

— Les Barreaux dans le Monde, 1959.

Kaufmann, Willy: Haftet der Anwalt für das Verschulden seines Sozius?, in: Juristische Wochenschrift, 1916, S. 883 ff.

Keidel, Theodor, begründet von F. *Keidel:* Freiwillige Gerichtsbarkeit, 9. Auflage, 1967.

Klöcker, Mittelsteiner, Hansen: Steuerberatungsgesetz, 1961.

Koehler, Alexander: Verwaltungsgerichtsordnung, 1960.

Kraft, J.: Zur Haftpflicht der Richter, Rechtsanwälte und Notare, 1911.

Kuhns, Richard: Stellung des Rechtsanwalts als Rechtspflegeorgan, in: Berliner Anwaltsblatt 1964, S. 113.

Lange, Heinrich: Herrschaft und Verfall der Lehre vom adäquaten Kausalzusammenhang, in: Archiv für die civilistische Praxis, Bd. 156, S. 125 ff.

Larenz, Karl: Lehrbuch des Schuldrechts, I., II. Band, 8., 7. Auflage, 1967/65.

Leo, Carl: Die Wirkung der vorbehaltlosen Zustimmung eines absonderungsberechtigten Gläubigers zu einem Zwangsvergleich; zugleich ein Beitrag zur Frage der Anwaltshaftung, in: Juristische Wochenschrift 1914, S. 569 ff.

Levin: Schutz der freien Rechtsanwaltschaft, 1930.

Lorenz, Werner: Fortschritte der Schuldrechtsdogmatik, in: Juristenzeitung 1961, S. 433 ff.

Mayer, Edmund: Die Erstattung von Kosten im Zivil- und Strafprozeß beim Bestehen einer Rechtsschutzversicherung, in: Juristenzeitung 1962, S. 339 ff.

Martin, Herbert: Anwaltsbeauftragung in der Rechtsschutzversicherung, in: Anwaltsblatt 1965, S. 38 ff.

Megow: Kann ein freiberuflicher Rechtswahrer die Haftung für Fahrlässigkeit ausschließen?, in: Deutsches Recht 1944, S. 103 ff.

Memorandum des Vorstands des Deutschen Anwaltsvereins: Zur Frage der Wiedereinsetzung in den vorigen Stand bei Fristversäumung in der Anwaltspraxis, in: Anwaltsblatt 1965, S. 65 ff.

Mittelstein, Kurt: Grenzen der Verantwortlichkeit des Rechtsanwalts, in: Monatsschrift für Deutsches Recht 1958, S. 743 f.

Möring, Fritz: Sind die vom Rechtsschutzversicherer oder vom KV-Haftpflichtversicherer aufgewendeten Anwaltskosten ersatzfähig?, in: Monatsschrift für Deutsches Recht 1962, S. 256 ff.

Mühsam - Werther, Georg: Beweislast im Anwaltsprozeß, in: Juristische Wochenschrift 1925, S. 1362 f.

Neuhäuser, Werner: Wider die Todsünde der Fachanwaltschaften, in: Anwaltsblatt 1956, S. 54 ff.

Niese, Werner: Die moderne Strafrechtsdogmatik und das Zivilrecht, in: Juristenzeitung 1956, S. 457 ff.

Nikisch, Arthur: Arbeitsrecht I. Bd., 3. Auflage, 1961.

Noack, Erwin: Kommentar zur Reichsrechtsanwaltsordnung, 2. Auflage, 1937.

Oellers, Fritz: Die Haftung des Rechtsanwalts für Fehler des Probe- oder Anwaltsassessors und die Auswirkung dieser Haftung auf Versicherungsverträge zum Schutze gegen die Berufshaftpflicht, in: Juristische Wochenschrift 1936, S. 290 ff.

Oertmann, Paul: Eine Streitfrage aus dem Gebiete der Anwaltshaftung, in: Leipziger Zeitschrift für Deutsches Recht 1916, S. 199 ff.

Oftinger, Karl: Schweizerisches Haftpflichtrecht 1. Bd., 2. Auflage, 1958.

Oppenhoff, Walter: Anwaltsgemeinschaften, ihr Sinn und Zweck, in: Anwaltsblatt 1967, S. 267 ff.

Ostler, Fritz: Fristenkontrolle in der Anwaltskanzlei und die Rechtsprechung des BGH, in: Neue Juristische Wochenschrift 1958, S. 405 ff.

— Der deutsche Rechtsanwalt, 1962.

— Prozessuales Verschulden des Rechtsanwalts, in: Neue Juristische Wochenschrift 1962, S. 896 ff.

— Anwaltspflichten und Anwaltshaftpflicht im Prozeß, in: Anwaltsblatt 1965, S. 241 ff.

Peters, Horst - *Sauter,* Theodor, *Wolff,* Richard: Kommentar zur Sozialgerichtsbarkeit, 4. Auflage, 1967.

Philips, Lothar: Zur Ontologie der Sozialen Rolle, 1963.

Popitz, Heinrich: Der Begriff der Sozialen Rolle als Element der soziologischen Theorie, 1967.

Potthast, Walter: Die vertragliche Haftung für die Erteilung einer Auskunft, 1935.

Proesler, Hans, und Karl *Beer:* Die Gruppe — The Group — Le groupe, Ein Beitrag zur Systematik soziologischer Grundbegriffe, 1955.

Raiser, Thomas: Adäquanztheorie und Haftung nach dem Schutzzweck der verletzten Norm, in: Juristenzeitung 1963, S. 462 ff.

Reuss: Karl-Friedrich: Die Intensitätsstufen der Abreden und die Gentleman-Agreements, in: Archiv für die civilistische Praxis, Bd. 154, S. 485 ff.

RGRK: Das Bürgerliche Gesetzbuch mit besonderer Berücksichtigung der Rechtsprechung des Reichsgerichts und des Bundesgerichtshofes, Kommentar, herausgegeben von Reichsgerichtsräten und Bundesrichtern, I. Band, 2. Teil: Recht der Schuldverhältnisse, bearbeitet von Robert Fischer, Otto Löscher, Karl Nastelski, Günther Wilde, 11. Auflage, 1960; II. Band, 1. Teil: Einzelne Schuldverhältnisse, bearbeitet von Johannes Deneke, Georg Kuhn, Erich Pritsch, Günther Wilde, 11. Auflage, 1959.

Riedel, Fritz, *Corves*, Erich, *Sussbauer*, Heinrich: Bundesrechtsanwaltsgebührenordnung, 2. Auflage, 1966.

Roesen, Anton: Zur Frage der Haftungsbeschränkung, in: Anwaltsblatt 1962, S. 25 ff.

Rohs: Die Abgrenzung von Anwalts- und Notarstätigkeit bei Anwaltsnotaren und Notaranwälten, in: Justizverwaltungsblatt 1965, S. 49 ff.

Rombach, Edgar: Kennt das BGB eine gesamtschuldnerische Haftung der einen Beruf gemeinsam ausübenden Personen?, in: Juristische Wochenschrift 1919, S. 992 f.

Rosenberg, Leo: Lehrbuch des deutschen Zivilprozeßrechts, 9. Auflage, 1961.

Rother, Werner: Haftungsbeschränkung im Schadensrecht, 1965.

Scheffler, Friedrich: Haftpflichtgefahr, 1958.

— Die anwaltliche Berufshaftpflicht, in: Anwaltsverzeichnis 1966, S. 101.

— Darf man vom Anwalt mehr verlangen, als das Kollegialgericht leistet?, in: Neue Juristische Wochenschrift 1960, S. 265 ff.

— Anwaltspflichten — Anwaltsverschulden, in: Neue Juristische Wochenschrift 1961, S. 577 ff.

— Erleichterung der Wiedereinsetzung?, in: Neue Juristische Wochenschrift, 1964, S. 993 ff.

— Grenzfragen der Verantwortung bei Arzt, Anwalt und Notar, Karlsruher Forum 1959, S. 43 ff.

Schefold: Haftungsausschluß für den Steuerberater durch Vereinbarung mit dem Auftraggeber?, in: Steuer und Wirtschaft 1944, S. 495.

Scherer: Reformvorschläge zur Anwaltshaftung, in: Anwaltsblatt 1921, S. 93 ff.

Schliebner, Rudolf: Die Haftung des Rechtsanwalts aus dem Vertragsverhältnis zu seinem Klienten, 1935.

Schmidt, Reimer: Die Obliegenheiten, 1953.

Schmitz, Fritz: Anwaltliches Standesrecht, insbesondere die neuen Richtlinien für die Ausübung des Rechtsanwaltsberufs, in: Neue Juristische Wochenschrift 1963, S. 1284 ff.

Schnauber, Karl: Steuerberatungsgesetz, 2. Auflage, 1964.

Schröers, Leopold: Amtshaftung und Enteignungsentschädigung, in: Juristenzeitung 1955, S. 308 ff.

Schultz, Günther: Blick in die Zeit, in: Monatsschrift für Deutsches Recht 1965, S. 106 ff.

Schweitzer, Ernst E.: Haftungsbeschränkung, Honorarvereinbarung und Haftungsklagen des Rechtsanwalts, 1930.

Selb, Emil: Haftungsbeschränkung der Rechtsanwälte, in: Anwaltsblatt 1930, S. 356 ff.

Seybold, Karl - *Hornig,* Erich: Bundesnotarordnung, erläutert von Karl Seybold, Erich Hornig, Oskar Weber, Christoph Reithmann, Helmut Schippel, 4. Auflage, 1962.

Sickinger, Kurt: Haftungsbeschränkung der Rechtsanwälte unter dem Gesichtspunkt von Wirtschaftsnot und Standesnot, in: Anwaltsblatt 1932, S. 137 ff.

Soergel - Siebert: Bürgerliches Gesetzbuch mit Einführungsgesetz und Nebengesetzen, 9. Auflage; I. Bd.: Einleitung; Allgemeiner Teil; Recht der Schuldverhältnisse, Allgemeiner Teil, 1959; II. Bd.: Einzelne Schuldverhältnisse, 1962 (zit.: Soergel - Siebert).

Staudinger: J. v. Staudingers Kommentar zum Bürgerlichen Gesetzbuch mit Einführungsgesetz und Nebengesetzen, II. Band, Recht der Schuldverhältnisse, Teil 1 a, Wilhelm Weber, 11. neubearbeitete Auflage 1967, Teil 1 c, erläutert von Alfred Werner und Herbert Kaduk, 10./11. neubearbeitete Auflage, 1967, 3. Teil, erläutert von Hans C. Nipperdey, Heinz Mohnen, Dirk Neumann, Hermann Riedel, 11. neubearbeitete Auflage, 1958 (zit.: Staudinger).

Stein - Jonas: Kommentar zur Zivilprozeßordnung, begründet von Ludwig Gaupp, fortgeführt von Friedrich Stein, Martin Jonas, Adolf Schönke, bearbeitet seit 1953 von Rudolf Pohle, 19. Auflage, 1964 (zit.: Stein - Jonas - Pohle).

Stoll, Hans: Unrechtstypen bei Verletzung absoluter Rechte, in: Archiv für die civilistische Praxis, Bd. 162, S. 203 ff.

Taeger, Albert: Haftpflichtbeschränkung und Haftpflichtversicherung, in: Anwaltsblatt 1962, S. 133 ff.

Thier, Walter: Die Haftung des Steuerberaters, 1955.

v. d. Trenck: Zur Frage der Haftungsbeschränkung des Anwalts, in: Deutsches Recht 1944, S. 649.

Voss, Hermann: Spezialanwalt und Sozietät, in: Anwaltsblatt 1956, S. 40 f.

Weitnauer, Hermann: Grenzen des Persönlichkeitsschutzes, in: Neue Juristische Wochenschrift 1961, S. 107.

Wieczorek, Bernhard: Zivilprozeßordnung und Nebengesetze, Bd. I Teil 2, 1957.

Wolff, Hans Julius: Organschaft und juristische Person, 1933.

Zitzlaff: Kann durch Vereinbarung die Haftung des Steuerberaters gegenüber seinem Auftraggeber auf Vorsatz beschränkt werden?, in: Steuer und Wirtschaft 1944, S. 82 ff.

Kolibri 360 GmbH
Ferdinand-Jühlke-Straße 7
99095 Erfurt, Deutschland
produktsicherheit@kolibri360.de

Druck:
CPI Druckdienstleistungen GmbH
im Auftrag der
Kolibri 360 GmbH
Ferdinand-Jühlke-Str. 7
99095 Erfurt